소장작성·답변서·준비서면·증거신청·가압류·가처분·계약서·법률의견서

개 정 판

법문서작성
방법 과 법리

김 재 덕 저

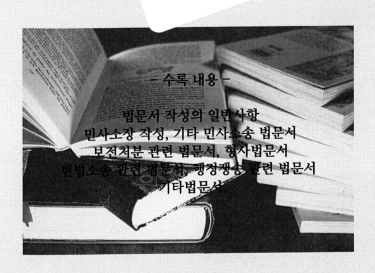

- 수록 내용 -

법문서 작성의 일반사항
민사소장 작성, 기타 민사소송 법문서
보전처분 관련 법문서, 형사법문서
헌법소송 관련 법문서, 행정쟁송 관련 법문서
기타법문서

⚖️ 법문북스

소장작성·답변서·준비서면·증거신청·가압류·가처분·계약서·법률의견서

개 정 판

법문서작성
방법 과 법리

김 재 덕 저

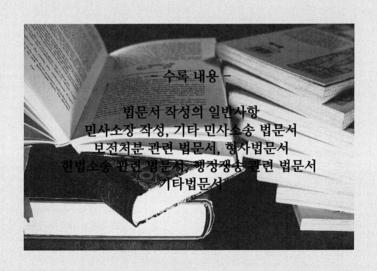

- 수록 내용 -

법문서 작성의 일반사항
민사소장 작성, 기타 민사소송 법문서
보전처분 관련 법문서, 형사법문서
헌법소송 관련 법문서, 행정쟁송 관련 법문서
기타법문서

법문북스

머리말(제2판)

최근 사회문제(노사분규, 보수와 진보의 대립 등)나 가족문제(이혼과 재산분할, 재산상속 등) 등 각종 분쟁에서 법원의 재판(결정, 판결, 조정 등)이 모두 만족하지는 못하더라도 최종 확정기능을 갖게 되어 법치주의가 확립되어 가는 듯 보였습니다. 심지어 사법우월주의 체제라고 말하는 사람들도 많았습니다.

그러나 양승태 전대법원장과 그 당시 법원행정처의 작태는 사법의 국민신뢰에 커다란 타격을 주고 있습니다. 법조인이나 법률가는 법조윤리에 충실하여 사회적 정의를 실현하는데 이바지 하여야 하는데, 형식적 법조문에 얽매이거나 법조문에 기대어 사회적인 봉사나 정의를 실현하기는커녕 이른바 권력의 하수인이 되어 권력의 정당성을 뒷받침하는 법적 근거를 제공하거나, 법비(法匪)가 되어 사회의 적폐가 되고 있는 현실이 개탄스럽습니다.

제2판에서는 법문서작성의 일반사항과 형사법문서 부분을 보완하였고, 가사법문서 부분을 새로 추가하였습니다. 이 책이 원래 부족한 사람의 저술이라 모두 만족할 것이라는 기대하지 않고 독자 여러분께 조그만 도움이라도 되었으면 합니다.

친구나 지인, 훌륭한 사람들이 세상을 뜨고 날씨까지 무더워 매우 짜증나면서 울적합니다. 어려운 여건에서도 출간해 주신 김현호 사장님께 감사드립니다.

2018. 8.
편저자 드림

목 차

제1장 법문서 작성의 일반사항

제2장 민사소장 작성

◆ 제1절 소장 작성의 검토사항

◆ 제2절 소장 작성의 기본사항

◆ 제3절 소장의 구체적 작성방법

제3장 기타 민사소송 법문서 작성

제4장 보전처분 관련 법문서

◆ 제1절 보전처분 개관

◆ 제2절 가압류신청서

◆ 제3절 가처분신청서

제5장 가사사건 관련 법문서

제6장 형사법문서

제7장 헌법소송 관련 법문서

제8장 행정쟁송 관련 법문서

제9장 기타 법문서

◆ 제2절 법률의견서

◈ 참고 문헌

▶ 권오봉/권혁재/김동호/윤태석, 법문서작성(제4판), 법문사, 2016.

▶ 도재형, 법문서 작성 입문, 이화여대학교출판부, 2011.

▶ 이지용, 로스쿨 법문서작성, 동방문화사, 2016.

▶ 한종술, 소송문서 작성의 전략, 육법사, 2010.

▶ 민사실무Ⅰ, 사법연수원, 2018.

▶ 형사변호실무, 사법연수원, 2018.

▶ 헌법재판실무제요(제1개정보증판), 헌법재판소, 2008.

▶ 알기 쉬운 법령 정비기준(제3판-제7판), 법제처, 2008-2016.

▶ 법원 맞춤법 자료집(전정판), 법원도서관, 2013.

제1장
법문서 작성의 일반사항

제1장 법문서 작성의 일반사항

제1절 법문서의 의의와 특성

I. 법문서의 의의

법문서는 크게 소장, 답변서·준비서면, 각종의 신청서, 고소장, 변론요지서, 판결서 등의 소송문서와 의뢰인과의 수임과정에서 작성하는 면담기록, 법률검토의견서, 계약서 등의 소송 외 문서로 분류할 수 있다.[1] 더 넓게는 법률적 쟁점과 관련하여 법조인이 작성하는 이메일이나 문자 메시지 등도 포함할 수 있다.[2]

II. 법문서의 특성

법문서도 글쓴이의 생각의 결과라는 점에서는 일반문서와 같다. 그러나 ① 법문서의 내용이 증거에 의해 제한되고, ② 법문서는 법률과 판례의 존재를 전제로 하며, ③ 법문서는 강제력을 갖고 있거나 그러한 강제력의 발휘를 전제로 하고, ④ 법문서를 작성하는 법조인에게는 윤리적 의무가 부과되며, ⑤ 법문서에 대해서는 일정한 형식이나 기재사항이 강제되는 경우가 있다는 등의 점에서 일반문서와 구별된다.[3]

---

1) 권오봉/권혁재/김동호/윤태석, 3면.
2) 도재형, 30면.
3) 도재형, 33-34면.

제2절 법문서의 일반적 작성방법

Ⅰ. 범례

법문서는 한글 맞춤법, 표준어 규정, 표준 발음법, 외래어 표기법, 국어의 로마자 표기법 등 국어사용에 필요한 어문규범(국어기본법 제3조 제3호)에 맞게 한글로 작성하여야 한다. 법정에서는 국어를 사용한다(법원조직법 제62조).

법문서는 그 의미전달이 명확하여야 하므로 한글만으로 그 의미전달이 불명확한 경우에는 괄호 안에 한자나 그 밖의 외국어를 병기하여 그 의미를 명확하게 하여야 하며, 외국인의 이름이나 외국지명, 그리고 외국어로 표기할 수밖에 없는 단어 등은 일단 한글로 그 외국어의 음을 표기한 후 괄호 안에 외국문자를 병기하도록 한다.[4]

법문서에 사용하는 숫자는 특별한 사정이 없는 한 아라비아숫자를 쓰도록 하고 있지만,[5] 10,000,000 원과 같이 표기하는 것보다 1천만 원이라고 표기하는 것이 빨리 알 수 있고 혼란을 방지할 수 있으므로 이러한 표기방식도 가능하다.

Ⅱ. 맞춤법과 문법에 맞게 작성

법문서는 내용의 정확성, 설득력 이전에 맞춤법과 문법에 따라 올바르게 작성하는 것이 중요하다. 문장에서 주어와 동사가 일치하는가를 살펴야 하며, 특히 수동태 문장을 남발하지 않도록 유념해야 한다. 법률이나 판례 등도 현행 맞춤법 규정에 맞지 않거나[6] 일본

---

4) 법원사무관리규칙 제10조 제1항.
5) 위 규칙 같은 조 제2항.
6) 예를 들면 도로교통법 제142조 제2항에 혈중'알콜'농도라고 규정하고 있는데, 알코올이 맞다.

식 말투[7]도 있으므로 그 문장들을 꼼꼼히 살펴야 한다. 맞춤법과 문법 등에 의문이 있을 때에는 국어사전이나 국립국어원 사이트에서 그 사항을 확인하여야 한다.[8]

Ⅲ. 이해하기 쉽게 작성

법문서는 작성되는 상황에 부합해야 하고, 읽는 사람을 설득할 수 있어야 하므로, 글의 문단 등을 적절히 배치하는 등 이해하기 쉽게 글을 써야 한다.

이해하기 쉽게 글을 쓰려면 지나친 수식을 피해야 하며, 단락(글의 마디)을 나누고, 제목과 부제목을 적절하게 사용하여야 한다.

서로 상반되는 내용이나 비교하고자 하는 내용을 분석하고자 할 경우 또는 단순히 서로 연관된 사실을 나열하는 경우에는 그 내용을 하나의 도표로 만들어 정리하면, 한 눈에 그 전체 내용을 이해할 수 있을 뿐만 아니라, 같은 표에 정리된 사항들을 비교·분석할 수 있어서 결국 그 내용에 대한 이해를 쉽게 할 수 있다.[9]

Ⅳ. 명료하고 간결하게 작성

1. 간결하게 작성

문장은 같은 내용을 갖더라도 그 기재형식, 어휘, 어법, 수사 등의

---

7) 예를 들면 형법 제126조에 …자가 그 직무를 '행함에 당하여' 지득한 … 라고 규정하고 있는데, 직무를 '행할 때'라고 해야 우리 말투에 맞다.
8) 예를 들면 과거에는 자장면, 전단, 괴발개발 등이 표준어로 규정되어 있으나, 지금은 짜장면, 전단지, 개발새발 등도 같이 표준어로 보고 있다.
9) 한종술, 227면.

차이로 인하여 여러 가지 다른 인상을 준다. 의사를 명확하게 전달하기 위해서는 간결체 문제가 효과적이다.[10] 특히 소송서류는 간결한 문장으로 분명하게 작성하여야 한다(민사소송규칙 제4조 제1항).

2. 명료하게 작성

자신이 전달하려는 내용을 명료하게 표현해야 한다. 법문서에서는 특정쟁점에 대한 자신의 의견이나 주장을 뚜렷하게 표현해야 한다. 예를 들면 '… 어렵다 할 것이다'는 '… 어렵다'로 표현해야 한다. 또한 '… 라고 생각(판단)됩니다'와 같이 수동형 표현은 '… 라고 생각(판단)합니다'와 같이 능동형 표현으로 해야 한다.

3. 정확하게 작성

법문서의 세부적 내용이 정확한지 여부를 항상 확인하여야 한다. 그러기 위해서는 개념을 정확하게 사용하고, 모호문을 피하는 것이 중요하다.

개념을 정확하게 이해하고 이를 적절히 사용하는 것은 법조인이 자신의 추론과정을 치밀하게 다듬고 타당한 결론에 이르는 토대이다.[11] 동일한 단어나 문장이 여러 의미로 해석되는 것을 모호라고 하는데, 이것은 표현하고자 하는 내용에 명확성이 떨어지기 때문에 법문서 작성 시 유의해야 한다.

예를 들면 '이빨을 갈았다'는 '이빨을 새 이빨로 바꾸었다'는 뜻도 되고, '분해서 이빨을 빡빡 갈았다'는 뜻도 된다.[12]

---

10) 권오봉/권혁재/김동호/윤태석, 3-4면.
11) 도재형, 62면.
12) 권오봉/권혁재/김동호/윤태석, 5면.

Ⅴ. 법률 문장 관행 및 용례 숙지

1. 법령 이름 표기법

종래에는 법령 이름을 전부 붙여 썼으나, 2005. 1. 1. 이후로 공포되는 것부터 띄어쓰기로 표기한다.

가. 법령명은 단어별로 띄어 쓴다.
- 예시: 경찰관 직무집행법

나. 조사 뒤나 어미 뒤, 의존명사 앞에서 띄어 쓴다.
- 예시; 가족관계의 등록 등에 관한 법률

다. 명사만으로 이루어진 법령 이름은 의미 단위로 띄어 쓰거나 붙여 쓰되 최대 8음절까지 붙여 쓴다. 다만 조직·기구 등 특정한 복합명사가 하나의 실체를 갖는 명칭인 경우에는 8음절 이상인 경우라도 붙여 쓴다.
- 예시: 국가과학기술 경쟁력 강화를 위한 이공계지원특별법
  수도권매립지관리공사의 설립 및 운영 등에 관한 법률

라. 법령은 조·항·호 단위로 붙여 쓴다. 목에는 ( )를 쓰고, 별표 및 별지 서식에는 [ ]를 쓴다.
- 예시: 도시계획법 시행령 제7조의3 제2항 제3호 (가)목
  약사법 시행규칙 제9조 [별표 제5호 서식]

2. 사건명·죄명의 표시

사건명·죄명은 붙여 씀이 현재의 관행이나, 본문에서는 알맞게 띄어 씀으로써 가독성을 높이는 것이 바람직하다.

　- 예시: 소유권이전등기 청구사건

3. 문장부호의 이름과 사용법

가. 문장부호의 이름

문장부호는 총 24종으로 정해져 있다. 즉, 마침표(.), 물음표(?), 느낌표(!), 쉼표(,), 가운뎃점(·), 쌍점(:), 빗금(/), 큰따옴표(" "), 작은따옴표(' '), 소괄호(()), 중괄호({ }), 대괄호([ ]), 겹낫표(『』), 홑낫표(「」), 겹화살괄호(《》), 홑화살괄호(〈〉), 줄표(—), 붙임표(-), 물결표(~), 드러냄표(˙), 밑줄(_), 숨김표(o, x), 빠짐표(□), 줄임표(……)가 있다.

나. 사용법

1) 마침표/온점

가) 직접 인용한 문장의 끝에 마침표를 쓰는 것이 원칙이지만, 마침표를 찍지 않아도 된다.

　- 그는 나에게 "나는 자유다."라고 말했다.

나) 용언의 명사형이나 명사로 끝나는 문자에는 마침표를 쓰는 것이 원칙이지만, 마침표를 쓰지 않는 것도 허용된다.

　- 문장부호 익히기./문장부호 익히기

다) 문장 끝에 괄호 속의 부연 설명이 들어간 경우, 마침표는 괄

호 밖에 적는다.

- 양도약정을 원인으로 한 소유권이전등기절차를 이행하여야 할 의무가 있다(더욱이 피고는 이 사건 각 부동산이 이 사건 공장부지 외 잔여부지인 사실에 관하여 이를 명백히 다투고 있지 않다).

라) 날짜를 쓸 때는 끝까지 마침표를 쓴다.

- 2015. 8. 15.[토]

2) 쉼표/반점, 가운뎃점, 쌍점, 빗금(/)

가) 가운뎃점과 쉼표

(1) 문맥을 보아 의미 단위로 묶을 때 가운뎃점(·)을 쓰고, 어구를 연결할 때는 쉼표(,)를 쓴다.

- 예시: 등기부 등본 · 초본, 직계존속 · 비속(직계존비속)

- 예시: 기본 계획의 수립, 시행 결과의 확인, 최종 성과의 종합

(2) 열거되는 단어의 무리 사이에는 쉼표를 쓰고, 이와 같이 열거되는 개별 단어 사이에는 가운뎃점을 쓴다.

- 예시: 전라남도 해남군 화원면 · 신이면 및 군자면, 영암군 삼호면 · 이호면 및 학산면

(3) 특정한 의미가 있는 날을 표시할 때 월과 일을 나타내는 아라비아 숫자 사이에 쓰는 것이 원칙이나, 가운뎃점을 쓰는 것도 허용된다.

- 3.1 운동/3 · 1 운동

나) 쌍점

(1) 쌍점의 앞은 붙여 쓰고 뒤는 띄어 쓴다.

   - 일시: 2015년 8월 15일 10시

(2) 내포되는 종류를 나타낼 때

   - 문방사우: 붓, 먹, 벼루, 종이

(3) 소표제 뒤에 간단한 설명이 붙을 때

   - 마침표: 문장이 끝남을 나타낸다.

(4) 저자명 다음에 저서명을 적을 때

   - 정약용: 목민심서, 경세유표

(5) 시와 분, 장과 절 따위를 구별할 때

   - 오전 10:30, 요한 3 : 16(요한복음 3장 16절)

다) 빗금 : 빗금의 앞뒤는 붙여 쓴다.

(1) 대응, 대립하거나 대등한 것을 함께 보이는 단어와 구, 절 사이에 쓴다.

   - 백이십오 원/125원, 착한 사람/악한 사람

(2) 시의 행이 바뀌는 부분임을 나타낼 때는 띄어 쓰는 것이 원칙이지만, 붙여 쓰는 것도 허용된다.

   - 산에 / 산에 / 피는 꽃은 / 저만치 혼자서 피어 있네

(3) 분수 : 3/4분기

3) 따옴표

가) 큰따옴표·겹낫표(『 』)

(1) 글 가운데서 직접 대화를 표시할 때

- 예시: "전기가 없었을 때는 어떻게 책을 보았을까?"

(2) 남의 말을 인용할 때

- 예시: 예로부터 "민심은 천심이다."라고 하였다.

나) 작은따옴표·낫표(「 」)

(1) 따온 말 가운데 다시 따온 말이 있을 때

- 예시: "여러분! 침착해야 합니다. '하늘이 무너져도 솟아날 구멍
이 있다.'고 합니다."

(2) 마음속으로 한 말을 적을 때

- 예시: '만약 내가 이런 모습을 보인다면 모두들 깜짝 놀라겠지.'

(3) 문장에서 중요한 부분을 두드러지게 할 때

- 예시: '배부른 돼지'보다는 '배고픈 소크라테스'가 되겠다.

4. 외래어 표기법

가. 국어에서 현재 사용하고 있는 24자모만 쓴다.

나. 하나의 음운은 원칙적으로 하나의 기호로 쓴다.

다. 받침에는 'ㄱ, ㄴ, ㄹ, ㅁ, ㅂ, ㅅ, ㅇ'만 쓴다.

라. 파열음(ㄱ, ㄷ, ㅂ) 표기에는 된소리를 쓰지 않는다.

- 싸이렌(→사이렌), 가스(→가스)
- '쓰나미', '마오쩌둥', 핀셋, 카세트

마. 중국어의 경우, 인명의 성과 이름은 중국 음이든 우리 한자음이든

모두 붙여 쓴다.

- 마오쩌둥(毛澤東)←모택동

바. 일본어의 경우, 인명은 일본 음으로 읽는 경우에는 성과 이름을 띄어 쓰고, 우리 한자음으로 읽는 경우에는 성과 이름을 붙여 쓴다.

- 도요토미 히데요시(豊臣秀吉)←풍신수길

5. 판결, 문헌 인용방법

대법원 2012. 9. 17. 선고 2011도1234 전원합의체 판결
대법원 2012. 8. 30. 자 2012모54 전원합의체 결정
헌법재판소 2016. 5. 15. 선고 2015헌바23 전원재판부 결정
조균석/이완규/조석영/서정민, 형사법통합연습(제3판), 박영사(2016), 123면.
Miranda v. Arizona, 384 U.S. 436(1966) *U.S. Report 384권 436면

6. 단위의 표기

km, ㎡, % 등은 '킬로미터', '제곱미터', '퍼센트' 등으로 풀어쓰지 않고 부호 그대로 표기한다.

7. 시간과 장소 표기

가. 일시의 표기

2016년 6월 25일을 표기하는 경우에 2016. 6. 25.이라고 표기하여 '년, 월, 일'의 글자를 생략하고 그 자리에 온점/마침표(.)를 찍는

방식으로 연·월·일을 표기한다.[13]

시간을 표기할 때에는 오전이나 오후의 표시 없이 24시간제에 따라 시간을 표기하고, 21시 30분을 표기하는 때에는 21:30이라고 표기하여, '시, 분'의 글자를 생략하고 그 자리에 쌍점(:)을 찍는 방식으로 시간을 표기한다.

- 2018년 6월 25일 21시 30분 → 2018. 6. 25. 21:30

나. 장소의 표기

주소, 등록기준지, 부동산 소재지 등을 표기할 때에는 다음의 원칙에 따른다.[14]

1) 광역자치단체인 특별시, 광역시, 도는 '서울', '부산', '광주', '경기', '강원', '전북' 등으로 표시하고, 기초단체인 시는 소속 도표시를 하지 않는다. (예: 익산시) 기초단체인 군(郡과) 구(區)를 표시하는 경우에는 앞에 광역자치단체를 표시한다. (예: 전북 고창군 ...)

2) 읍, 면에는 소속 시, 군을 기재한다.

3) 번지에는 '번지'를 생략하고, 가지번호는 ' -(하이폰) '으로 표시한다. (예: 123-4)

4) 주소, 등록기준지를 표시할 때에는 도로명 주소로 표시하여야 하고, 부동산을 표시할 때에는 지번주소로 표시하여야 한다.

- 도로명 주소: 서울 서초구 반포대로 123(서초동, 대곡빌딩)
- 지번주소(부동산 표시): 서울 서초구 서초동 123-45 지상 철근콘크리트조 기와지붕 2층단독주택 87.65㎡

---

13) 법원사무관리규칙 제10조 제3항. 1월(일)부터 9월(일)까지의 경우에 '01, 02, ... 09'라고 표기하지 않고(즉 1, 2, ... 9라고 표기), 마지막의 경우에도 온점/마침표(.)를 찍어야 하는데 유념해야 한다.

14) 2017. 3. 1. 재판예규 제1642-4호 재판서 양식에 관한 예규(재일 2003-12) 제10조 참조.

다. 기타

성명은 띄어 쓰지 않고 그대로 기재한다.15) (예: 홍길동) 다만 복성
(複姓: 동방, 서문, 남궁, 제갈, 사마, 선우, 순우, 탁발, 황보 등)이
단성과 혼동되는 경우에는 띄어 쓸 수 있다.(예: 남궁원이 성이 남
이고 명(이름)이 궁원인지, 성이 남궁이고 명이 원인지 혼동할 수
있는 경우- 남궁 원/황보석이 성이 황이고 명이 보석인지, 성이 황
보이고 명이 석인지 혼동할 수 있는 경우- 황보 석)

8. 항목의 구분

법문서의 체제상 항목을 구분하여 각 항목에 일련번호를 부여할 필
요가 있는 경우에는 다음과 같이 표기한다. 다만, 필요한 경우에는
부분적으로 ㅇ, -, · 등과 같은 특수한 기호로 표시할 수 있다.16)

① 첫째항목의 구분은 1., 2., 3., 4., ·····로,
② 둘째항목의 구분은 가., 나., 다., 라., ·····로,
③ 셋째항목의 구분은 1), 2), 3), 4) ·····로,
④ 넷째항목의 구분은 가), 나), 다), 라) ·····로,
⑤ 다섯째항목의 구분은 (1), (2), (3), (4) ·····로,
⑥ 여섯째항목의 구분은 (가), (나), (다), (라) ·····로,
⑦ 일곱째항목의 구분은 ①, ②, ③, ④ ·····로,
⑧ 여덟째항목의 구분은 ㉮, ㉯, ㉰, ㉱ ·····로 나누어 표시한다.
⑨ ②④⑥의 경우에 하, 하), (하), ㉼ 이상 더 계속되는 때에는 거,
　거), (거), 너, 너), (너) ·····로 이어 표시한다.

---

15) 위 예규 제8조.
16) 법원사무관리규칙 시행내규(대법원 내규 제403호) 제10조.

9. 육하원칙에 따라 쓰기

가. 누가, 언제, 어디서, 무엇을, 어떻게, 왜.

나. 예시

1) 원고는 2018. 3. 1. 고교동창인 피고에게 돈 10,000,000원을 빌려 주었습니다(어디서, 왜 생략).

2) 원고는 2018. 3. 1. 자기 집으로 찾아와서 급히 돈이 필요하다고 빌려 줄 것을 사정하는 피고에게 돈 10,000,000원을 빌려 주었습니다(육하원칙에 맞추었으나 어색).

3) 원고는 2018. 3. 1. 고교 동창인 피고에게 돈 10,000,000원을 빌려 주었습니다. 그 날 아침, 피고가 원고의 집으로 찾아와서 아들 등록금에 써야 한다면서 통사정을 하였기 때문입니다(자연스럽다).

10. '자연스러운 표현'[17)]

- 간(間): 당사자 간의 합의로→당사자들이 합의하여
- 거침없이: 이사회 결의를 거침없이→이사회 결의를 거치지 않고
- 결여하다: 적법한 원인을 결여한 등기이다.→적법한 원인이 없는 등기이다.
- 그럼에도 불구하고: 그럼에도 불구하고 피고인은 ..... 사용승인을 받았음에도→피고인은 ... 사용승인을 받았는데도
- ~라 함은: 불법영득의 의사라 함은→불법영득의 의사란
- 및: 부동산의 형성 및 유지→부동산의 형성과 유지

---

17) 알기 쉬운 법령정비기준(법제처)와 법원맞춤법 자료집(법원도서관)에서 발췌.

- 뿐만 아니라→그뿐만 아니라
- 소정의: 각호 소정의→각 호에서 정한
- -에 기한: 귀책사유에 기한→귀책사유에 근거한
- -에 있어(서): 재산분할에 있어→재산분할에서/이 사건 부동산의 형성 및 유지에 있어→ 이 사건 부동산의 형성과 유지에
- -(으)로 말미암아: 귀책사유로 말미암아→귀책사유로
- -위한: 그 이행을 위한 노력을 기울이지 아니하는 바람에→그 이행을 위해 노력하지 아니하는 바람에
- -위하여는: 착공하기 위하여는→착공하기 위해서는
- ~(으)로 하여금: 원고로 하여금→원고에게/담당 공무원으로 하여금→담당 공무원이
- 승용차를 일부 태워→승용차의 일부를 태워
- 저의 뒤통수를 때리고, 이에 항의하려 하자→저의 뒤통수를 때려서, 이에 ...
- 원고와 피고 사이의 혼인 관계는 파탄에 이르렀다고 할 것인데, →원고와 피고의 혼인 관계는 파탄에 이르렀으며,

Ⅵ. 용어의 순화

1. 법률용어의 순화

가건물→임시건물, 결석계→결석신고(서), 공여하다→제공하다, 공연히→공공연하게, 교량→다리, 구거→도랑, 내역서→명세서, 당일→그날, 도과→지남/넘김, 망실→잃음/잃어버림, 몽리자→이용자/이익을 얻는 사람, 발부→발급, 삭도→공중철선, 상치되다→다르다/어긋나다, 생계비→생활비, 선거(船車)[18]→선박, 손괴하다→파손하다, 시건장치→잠금장치, 전말조사→경위조사, 정을 알고→정황을 알고/사실을 알고/사정을 알고, 증빙서류→증명서류/증명서, 지려천박→지적능력부족, 지득하다→알게 되다, 지료→토지 임대료, 지불→지급, 첩부하다/첩용하다→붙이다, 출두하다→출석하다, 통첩→통지, 패용하다→달다, 하자→흠, 해태하다→게을리 하다/제때 하지 아니하다(않다), 호창되다→불리다, 회복하기 어려운 손해→심각한 손해

2. 일반용어의 순화

가. 일본식 용어의 순화

① 수속(手續)→절차: 수속은 일본식 용어인데 우리도 많이 쓰고 있다.(병원 입원ㆍ퇴원 수속/이혼수속/출입국수속 등에서 '수속'은 모두 '절차'로 써야 한다.)

② 납득(納得)→이해(예: 납득이 안 돼→이해가 안 가)

③ 런던경시청/파리경시청(警視廳)→런던경찰청/파리경찰청

---

18) 형사소송법 제216조 제1항 제1호 참조. '선차'라고 표기하고 선박으로 보는 책도 많이 있고, 선박과 자동차의 준말로 보는 견해도 있다.

④ 특단(特段)→특별(예: 대통령은 이 번 사태에 대해 특단의 조치를 취하라고 지시하였다./특단의 사유가 없는 한 수사를 할 수 있다.)

⑤ 차압(差押)→압류/압수

⑥ 취조(取調)→조사

⑦ 선임계(選任屆)[19]→선임서

나. 좋은 우리말 쓰기

계란(鷄卵)→달걀, 혹(或)은→또는, 제반(諸般) 사정→모든 사정, 유사(類似)한/하게→비슷한/하게, 약간(若干)→조금, 우선(于先)→먼저, 소위(所謂)→이른바, 위시(爲始)한/하여→비롯한/하여, 급기야(及其也)→드디어/마침내, 가사(假使)/가령(假令)→이를테면/예를 들면, 간신(艱辛)히→가까스로/겨우, 간혹(間或)→이따금/어쩌다가, 가급적(可及的)→되도록/될 수 있으면, 차제(此際)에→이 때에, 여하간(如何間),여하튼/하여간(何如間), 하여튼→어떻든/어쨌든지

Ⅶ. 쟁점정리[20]

1. 소송자료와 대조하며 쓰기

가. 주요사실인 경우에 잘못 쓴 채 제출되어서 상대방에 의해서 원용되고 나면 자백으로 되어서 그 말을 번복하지 못하는 처지에 빠질 수 있고, 주요사실이 아니라고 하더라도 나중에 잘못된 것을 주장을 바꾸는 것은 주장의 신뢰성을 떨어뜨린다.

---

19) 일반인이나 실무에서 변호인선임서를 변호인선임계라고 사용하는 경우가 많은데 시정해야 한다.
20) 한종술, 177-200면 참조.

나. 주장을 하는 경우 반드시 수집해 둔 소송자료와 대조하면서 써야 한다. 보관 중인 자료만으로 정확하지 못하다고 생각되는 부분이 있으면 그때마다 당사자에게 전화해서 확인한 다음에 쓰기를 계속하여야 할 것이다. 의뢰인이 번거롭다고 싫어할 것을 우려할 필요는 없다. 오히려 자기 일을 맡은 변호사가 그만큼 열심히 해준다고 신뢰하며 기뻐한다.

다. 이는 사실관계 뿐만 아니라 법적문제의 경우도 마찬가지이다. 판례나 법이론을 인용하고자 할 때에도 재삼재사 확인한 후에 인용하여야 한다. 엉뚱한 판례나 법이론을 기재한 경우에는 전체 문서의 내용에 의구심을 가지게 되고, 최소한 실력 없는 변호사로 여겨질 수 있다.

2. 쟁점을 명확하게 정리하기

가. 쟁점 사실의 정리 : 당사자 간 분쟁의 핵심을 쟁점이라고 한다. 쟁점을 정리한 다음에는 그 쟁점에 관한 자기의 주장과 그 주장을 뒷받침할 법적·이론적 근거와 증거 등을 순차적으로 정리·제출하고, 법원의 판단을 기다리면 될 것이다. 당사자 사이의 쟁점의 정리는 보통 서론에서 이루어지고, 본론에서는 위와 같이 서론에서 요약·정리한 쟁점별로 자기의 주장을 펼치고 그 주장의 근거 내지 증거를 들게 될 것이다. 마지막으로 결론에서 그 쟁점에 대한 자기의 주장과 증거관계 등을 요약하여 마무리 정리해 주는 방법이 설득력 있는 글을 만드는데 효율적인 구성방법이다.

준비서면

사 건   2018가합0000호 건물인도
원 고   주식회사 0000
피 고   주식회사 0000 외 8명

위 사건에 관하여 피고 1, 2, 3, 4, 5, 6, 7, 8, 9의 소송대리인
은 다음과 같이 변론을 준비합니다.

다 음

1. 이 사건의 쟁점은 피고들의 유치권의 존재여부임
 가. 당사자들 사이의 권리관계
  1) 피고들은 소외 00물산 주식회사의 공사대금 채권자임.
     소외 00물산 주식회사는 천안시 동남구 수신면 861의 토지
     에 김치공장을 신축하게 되었습니다. 위 00물산 주식회사
     는 그 건축공사를 각 분야별로 나누어서 피고들에게 맡겼
     습니다. 피고들은 자신들의 전문 분야별로 위 소외 00물산
     주식회사와 공사 도급계약을 체결하였고, 그 계약에 정해진
     대로 각 부분의 공사를 마쳐 주었습니다. 그로 인해 피고들
     은 위 소외 회사에게 아래와 같이 각 공사대금청구권을 갖
     게 되었습니다.[제(4)항에 표로 정리함]

  2) 원고가 위 소외회사의 신축공장을 경매로 매수함.
     그런데, 위 00물산 주식회사는 이미 운영하고 있던 김치공장
     의 경영악화로 인해 은행채무를 변제할 수 없게 되었고, 그
     채권 은행은 위 소외 회사 소유인 신축한 김치공장을 경매
     신청하였습니다. 원고는 2018. 3. 25. 그 경매에 참가해서

그 김치공장을 경락받아서 새로운 소유자가 되었습니다.

3) 피고들이 그 신축공장을 점유하며 유치권을 행사함.
　　한편, 위 소외회사는 그 공장신축공사를 맡아했던 공사업
자들인 피고들에게 그 공사대금을 지불해주지 못했습니다.
그로 인해 피고들은 그 완성된 김치공장을 위 소외회사에
게 인도하여 주지 아니한 채로 계속 점유하며 유치권을 행
사하였습니다.

4) 피고들이 공사대금 채권의 내역
　　- 생략 -

나. 원고의 소제기와 피고들의 유치권 항변
　　공장의 새로운 주인이 된 원고는 그 공장을 점유하고 있는
피고들에게 공장을 비우고 주인인 자기(원고)에게 넘겨줄
것을 요구하였으나, 피고들이 유치권을 주장하면서 그 인도
를 거절하였습니다. 원고는 2018. 5. 11. 피고들을 상대로
그 공장을 넘겨달라고, 법원에 공장 명도청구의 소를 제기
하였습니다.
　　그에 대하여 피고들이 답변하기를, 자신들은 그 공장에 관
한 유치권자들로서 원고에게도 그 유치권을 행사할 권리가
있으므로, 그에 기하여 원고의 명도청구에 응할 수 없다고
주장(답변)하였습니다.

다. 이 사건의 쟁점
1) 당사자 상호 공방한 주장 내용
　　피고들은 이건 공장의 신축공사를 맡아서 그 공사를 완성하
여 준 공사대금 채권자들로서, 그 공사대금 채권을 받기 위
해서 이건 공장을 점유하며 유치권을 행사하고 있는 중입
니다. 따라서 원고의 공장 명도 청구에 대하여 피고들은 유

치권의 항변을 하고 있는 것입니다.

그에 대한 원고 주장의 요지는 피고들이 유치권의 요건을 갖추지 못하고 있다는 것입니다. 우선, 피고들의 채권은 공사대금 채권이 아니거나, 소멸시효가 지나 소멸된 채권이라는 주장입니다. 즉, 피고 1 주식회사 00, 피고 2 0000 주식회사, 피고 3 주식회사 000, 피고 4 00조경건설 주식회사, 피고 5 000 등은 공사업자들인 것은 맞지만, 그들의 공사대금 채권은 이건 소 제기 전에 이미 그 3년의 단기 소멸시효가 완성되어서, 소멸하였다는 주장입니다. 그 나머지 피고들인 피고 7 주식회사 000, 피고 8 00아스콘 주식회사, 피고 9 000 등은 이건 공장 신축공사를 한 사람들이 아니라 단지 그 공사에 사용되었던 건축자재 등을 판매했던 사람들일 뿐이고, 그 물건 매매대금 채권의 담보를 위해서 이건 공장을 유치할 수 없다는 주장입니다. 두 번째로는, 피고들이 유치권의 또 다른 요건인 점유요건을 충족하지 못했다는 것입니다. 즉, 피고들은 이건 공장에 대한 경매가 시작되기 전에는 공장을 점유하지 않고 있다가, 경매가 이루어지자 그 소문을 듣고서 그때서야 공장 곳곳에 유치권 행사 중임을 알리는 현수막을 걸어 놓고 공장을 점유하기 시작하였다는 주장입니다.

2) 쟁점정리

위와 같은 당사자의 공방 내용으로 볼 때, 이 사건의 쟁점은 피고들이 이건 김치공장에 대하여 유치권을 갖고 있는지 여부의 문제입니다. 다시 그 쟁점을 유치권의 각 요건별로 구체적으로 나누어서 검토해 봅니다. 첫째, 피고들이 소외 00물산 주식회사에게 갖고 잇는 채권이 공사대금 채권인지 하는 문제와, 둘째 그 공사대금 채권이 소멸시효의 완성 등의 이유로 인해 소멸되었는가 하는 문제, 셋째 피고들은 유치권의 요건에 합당한 점유를 계속해 왔는가 하는 문제 등이 곧 이 사건의 구체적 쟁점들입니다.

다. 서면의 서술방향

　　아래에서는 당사자 사이에서 쟁점이 되고 있는 사항에 관하여, 유치권의 요건별로 각 피고들의 실제 상황에 대한 설명과 원고의 주장에 대한 피고의 반박 주장을 하고, 그러한 주장에 대한 증거에 대하여 설명을 한 다음, 결론적으로 이 사건의 쟁점에 관한 피고들의 최종 주장을 펼치고자 합니다.

쟁점정리 준비서면(2)

1. 당사자 사이에서 다툼이 없는 사실

2. 이 사건의 쟁점
가. 쟁점정리
1) 대립되어 있는 당사자의 주장
피고가 원고로부터 제공받은 원료인 RP-170S를 사용하여 자기회사에서 생산하는 냉동고의 단열재를 성형해 내는 과정에서, 그 원료가 냉동고에 충분하게 충전되지 못하는 바람에 생산하는 냉동고에 하자가 발생한 사실은 원고도 인정합니다. 다만 당사자 사이에 다툼이 있는 것은 그와 같은 냉동고의 하자가 원고가 제공한 원료(RP-170S)의 잘못에 기인하는 것인지 아니면 하자 없는 그 원료를 피고가 잘못 사용한 것에 기인하는지에 관한 것입니다. 원고는 피고가 그 원료를 사용하면서 적절한 온도를 맞추지 못해서 그런 하자가 발생했다는 주장이고, 반면 피고는 그 제품에 섞인 촉매의 비율이 잘못되었기 때문에, 즉 그 원료 자체의 하자 때문에 그 결과물인 냉동고 단열재의 하자가 발생한 것이라고 주장하고 있습니다.

2) 쟁점정리
피고가 이건 원료를 사용하여 냉동고를 생산할 때 생긴 하자의 원인이 원고가 공급한 원료인 RP-170S 자체의 하자, 특히 그것에 섞인 촉매 비율의 하자에 있는지, 아니면 피고가 그것을 사용하면서 지켜야 할 기본 조건인 원료의 온도를 맞추지 못한 잘못에 있는지 하는 문제가 이 사건의 쟁점입니다.

나. 이어지는 글의 서술방향

아래에서는, 우선 위 원료(RP-170S)가 만들어진 초기 제조 과정에 관해서 설명하고자 합니다. 그 원료는 당사자 양측의 기술진들끼리 상호 충분한 토론과 실험을 반복하는 가운데 피고 측에서 동의한 품목요소대로 제조되었고, 그 이후 원고가 공급한 제품(원료)도 모두 그 품목요소를 그대로 적용하여 생산한 것들이기 때문에, 당초에는 하자가 없던 제품이 갑자기 하자있는 제품으로 변할 수 없다는 점을 보여 주고자 합니다. 그리고 피고가 그 제품(원료)을 정식으로 갖다 쓰던 초기에 이미 이건 소송에서 피고가 주장하는 것과 같은 하자가 발견되었던 적이 있었는데, 그때 냉동고 단열재에 생겼던 하자의 원인이 곧 냉동고에 충전되는 원료의 온도 문제였었고, 당시 원고가 개입해서 그 하자의 원인을 발견하여 바로잡아 주었던 적이 있었는데 그 사실에 관하여도 설명하고자 합니다.

그 다음에는 이건 원료를 사용하는 과정에서 하자가 발생할 수 있는 몇 가지 경우에 관하여 기술적인 설명을 하려고 합니다. 그리고 그 중 어느 경우에 이건에서와 같은 하자가 발생할 수 있는지에 관한 설명을 곁들일 것입니다.

마지막으로 이 사건에서 나타난 하자가 결론적으로 어떤 이유로 인해서 발생한 것인가에 관하여 마무리 주장을 하겠습니다.

쟁점정리 준비서면(3)

1. 이 사건의 쟁점
 가. 이 사건의 청구원인 요약
  1) 당사자의 관계
     피고는 주식회사 00000라는 상호로 편의점 운영에 관한 전국적인 판매망 구축과 관리 시스템을 개발하고서, 그 가맹사업자들을 모집하여 전국적으로 편의점 사업을 운영하는 회사입니다. 원고는 이른바 동네 슈퍼마켓을 운영하던 사람으로서, 현대적 방식의 편의점 하나를 운영해보고 싶은 마음에, 담배소매인 지정에 관한 피고회사의 약속을 믿고서, 2008. 1. 7. 피고회사와 00000편의점 가맹계약을 체결한 사람입니다.

  2) 이 사건 청구원인 요약
     원고와 피고 사이에서 2008. 1. 7. 체결된 이건 편의점 가맹계약(갑제3호증의 2)은 실효되었습니다. 그 실효의 근거는 두가지입니다.
     첫째는 피고가 원고에게 했던 약속인, 원고를 이건 점포에서 담배소매인으로 지정될 수 있도록 해주겠다는 약속(합의)을 지키지 못한 것 때문입니다. 그러한 약속은 이건 가맹계약의 한 내용을 구성하는 것이고, 따라서 그것을 지키지 못한 피고는 채무불이행책임을 져야 할 것입니다. 그 효과로서 이건 가맹계약을 해제하고, 피고의 약속이 이행되리라고 믿었던 원고는 피고에게 그에 대한 손해배상을 청구하며, 아울러 원고가 피고회사에 대한 담보로서 자신(원고)의 부동산 위에 설정해 주었던 근저당권의 말소를 청구합니다.
     두 번째 계약 실효 사유는 사실의 착오입니다. 원고가 이건 가맹계약을 체결하게 된 것은 피고가 이건 점포에서 원고를 담배소매인으로 지정받게 해주겠다고 약속하였기 때문이었습니다. 이런 형태의 소매점을 운영함에 있어서 담배판매 수입이 그 소매점 판매 수입의 반을 차지합니다. 따라서 처음 개설되는 소매점을 운영하고자 하는 대부분의 사람들은 만약 그 점포에서 담배소매업을 할 수 없다면 그곳에서 소매점을 열 수 없다는 생각을 갖고 있습니다. 특히 원고로서는 이건 새 점포에서 반드시 담배판매업이 허용되어야함 그곳에서 소매점을 운영하겠다는 자신의 뜻을 피고에게 분명하게 전달하였습니다. 나아가 전국적 규모의 편의점 망을 갖고서 수년간 편의점 사업을 해온 피고회사의 경험과 노하우에 비추어 볼 때, 이건 가맹계약을 체결하기 전에 그 점포에 관한 시장성 조사를 마친 피고 회사는 이건 점포에서 원고가 담배소매인으로 지정받게 될지 여부를 충분히 알 수 있었을 것입니다. 그런데 피고회사는 원고에게 이건 점포에서 원고가 담배소매업자로 지정받도록 해주겠다고 약속하였고, 원고로서는 피고회사의 그러한 약속을 믿을 수 있다고 생각했기 때문에 이건 가맹계약을 체결하였던 것입니다. 그런데 이건 점포는 담배판매업 시행규칙의 거리유지 규정상 사실상 담배소매업이 허용될 수 없는 상황이었습니다. 위 법에서 요구하는 유지거리는 50m인데, 이건 점포의 인근의 기존 담배소매업소와 48.8m 밖에 떨어져 있지 못했습니다. 그렇다면 원고와 피고는 그러한 사실관계에 대해서 잘못 알고서 이건 가맹계약을 체결한 것이며, 그것은 법률행위의 동기의 착오에 해당합니다. 나아가 그와 같이 착오를 한 사실은 원고가 이건 가맹계약을 체결하는데 있어서 매우 중요한 사항(계약체결의 동기)으로서, 원고로서는 그 착오가 없었다면 그 가맹계약을 체결하지 않았을 것이 확실합니다. 그런데 이건 점포가 기존의 담배소매점과의 거리유지 기준을 충족하지 못해서 원고가 담배소매인으로 지정될 수 없다는 것이 밝혀졌기 때문에, 원고로서는 이건 계약을 착오를 원인으로 하여서 취소한 것입니다. 그 계약 취소의 효과로서 원고는 피고에게 자신의 부동산 위에 설정해준 근저당권의 말소를 청구합니다.

위와 같은 두 가지 이유로 원고는 이건 가맹계약을 해제 또는 취소하였습니다. 원고는 이건 소를 제기하기 전에 피고에게 이건 편의점 가맹계약을 해제한다는 통지를 하였습니다. 그때 가맹계약을 착오를 이유로 취소한다는 취지도 같이 기재하여 통지하였습니다. 그러나 그 취소의 의사표시의 취지가 명확하지 않다고 판단될 수도 있다고 생각합니다. 그럴 경우를 대비하여, 원고는 이건 서면의 송달을 통해서 재차 이건 가맹계약에 대하여 착오를 원인으로 한 취소의 의사표시를 합니다. 그러한 원고의 계약해제 및 취소 통지로 인하여 이건 계약은 그 효력을 상실하였고, 그 효과로 이건 근저당권의 말소를 청구하는 것입니다.

나. 이 사건의 쟁점

1) 이 사건의 세 가지 쟁점

위에서 살펴본 바와 같이 이 사건의 청구원인의 하나는 피고의 채무불이행에 따른 계약의 해제이고, 다른 하나는 사실의 착오를 원인으로 한 계약의 취소입니다. 그러나 피고는 그 두 가지 모두를 부인하고 있습니다. 즉, 자신(피고) 또는 자신의 대리인은 원고에게 이건 점포에서 담배소매인으로 지정받도록 해 주겠다는 약속을 한 사실이 없다고 주장하고 있습니다. 아울러 이미 다른 곳에서 비슷한 유형의 소매점(동네슈퍼마켓)을 운영하고 있는 원고로서는 스스로 담배소매인으로 지정받기 위한 기준, 특히 기존의 인근 담배소매업소와의 거리 기준에 관하여 잘 알고 있었고, 그 기준 이격거리 50m는 어마든지 실측이 가능한 것이 만큼, 원고가 그러한 절차를 스스로 진행해보지 않은 채 오직 피고만을 믿고 아무런 행위도 하지 않고 있었다는 것은 그 사실의 착오적용의 배제 사유인 중과실에 해당된다고 주장하고 있습니다.

따라서 이건 소송의 쟁점은 피고가 원고에게 이건 점포에서의 담배소매인 지정을 받아주기로 약속을 했었던가 하는 것과 원고가 담배소매인 지정을 받지 못한 것이 이건 편의점 가맹계약의 중요부분의 착오에 해당하는가, 그리고 원고의 행위가 착오에 해당한다면 그런 착오를 일으킨 원고에게 중과실이 있었는가 하는 것의 세 가지로 요약할 수 있겠습니다.

2) 글의 서술 방향

아래에서는, 위 세 가지의 쟁점을 명확히 하기 위해서, 당사자들이 가맹계약을 체결하기까지 행했던 행위들을 자세하게 설명할 것입니다. 나아가 사실의 착오 특히 동기의 착오 이론을 좀 더 상세히 검토하려고 합니다. 그런 다음 원고가 주장하는 이 사건 청구원인에 관하여 자세하게 주장할 것입니다. 피고의 채무불이행(계약 위반) 내지는 법률행위의 착오가 존재하였음을 밝혀낼 것입니다. 덧붙여 원고의 주장을 뒷받침하는 증거에 관하여 설명하고자 합니다.

마지막으로 이건 청구가 옳다는 주장을 정리하며 글을 마무리하려고 합니다.

2. 피고의 채무불이행

3. 사실의 착오

나. 상대방의 주장을 반박하기

1) 상대방이 내 주장과 다른 주장을 한다고 해서 그 상대방의 주장에 대해서 매번 정면으로 반박할 필요는 없다. 초보 변호사일수록 상대방 주장 중에 조금이라도 자신에게 불리하거나 사실과 다른 주장에 대해서 사사건건 이의를 제기하는 경향이 있다. 그러나 소송의 승패와 별로 상관없는 내용을 주장하고 있어서 소송에 미치는 영향이 없다고 판단되는 경우에는 사실과 조금 달라도 과감하게 인정하고 들어갈 필요가 있다. 사사건건 반박을 함으로써 쟁점이 열 개가 되면 법관은 각 쟁점에 10% 씩만 관심을 집중할 수밖에 없다. 그러나 자기에게 가장 중요하고도 유익한 쟁점 두 개만 추려내어 파고들면 법관은 각 쟁점에 50%의 관심을 집중하는 것이어서 유리한 결론을 이끌어 낼 가능성이 더 높아진다.

2) 상황에 따라 굳이 상대방의 주장에 대하여 반박하는 형식을 취하지 않고, 단지 사건의 쟁점에 대한 자기의 주장을 펼치는 것으로만 정리해도 그 뜻을 전달함에 부족하지 않을 수도 있다. 상대방의 감정을 자극하는 용어를 남용함으로써 이전투구가 되는 일은 피해야할 것이다.

3) 그러나 반박할 대상인 상대방의 주장 요지와 그에 대한 자기의 반박 주장을 각기 별도의 항목으로 만들어서 반박하는 형식으로 글을 구성하는 것은, 요건사실이나 핵심 쟁점에 관한 주장이 아니라 간접사실에 대한 상대방의 주장을 반박하는 경우에 더 효과적인 글 구성의 틀이 될 것이다. 특히 요건사실을 직접적으로 충족시켜 줄 직접사실에 관한 증거가 없는 경우라면 간접사실에 대한 증명을 통해서 요건사실의 충족여부가 판단될 수밖에 없을 것인데, 그런 경우에는 그러한 간접사실에 관해서 생기는 당사자

사이의 쟁점이 중요한 의미를 갖게 된다. 즉, 소송상의 쟁점은 반드시 요건사실에 관한 다툼에 그치지 않는다.

Ⅷ. 요건사실에 맞추어 쓰기[21)]

1. 왜 요건사실인가?

가. 소송상의 청구란 곧 자기에게 일정한 법률상 효과가 발생했다거나 또는 자기가 일정한 법률효과를 누릴 지위에 있다는 주장의 형태로 이루어지는데, 그와 같은 주장은 언제나 그 일정한 법률효과 발생의 근거가 되는 원인사실이 존재한다는 주장이 앞선다.

나. 법원이 인용판결을 하였다는 것은 단순히 당사자가 자기의 권리(법률효과)를 주장했기 때문이 아니고, 그 권리를 발생시킨 원인행위의 존재를 주장하고 증명했기 때문이다. 즉 법률효과의 원인 내지 근거가 되는 사실, 즉 요건사실의 존재에 대한 주장과 증명이 있어야 승소하는 것이다. 그런 만큼 당사자 간의 소송상 분쟁이란 법률요건에 해당하는 사실(요건사실)의 존재에 관한 다툼이 대부분이다.

2. 요건사실(주요사실)의 개념

가. 요건사실이란 법률효과를 발생시키는 실체법상의 구성요건 해당사실을 말한다(83다카1489; 2000다48265). 따라서 요건사실을 파악하기 위해서는 그 법률관계를 규율하는 실체법 규정을 잘 검토하여야 한다.

---

21) 한종술, 200-208면 참조.

나. 한편, 계약자유의 원칙상 무명계약이 존재하므로 법률효과의 원인이 되는 법률요건사실을 판단할 때도 당사자의 의사에 의해서 형성된 계약의 내용을 검토하여서 추려내야 할 경우도 많다.

3. 요건사실의 종류

　가. 권리근거사실, 권리발생사실(적극적 요건사실)

1) 권리관계나 기타 법률관계의 발생의 근거가 되는 요건사실을 말한다. 그러한 권리근거사실은 당사자의 행위의 근거가 된 실체법의 규정에 나타나 있다.

2) 예를 들면, 당사자 사이에 만들어진 법률관계가 매매관계인 경우 그 요건사실이 무엇인가는 민법상의 매매에 관한 규정, 특히 매매의 의의를 규정한 민법 제563조에 잘 나타나 있다. 이 규정에 의하면, 매매란 그 당사자의 일방은 재산권을 상대방에게 이전하기로 약정하고, 그 상대방은 그 대금을 지급할 것을 약정하는 것이다. 따라서 매매계약의 효력은 매도인은 매수인에게 매매의 목적인 재산권(권리)을 이전하여야 하고, 매수인은 매도인에게 그 대금을 지급하여야 하는 법률관계(권리·의무관계)를 형성하게 하는 것이다(민 568). 그리고 매매계약의 효과는 매수인에게는 매매 목적이 된 재산권을 이전하여 줄 것을 청구할 권리를 발생시키고, 매도인에게는 매매대금의 지급을 청구할 권리를 발생시킨다는 것이다. 그러므로 재산권의 소유자와 매매계약을 체결하였다는 사실은 그 재산권의 이전을 청구하는 소를 제기할 수 있는 하나의 요건사실이 된다.

나. 권리행사저지사실, 권리소멸사실, 권리장애사실(소극적 요건사실)

1) 권리근거규정에 의하여 권리관계나 기타 법률관계가 발생한 다음에 그 권리의 행사를 저지 또는 배제하는 효력을 가진 요건사실(권리행사저지사실), 그 발생한 권리를 소멸시키는 요건사실(권리소멸사실), 또는 권리가 발생하기 전에 권리근거규정의 법률효과인 권리관계의 발생 자체를 방해하는 요건사실을 각 이른다.

2) 권리행사저지사실로는 동시이행의 항변권 성립의 요건사실, 유치권의 항변권 성립 요건사실, 기한유예의 항변권 성립의 요건사실, 최고·검색의 항변권 성립요건사실 등이 있다. 권리소멸사실로는 변제, 면제, 혼동, 해제, 취소, 소멸시효의 완성, 상계 등의 권리 소멸의 요건사실이 이에 해당한다. 권리장애사실로는 강행법규위반, 의사능력의 결여, 불공정행위, 통정허위표시, 반사회적 행위, 불법원인급여 등의 요건사실이 이에 해당한다.

3) 동시이행의 항변권은 계약 당사자의 채무가 상호 대가관계에 있는 이른바 쌍무계약에 있어서, 상대방이 그의 채무이행을 제공할 때까지 자기의 채무이행을 거절할 수 있는 당사자의 권리를 이른다. 소송실무상 가장 빈번하게 주장되는 대표적인 권리행사저지사실이다. 그것은 쌍무계약으로부터 발생하는 것으로서 그 쌍무계약과 관련된 모든 법률관계에 적용되는 것이어서, 그 계약이 종료되었을 때, 그 계약의 발효로 인하여 이미 발생되어 있는 법률관계를 원상회복 내지 정리하는 경우에도 적용되는 것은 당연하다. 물론 계약의 당사자가 합의에 의해서 동시이행의 항변권의 존재를 막는 것은 자유다. 따라서 당사자의 합의로 어느 일방의 채무를 선이행하기로 약정할 수 있다. 그럴 경우 선이행 의무를 지는 당사자는 자기 채무를 먼저 이행하지 않고서는 상대방의 채무의 이행을 청

구하지 못하게 된다. 그런데 그렇게 쌍무계약의 당사자 사이의 합의로 어느 일방의 채무이행을 선이행으로 약정한 경우라도, 그 채무의 이행을 나중에 해도 되는 상대방의 채무(후이행채무)의 이행이 곤란하게 될 현저한 사유가 있는 때에는 그 선이행 약정을 강제할 수 없고 선이행 채무도 동시이행관계로 돌아간다(민법 제536조 제2항). 한편 동시이행관계에 있는 서로의 채무 중 어느 일방의 채무가 아직 그 변제기에 있지 아니한 경우에는 동시이행의 항변을 할 수 없다(민법 제536조 제1항 단서).

4. 요건사실과 주장책임(요건사실을 주장할 책임)

가. 변론주의가 지배하는 민사소송에서는 법원으로서는 당사자가 주장하는 요건사실에 한정하여서 판단을 하여야 한다. 따라서 법원은 당사자가 주장하지 않은 요건사실에 관하여 그 사실인정을 할 수도 없고, 또는 당사자가 요건사실을 주장하지 않은 채 우연히 그 요건사실을 뒷받침하는 증거를 제출한다고 하더라도 그 요건사실을 인정하여 그 법률효과인 청구권의 존재를 긍정하는 판단을 해서는 안되는 것이 원칙이다. 즉 주장책임과 입증책임은 모두 당사자의 몫이다.

나. 다만, 당사자의 주장 경과에 비추어 요건사실의 주장이 있는 것으로 볼 수 있는 경우가 있다. 즉 당사자가 변론에서 요건사실에 관하여 주장하지 않았더라도 그 요건사실에 합당한 증거를 제출하거나 또는 이미 나타난 증거조사결과를 원용하는 행위 등은 그것이 입증하고 있는 요건사실에 대한 간접적인 주장이라고 인정할 수 있는 경우가 있다(판례, 91다33384, 33391; 71다2502). 나아가 법원은 당사자가 법률효과로서의 일정한 청구권을 행사하면서 그에 필요한 요건사실의 일부만 주장하고 그 나머지 부분에 관한 주장을 하지 않는 경우라면 그 당사자에게 석명권을 행사하여서 부족한 요건사실의 주장을 하도록 기회를 줄 의무가 있다고 한다(2002다60207). 이와 같이 판례는 주장책임을 약간 완화하고 있기는 하지

만 그렇다고 하여 당사자의 대리인인 변호사가 주장도 하지 않고 증거만 제출하는 실수를 범해서는 안 된다. 요건사실에 대한 주장 책임을 다하지 못한 당사자에 대해서는 입증책임의 분배와 동일한 원리에 의한 불이익을 입을 가능성을 배제할 수 없기 때문이다.

다. 주장책임 사례

1) 원고의 대여금 청구의 요건사실 : ① 돈을 빌려준 사실, ② 그 변제기가 도래한 사실.

"원고는 1997. 3. 1. 고교 동창인 피고에게 돈 10,000,000원을 빌려주었습니다. 피고는 그 돈을 빌려가면서 1997. 5. 31.까지 갚겠다고 약속하였습니다. 그런데 피고는 빌려간 돈을 약속한 날이 지났는데도 갚지 않고 있습니다."

2) 피고의 항변 : 소멸시효의 완성사실

"원고의 대여금 채권은 2007. 5. 31.이 지남으로 인해 10년의 소멸시효가 완성되었습니다. 따라서 원고가 청구하는 채권은 이미 소멸되었습니다."

3) 원고의 재항변 : 소멸시효의 중단사실

"원고는 위 소멸시효 기간이 만료되기 전인 2007. 3. 28.에 그 대여금 채권을 원인으로 하여 피고 소유의 부동산에 대하여 가압류를 하였습니다. 따라서 그로 인해서 위 소멸시효는 중단되었습니다."

4) 피고의 재재항변 : 가압류 취소사실

"원고가 2006. 12. 28. 피고의 부동산에 가압류를 한 사실, 그로 인해서 원고의 대여금 채권의 소멸시효의 진행이 중단된 사실은 인정합니다. 그러나 피고는 그 가압류에 대해서 이의신청을 하였

고, 법원은 2007. 6. 8. 위 가압류결정을 취소하는 판단(결정)을
내렸습니다. 그로 인해 피고의 가압류에 기한 소멸시효 중단의
효력은 상실되었고, 결국 원고의 위 대여금 채권은 시효로 인해
소멸되었습니다."

5. 요건사실과 입증책임

가. 입증책임의 의의

1) 민사소송실무에서는 대전제인 법의 문제보다도 그 소전제인 사실
   확정의 문제가 더 중요하게 다루어진다. 법원이 사실을 확정하는
   것은 변론전체의 취지 및 증거에 의한 뒷받침을 통해서 하게 되
   는데 당사자의 입증활동이 사실인정에 대한 확신을 줄 수 있는
   정도에 이르지 못했을 경우에 어떻게 판결해야 하는가에 대한 원
   칙이 입증책임의 문제이다.

2) 입증책임은 원칙적으로 그 요건사실의 입증을 통해서 유리한 효
   과를 얻게 될 당사자가 부담한다. 따라서 위에서 살펴본 적극적
   요건사실, 즉 권리근거사실은 그 권리청구자(보통은 원고가 될
   것이다)에게 그 입증책임이 있고, 반대로 소극적 요건사실인 권
   리행사저지나 소멸사실 또는 권리장애사실에 대한 입증책임은 그
   러한 사실을 주장하여 이득을 보는 당사자(보통은 피고가 될 것
   이다)에게 있다.

제2장
민사소장 작성

제2장 민사소장 작성

제1절 소장 작성의 검토사항

Ⅰ. 개관

소장 작성을 위해서는 의뢰인으로부터 사안의 설명을 들어 정확한 사실관계를 기초로 필요한 쟁점을 검토한다. 이를 마치면 소송절차를 전체적으로 조망하여 간명하고 정확하게소장 작성을 한다.[22]

Ⅱ. 당사자의 선택

누구를 피고로 할 것인가는 실체법상의 문제로 소송의 승패를 좌우할 중요한 문제이다. 강제집행을 할 수 있는 당사자를 상대로 소를 제기하는 것이 필요하다. 예를 들면 주택임대차보호법상 임차인이 대항력을 취득한 후 임차주택이 양도되면, 임차보증금반환채무도 임차주택의 소유권과 결합하여 일체로서 임대인의 지위를 승계한 (주택임대차보호법 제3조 제4항) 신소유자(양수인)에게 이전되므로,[23]종전 임대인의 임차보증금반환채무는 소멸한다. 따라서 이 경우 임차인은 신소유자에게 임차보증금의 반환을 구하여야 한다.

Ⅲ. 당사자능력

법인 아닌 사단이나 재단을 당사자로 할 때에는 민사소송법 제52조[24]에서 정한 당사자능력을 보유하고 있는지 검토하여야 한다.

아파트 입주자대표회의,[25] 아파트 부녀회,[26] 대표자 등에 의해 운

---

22) 법률문장 어떻게 쓸 것인가, 77면.
23) 대법원 2013. 1. 17. 선고 2011다49523 전원합의체 판결.
24) 이하 조문만 표시하는 것은 민사소송법을 말한다.
25) 대법원 2007. 6. 15. 선고 2007다6291 판결.
26) 대법원 2006. 12. 21. 선고 2006다52723 판결.

영되는 종중[27]은 당사자능력이 있다. 단체가 당사자능력을 갖는 경우 그 기관이나 산하조직을 상대로 제소하여서는 안 된다.

Ⅳ. 당자자적격

당사자를 선택하기 위해서는 당사자적격을 확인하여야 한다. 사법적(私法的) 행위에 대해서는 공공단체나 국가, 나아가 다른 나라[28]를 당사자로 할 수도 있다.

예를 들면 채권에 대한 압류 및 추심명령이 있으면 제3채무자에 대한 이행의 소는 추심채권자만 제기할 수 있고, 채무자는 피압류채권에 대한 이행의 소를 제기할 당사자적격이 없다.[29]

Ⅴ. 관할법원

관할법원을 잘못 표시하여 사건이 이송되면 시간이 많이 소요되므로 관할을 미리 철저하게 파악하여야 한다. 임의관할 중 토지관할은 피고의 주소지를 보통재판적으로 하나, 특별재판적으로 많이 규정하고 있으므로 소송수행에 편리한 관할법원을 선택하여 제소할 수 있다. 미리 관할합의가 있으면 편리하다.[30]

---

27) 대법원 1994. 9. 30. 선고 93다27703 판결.
28) 대법원 1998. 12. 17. 선고 97다39216 전원합의체 판결.
29) 대법원 2013. 12. 18. 선고 2013다202120 전원합의체 판결.
30) 다만 관할합의는 일정한 법률관계로 말미암은 소에 관하여 서면으로 하여야 한다(제29조 제2항).

제2절 소장 작성의 기본사항

Ⅰ. 소장의 제출주의

민사소송은 원고의 소제기에 의하여 시작된다. 소를 제기하려는 원고는 법원에 소장을 제출하여야 한다(제248조). 다만 소액사건심판법이 적용되는 소액의 민사사건에는[31] 구술에 의한 소의 제기를 할 수 있다(소액사건심판법 제4조). 소장은 우편제출도 가능하고, 민사전자소송이 시행되어 인터넷 제출도 가능하다.

Ⅱ. 소장의 기재사항[32]

1. 소장에는 필요적 기재사항(제249조 제1항)과 아울러 준비서면에 관한 규정이 준용되는 민사소송법 제274조 제1호 내지 제8호의 임의적 기재사항을 기재한다(제249조 제2항). 표제 및 소송목적의 값, 증명방법 등도 관행적으로 기재한다.

---

31) 소액사건은 소송목적의 값이 3,000만 원 이하의 금전 그 밖의 대체물이나 유가증권의 일정수량의 지급을 구하는 사건을 말한다(소액사건심판법 제2조 제1항, 소액심판규칙 제1조의2).
32) 민사실무Ⅰ, 42-43면.

2. 소장의 기재사항을 항목에 따라 표시하면 다음과 같다.

순번	필요적 기재사항	준비서면적 기재사항	관행적 기재사항
1			표제
2	당사자	성명, 명칭 또는 상호와 주소	
3	법정대리인	대리인의 성명과 주소	
4		사건의 표시	
5	청구취지		
6	청구원인	공격 또는 방어의 방법	
7			증명방법의 표시
8		첨부서류의 표시	
9		작성한 날짜	
10		작성자의 기명날인 또는 서명	
11		법원의 표시	

3. 실제의 소장 형식을 항목별로 표시하면 아래와 같이 된다.

순번	기재사항
1	**소　장**
2	원　　고　　김갑동(690205-1035324) 　　　　　　　서울 중구 서애로 190 　　　　　　　소송대리인 변호사 사연생 　　　　　　　서울 서초구 사평대로 100 　　　　　　　전화번호 : 525-1234, 팩스 : 525-1235, 전자우편 : sayeon@hotmail.net
3	피　　고　　최삼식(551121-1234232) 　　　　　　　서울 서초구 반포대로 12길 253
4	대여금 청구의 소
5	**청구취지** 1. 피고는 원고에게 50,000,000원 및 이에 대한 2017. 10. 1.부터 이 사건 소장 부본 송달일까지는 연 5%의, 그 다음 날부터 다 갚는 날까지는 연 15%[33])의 각 비율에 의한 금원을 지급하라. 2. 소송비용은 피고가 부담한다. 3. 제1항은 가집행할 수 있다. 라는 판결을 구합니다.
6	**청구원인** 1. 원고는 2017. 7. 1. 피고에게 5,000만원을 변제기는 같은 해 9. 30.로 정하여 대여하였습니다(갑 제1호증). 2. 그렇다면 피고는 원고에게 위 차용금 5,000만 원 및 이에

	대한 변제기 다음날인 2017. 10. 1.부터 이 사건 소장 부본 송달일까지는 민법이 정한 연 5%의, 그 다음날부터 다 갚는 날까지는 「소송촉진 등에 관한 특례법」이 정한 연 15%의 각 비율에 의한 지연손해금을 지급할 의무가 있습니다.
7	**증명방법[34)**
8	1. 갑 제1호증(차용증서)
9	**첨부서류** 1. 위 증명방법 2통 2. 영수필확인서 1통 3. 송달료납부서 1통 4. 소송위임장 1통 5. 소장 부본 1통
10	2018. 3. 2. 원고 소송대리인 변호사 사연생 (인)
11	**서울중앙지방법 귀중**

---

33) 저금리의 현실을 반영하여 2015. 10. 1.부터 모든 심급의 법정이율이 연 20%에서 연 15%로 개정되었다(소송촉진 등에 관한 특례법 제3조 제1항 본문의 법정이율에 관한 규정).
34) 실무상 '입증방법'이라고도 한다.

제3절 소장의 구체적 작성방법

Ⅰ. 표제

표제로는 '소장'이라고 기재한다. 반소의 경우에는 '반소장', 재심청
구의 경우에는 '재심소장'이라고 기재한다.

Ⅱ. 당사자

1. 당사자 본인

가. 재판의 효력이 미치는 인적 범위를 확정하고 강제집행의 대상이 되
는 사람을 특정하기 위하여, 당사자의 성명과 주소를 정확하게 기
재하여야 한다.

자연인인 경우에는 성명은 한글로 표시하고 주민등록번호나 한자
명을 괄호 안에 병기하여 표시하며, 당사자가 외국인이면 괄호 안
에 영문 그 밖의 외국어의 표시를 한다.[35]

법인 기타 사단, 재단의 경우에는 상호 또는 명칭과, 본점 또는
주된 사무소의 소재지를 기재한다.

주소는 당사자의 특정 및 이에 따른 토지관할의 결정과 아울러 소
송서류의 송달장소로서의 기능을 하므로, 등기기록, 주민등록부 등
공부상의 주소를 기재하되, 건물의 이름·호실이나 아파트의 동·호
수까지 정확히 기재하여야 한다.[36]

송달의 편의를 위하여 통·반이나, 우편번호를 기재함은 물론 송달
이외의 방법으로도 신속한 연락이 될 수 있도록 휴대전화번호, 전

---

[35] 민사사건의 경우 판결서 이외의 재판서(각종 결정, 명령 등)에는 주민등록
번호를 기재하지만, 판결서에는 주민등록번호를 기재하지 않으며(대법원
2017. 3. 1. 재판예규 제1642-4호 참조), 가사사건의 경우에는 판결결과
에 따라서 공부의 기재에 영향을 미칠 수가 있으므로 한자와 등록기준지
도 기재한다.

[36] 교도소·구치소 또는 경찰관서의 유치장에 체포·구속 또는 유치된 사람에게
할 송달은 그 관서의 장에게 한다(제182조).

자우편주소 등 연락처를 기재하여야 한다.[37]

피고의 소재가 불명인 때에는 소장의 제출과 동시에 공시송달신청을 하고, 공시송달의 요건을 소명할 자료를 제출한다.

[기재례] 자연인의 경우

원고　홍길동(791026-1234567)

서울 서초구 사평대로 12, 101동 202호(반포4동, 좋은아파트)

우편번호 : 06504　휴대전화번호 : 010-1234-5678

피고　임사홍(550625-1324576)

서울 강남구 테헤란로 12길 34(역삼동)

*이하 우편번호, 전화번호, 팩스번호, 전자우편주소 등은 생략.

[기재례] 법인의 경우

피고　갑을산업 주식회사

서울 종로구 세종로7길 123

법인등기부상 주소 서울 서초구 신반포길 123(반포동)

나. 소송물이 등기나 등록에 관계되는 소송에서는 당사자의 주소가 등기기록 또는 등록상의 주소와 다를 때에는 등기기록 등의 주소도 병기한다.

[기재례]

피고　김갑동(661122-1765432)

서울 서초구 반포대로 123(반포동)

등기기록상 주소　서울 강남구 테헤란로 456(역삼동)

---

37) 민사소송규칙 제2조(법원에 제출하는 서면의 기재사항) 참조.

다. 피고가 소재불명인 경우에는 최후주소를 기재한다.

[기재례]

   피고   이을식(550309-1743256)
           현재 소재불명
           최후주소 서울 서초구 방배로 5, 34동 123호(방배동, 방배아
           파트)

2. 법정대리인

법정대리인의 기재는 당해 소송이 대리권 또는 소송수행권이 있는 사람에 의하여 적법하게 이루어짐을 명백히 하고, 송달 등(제179조) 소송행위를 하는 주체로 표시하는 역할을 한다. 소송절차 진행 중 법정대리인이 소멸한 경우에는 본인 또는 대리인이 상대방에게 소멸된 사실을 통지하지 아니하면 소멸의 효력을 주장하지 못 한다(제63조).
법정대리인은 당사자의 표시 아래에 소송법상 또는 실체법상의 대리자격과 함께 성명과 주소를 기재한다. 그러나 법정대리인의 주소가 본인의 주소와 같거나 본인의 변호사가 선임되어 있을 때에는 법정대리인의 주소를 기재할 필요가 없다.

[기재례]

   원고   박병식(660423-1234567)
           서울 서초구 신반포길 9, 123
           피성년후견인이므로 법정대리인 성년후견인 김갑동

3. 법인 등의 대표자

(1) 법인이나 당사자능력이 인정되는 사단 또는 재단(제52조)의 대표자는 실제 소송을 수행할 자연인으로서 법정대리인과 같이 취급되므로(제64조) 소장의 필수적 기재사항에 해당한다. 대표자가 여러 사람인 경우 공동대표의 정함이 있으면(상법 제208조, 제389조 제2항) 그 전원을 기재해야 하나, 그렇지 않은 때에는 각자 대표권이 있으므로 실제 소송을 수행할 1인을 기재하면 된다. 대표자는 자격과 성명만을 기재하고 주소는 기재하지 않는다. 대표자의 자격에 관하여 법률에 규정이 있는 때에는 그 법률상의 직명을 기재한다.[38]

[기재례] 회사의 경우

① 원고   주식회사 한국외환은행
           서울 중구 을지로25길 34
           대표이사 김갑식

② 피고   합명회사 갑을산업
           서울 종로구 창경궁로 12, 202호(혜화동)
           대표이사 김갑동, 김갑식

③ 피고   합자회사 병정산업
           서울 중구 성당로 34, 404호(명동)
           대표자 무한책임사원 명정식

---

38) 대한석탄공사법 제7조, 농업협동조합법 제46·47조, 제127·128조, 수산업협동조합법 제130·131조, 한국산업은행법 제10조, 중소기업은행법 제25 등.

[기재례] 사단법인의 경우

> 원고   사단법인 성우동우회
>   서울 종로구 북악산로 27
>   대표자 이사 이을식

[기재례] 종중의 경우

> 원고   전주이씨 효령대군파 종중
>   전주시 덕진구 효행로 12
>   대표자 도유사 이병식

(2) 당사자가 국가, 지방자치단체일 때에는 대표자의 자격과 성명만을
표시하고 당사자나 대표자의 주소는 표시하지 않는 것이 원칙이나
송달의 편의를 위하여 당사자의 주소를 기재하기도 한다.[39]

[기재례] 당사자가 국가인 경우

> 피고   대한민국
>   법률상 대표자 법무부장관 000

[기재례] 당사자가 지방자치단체인 경우[40]

> 피고   서울특별시
>   대표자 시장 000

---

39) 민사실무Ⅰ, 54면.
40) 지방자치법 제101조 참조.

[기재례] 교육·학예에 관하여 지방자치단체가 당사자인 경우41)

    피고   경기도

            대표자 교육감 OOO

4. 소송대리인

(1) 소송대리인의 표시는 실제 소송수행자를 명백히 하고, 송달을 편리
하게 하기 위하여 요구되는 임의적 기재사항이다. 소송대리인이 변
호사가 아닌 경우(제88조, 소액사건심판법 제8조 제1항)42)에는 자
격을 기재할 여지가 없으나, 변호사나 법무법인인 경우에는 그 자
격을 기재하여야 한다. 1인이 다수의 원고를 대리하는 경우 중복하
여 기재하지 않고 마지막 부분에 일괄 기재한다.

[기재례]

    원고   김갑순(661023-2345761)

            서울 중랑구 면목로 34

            소송대리인 법무법인 명변

            담당변호사 명변호

            서울 서초구 법원대로 123, 401호(정곡빌딩)

(2) 소송대리인이 위임에 의하여 발생하지 않고 법령의 규정에 의하여
발생하는 경우에는 그 지위, 자격을 기재하고 주소는 기재하지 않
는다. 여기에는 상법상의 지배인(상법 제11조), 농업협동조합중앙회
의 집행간부·대리인,43) 각종 특수법인의 등기된 대리인44)

---

41) 지방자치교육에 관한 법률 제18조 제2항 참조.
42) 소송목적의 값이 1억 원을 초과하면 변호사가 아닌 사람은 소송대리를 할
수 없다. 다만 어음·수표금 청구사건 등은 1억 원을 초과하더라도 변호사
가 아닌 사람의 소송대리가 가능하다(민사 및 가사소송의 사물관할에 관한
규칙 제2조 참조).

[기재례] 지배인의 경우

　　원고　　대한가방 주식회사
　　　　　　　서울 중랑구 천변로 34
　　　　　　　대표이사 김갑순
　　　　　　　지배인　　김갑동

[기재례] 법률상 대리인인 경우

　　원고　　수산업협동조합중앙회
　　　　　　　서울 중구 수표로 5
　　　　　　　대표자 회장　　　최남식
　　　　　　　법률상 대리인　　최남석

---

43) 농업협동조합법 제131조 제6·7항.
44) 한국산업은행법 제15조, 중소기업은행법 제30조, 수산업협동조합법 제130·131조 등.

Ⅲ. 사건의 표시

사건명은 간결하고 정확하게[45) 표시하여야 하며, 수개의 청구가 병합되어 있는 때에는 주된 청구 또는 대표적인 청구 하나만을 골라 그것을 사건명으로 하여 '등'자를 붙이고 그 뒤에 '청구의 소'라고 기재한다.

[기재례][46)

1. 금전지급 청구

대여금, 대금, 물품대금, 손해배상(자), 계약금반환, 부당이득반환, 손실보상금, 청산금, 이익배당금, 차임, 노임, 보수금, 보관금, 위자료, 치료비, 보험금, 수표금, 약속어음금, 약정금, 이득상환금, 양수금, 인수금

2. 인도, 등기 등의 청구

물품인도, 건물(가옥)인도, 토지인도, 소유권이전등기, 근저당권설정등기, 소유권이전등기말소, 근저당권설정등기말소, 가등기말소, 소유권확인, 경계확인, 공유물분할, 통행방해배제

3. 상사관계 청구

주주권확인, 주권인도, 신주발행무효, 증자무효, 주주총회결의부존재확인, 주주총회결의취소

---

45) 한번 부여된 사건명은 잘못이 있음이 분명한 때를 제외하고 사건의 내용에 부합하지 않더라도 사건의 종국까지 그대로 사용되므로 정확하게 표시하여야 한다.
46) 민사실무Ⅰ, 57면.

4. 병합청구

대여금 등, 매매잔대금 등, 약속어음금 등, 토지인도 등, 소유권이
전등기 등, 사해행위취소 등

Ⅳ. 청구취지

1. 총설

(1) 청구취지는 원고가 해당소송에서 소송의 목적인 권리 또는 법률
관계에 관하여 어떠한 재판을 구하는지를 표시하는 소의 결론부
분이다. 청구취지는 소송물의 동일성을 가리는 기준이 될 뿐만
아니라 소송목적의 값의 산정, 사물관할, 상소이익의 유무 등을
정하는 표준이 된다.

(2) 청구취지는 청구의 형태와 범위를 확정할 수 있도록 결론에 해
당하는 부분을 단순, 명료하게 기재하여야 한다.

(3) 청구취지는 인용되었을 때 목적물에 대하여 강제집행이 가능하
도록 구성하여야 한다.

(4) 소를 제기할 때 수개의 청구를 단순병합하거나, 선택적 또는 예
비적으로 병합하여 제기할 수 있음은 물론이고, 공동소송의 요
건을 갖춘 경우에는 1개의 소로써 여러 명을 상대로 소를 제기
할 수 있다.

2. 이행청구

이행청구의 청구취지에는 이행의 대상, 내용과 함께 이행판결을 구한다는 취지를 표시한다. 청구취지는 명령문의 형태로 기재하고, '…을 이행하라.'고 끝맺으며, 원고 또
는 피고가 여러 명인 경우에는 그 이행의 주체와 상대방을 특정함과 동시에 당사자들 상호간의 책임관계가 명확하도록 기재한다.[47]

가. 금전지급의 청구

구체적인 액수를 명시하여야 한다. 2인 이상의 피고에게 금전지급을 청구한 때에는 '각', '공동하여', '연대하여', '합동하여' 등의 표시를 하여 피고들의 상호관계와 채무의 범위를 확정하여야 한다. '각'은 중첩관계가 없는 반면 '공동하여', '연대하여', '합동하여'는 중첩관계가 있다.[48]

[기재례]

① 피고는 원고에게 5,000만 원[49]을 지급하라.

② 부대청구(이자, 지연손해금 등[50])가 있는 경우 피고는 원고에게 5,000만 원 및 이에 대한 2016. 10. 1.부터 다 갚는 날[51]까지

---

47) 도재형, 224-225면.
48) 유형 등에 관한 자세한 내용은 권오봉/권혁재/김동호/윤태석, 26면의 각주와 민사실무 I, 59-60면 참조.
49) 돈 5,000만 원, 돈 5천만 원, 금 5,000만 원, 금 5천만 원, 50,000,000원, 돈 50,000,000원, 금 50,000,000원 등 여러 가지로 기재할 수 있으나, 기재례와 같이 하는 것이 알기 쉽고 혼동하지 않아 좋다고 본다.
50) 이자나 지연손해금, 위약금 등을 원금청구에 부대하여 청구하는 경우 그 값은 소송목적의 값에 넣지 않으므로(제27조 제2항), 그 청구도 같이 하는 것이 좋다.
51) '다 갚는 날'을 '완제일'로 표시하는 경우도 있다.

연 15%의 비율에 의한 돈[52]을 지급하라.

③ 피고는 원고에게 5,000만 원 및 이에 대한 2016. 10. 1.부터 이 사건 소장 부본 송달일까지는 연 5%의, 그 다음날부터 다 갚는 날까지는 연 15%[53]의 각 비율에 의한 돈을 지급하라.

④ 피고들(갑, 을)은 원고에게 1억 원을 지급하라.[54]

나. 종류물(대체물)의 지급 또는 인도 청구

종류물의 지급이나 인도를 구할 경우에는 품명, 수량 이외에 품질, 종별 등 목적물의 표준을 확정하는데 필요한 사항을 빠짐없이 표시하여야 한다.

[기재례]

피고는 원고에게 백미(2016년산, 오대벼, 상등품) 150가마(가마당 80kg 들이) 및 이에 대한 2016. 12. 15.부터 다 갚는 날까지 연 20%의 비율에 의한 백미를 지급하라. 위 백미에 대한 강제집행이 불능일 때에는 백미 1가마당 180,000원의 비율로 환산한 금원을 지급하라.

다. 특정물의 인도청구

특정물의 인도청구는 특정물에 대한 현상 그대로의 점유이전을 구하는 것을 말한다. 따라서 현상의 변경을 수반하는 경우에는 별도의 용어를 사용하여야 한다(지상건물의 '철거', 지상분묘의 '굴이' 등).[55]

---

52) '금원'이라고 표현하는 경우도 많으나, '돈'으로 기재하는 것이 간결, 명확해서 좋다.
53) 소송촉진 등에 관한 특례법 제3조 제1항에 의한 법정이율은 2015.10.1.부터 연 15% 이하이다.
54) '피고들(갑, 을)은 원고에게 각 5,000만 원을 지급하라.'와 같은 취지이다.
55) 권오봉/권혁재/김동호/윤태석, 28면.

[기재례]

① 토지인도의 경우

피고는 원고에게 서울 강남구 삼성동 756-18 대 500㎡를 인도하라.

② 건물인도[56]의 경우

피고는 원고에게 서울 강남구 삼성동 756-18 지상 철근콘크리트조 슬래브지붕 3층 영업소 1층 150㎡, 2층 120㎡, 3층 100㎡, 옥탑 10.6㎡를 인도하라.

③ 별지 사용의 경우

피고는 원고에게 별지[57] 목록 기재[58] 물건을 인도하라.

물건의 인도 청구는 직접 또는 간접, 공동으로 점유하는 자[59]를 상대로 하고, 점유보조자[60]를 상대로 하면 기각된다. 인도 청구의 경우 상대방이 인도를 거부 또는 지연하기 위하여 고의로 점유를 변경하므로 점유이전금지가처분 등으로 점유를 항정하여 두어야 한다.[61]

---

56) 구법에서는 건물과 같이 그 점유를 이전하기 위해서는 집행목적물 안에서 채무자가 점유하던 동산을 그 밖으로 내놓아 채권자가 완전하게 점유를 취득할 수 있는 경우에는 '명도'라는 용어를 사용했으나, 현행 민사집행법 제258조 제1항은 명도라는 개념을 인정하지 않고 '인도'의 개념에 포함시키고 있다. 그러나 현실에서는 아직도 '건물명도'라는 용어를 계속 사용하고 있다.

57) 물건의 종류와 수량, 존치장소, 그 밖의 특정할 수 있는 사항을 표시한다.

58) '별지 목록 기재' 대신 '별지 목록'이라고 표시하는 경우도 있는데, 앞의 표시가 더 정확하다.

59) 대법원 1983. 5. 10. 선고 81다187 판결. 부동산인도명령의 상대방이 채무자인 경우에 그 인도명령의 집행력은 당해 채무자는 물론 채무자와 한 세대를 구성하며 독립된 생활을 영위하지 아니하는 가족과 같이 그 채무자와 동일시되는 자에게도 미친다(대법원 1998. 4. 24. 선고 96다30786 판결).

60) 주로 가족이나 피용인 등이 여기에 해당한다.

61) 민사실무Ⅰ, 67면.

라. 의사의 진술을 구하는 청구

1) 개설

의사표시나 의사의 통지, 관념의 통지를 할 의무가 있는 자가 이를 이행하지 않을 경우에 소송을 통해서 그와 같은 의사표시를 구할 수 있다. 각종 등기절차의 이행을 구하는 소송, 주주명부의 명의개서, 분양 등에 따른 권리자 명의의 변경에 관한 절차 이행을 구하는 소송 등이 이에 해당한다.[62]

피고에게 일정한 의사의 진술을 명하는 판결은 확정된 때 또는 조건이 있는 경우에는 집행문을 부여한 때에 그 의사의 진술이 있는 것으로 본다(민사집행법 제263조).

2) 등기 청구

가) 소유권이전등기

청구취지에는 목적부동산, 등기의 종류와 내용 및 등기원인과 등기 연월일을 표시하여야 한다.

[기재례]

① 기본형

피고는 원고에게 별지 목록 기재 부동산에 관하여 2016. 4. 13. 매매(또는 교환, 증여, 취득시효완성·시효취득, 명의신탁해지 등)를 원인으로 한 소유권이전등기절차를 이행하라.

*별지 목록의 기재례 : 목적 부동산이 아파트인 경우[63]

---

62) 권오봉/권혁재/김동호/윤태석, 31면.
63) 민사실무Ⅰ, 73면.

```
                          목  록
    (1동의 건물의 표시)
       서울 성동구 자양동 255 삼화아파트 제11동
    [도로명 주소] 서울 성동구 뚝섬로24길64)
       철근콘크리트조 슬래브지붕 2층 아파트 1층 1,230㎡, 2
       층 1,230㎡
    (대지권의 목적인 토지의 표시)
       서울 성동구 자양동 255 대 1,600㎡
    (전유부분의 건물의 표시)
       제2층 제209호 철근콘크리트조 123㎡
    (대지권의 표시)
       소유권 대지권  1,600분의 58 끝.
```

② 가등기에 기한 본등기

피고는 원고에게 별지 목록 기재 부동산에 관하여 서울중앙지방법
원 2016. 3. 15. 접수 12345호로 마친 가등기에 기하여 2016. 4.
16. 매매를 원인으로 한 소유권이전등기절차를 이행하라.

   나) 제한물권·임차권의 설정등기

[기재례] 근저당권설정등기

  피고는 원고에게 별지 목록 기재 부동산에 관하여 2016. 4. 7. 근
  저당권설정계약을 원인으로 한 채권최고액 50,000,000원, 채무자
  을(700221-1690315, 주소 : 서울 서초구 사평대로20길111)의 근
  저당권설정등기절차를 이행하라.

---

64) 대법원 등기예규 '도로명주소법에 따른 부동산등기 사무처리지침'에 따르
    면, 건물의 경우 등기기록에는 지번표시 아래에 도로명주소를 기재한다.

다) 말소등기 및 회복등기

원칙적으로 목적부동산, 말소 또는 회복의 대상인 등기의 관할 등기소, 접수연월일, 접수번호, 등기의 종류를 순서대로 명시하면 되고, 그 밖에 등기의 원인이나 등기의 내용까지 표시할 필요는 없다.[65)]

[기재례] 말소등기

피고는 원고에게 별지 목록 기재 부동산에 관하여 청주지방법원 음성등기소 2007. 5. 11. 접수 제16785호로 마친 소유권이전등기의 말소등기절차를 이행하라.

[기재례] 회복등기

피고는 원고에게 별지 목록 기재 부동산에 관하여 서울동부지방법원 강동등기소 2016. 5. 15. 접수 12345호로 말소등기 된 같은 등기소 2016. 3. 15. 접수 2345호로 마친 근저당설정등기의 회복등기절차를 이행하라.

라) 그 밖의 의사의 진술을 구하는 청구

[기재례] 채권양도의 통지

피고는 소외 갑(700221-1690315, 주소 : 서울 서초구 사평대로20길 111)에게, 별지목록 기재
채권을 2016. 3. 21. 원고에게 양도하였다는 취지의 통지를 하라.

---

65) 권오봉/권혁재/김동호/윤태석, 34면.

[기재례] 수분양자명의변경

피고는 원고에게 별지 목록 기재 부동산에 관하여 2016. 3. 3. 매매를 원인으로 한 서울특별시의 00아파트 수분양대장상의 수분양자명의변경절차를 이행하라.

   마) 장래이행의 청구

장래이행의 소는 변론종결시를 기준으로 하여 미리 청구할 필요가 있는 경우에 한하여 허용된다(제251조).

[기재례] 기본형

피고는 2017. 2. 21.이 도래하면 원고에게 500,000,000원 및 이에 대한 2017. 2. 22.부터 다 갚는 날까지 연 15%[66]의 비율에 의한 금원을 지급하라.

[기재례] 선이행청구

피고는 원고로부터 50,000,000원을 지급받은 다음 원고에게 별지 목록 기재 부동산에 관하여 서울남부지방법원 구로등기소 2016. 12. 15. 접수 제1234호로 마친 근저당권설정등기의 말소등기절차를 이행하라.[67]

---

[66] 장래이행청구의 소에는 소송촉진 등에 관한 특례법 제3조 제1항에서 규정한 지연손해금을 청구할 수 없다. 기재례의 연 15%는 지연손해금이 아니다.

[67] 근저당권설정등기나 담보목적의 가등기 또는 소유권이전등기에 기한 피담보채무의 변제의무는 위 각 등기의 말소의무보다 선이행관계에 있다(대법원 1980. 5. 27. 선고 80다482 판결).

[기재례] 동시이행청구

① 피고는 원고로부터 50,000,000원을 지급받음(또는 수령)과 동시에 (또는 상환으로) 원고에게 별지 목록 기재 부동산에 관하여 2017. 1. 12. 매매를 원인으로 한 소유권이전등기절차를 이행하라.

② 피고는 원고로부터 39,500,000원에서 2016. 10. 1.부터 별지 목록 기재 건물의 인도 완료일까지 월 1,000,000원의 비율에 의한 금액을 공제한 나머지 돈을 지급받음과 동시에 원고에게 위 건물을 인도하라.

바) 특수한 유형의 청구

(1) **부작위를 구하는 청구**

장래이행청구의 하나로서, 현재부터 계속하여 일정한 행위를 하지 아니할 것을 내용으로 하는 부작위를 명하는 판결을 구하는 소이다.

[기재례]

① 피고는 피고가 제조, 판매하는 의약품에 별지 제1도면 표시의 표장을 사용하여서는 아니 된다.

② 피고는 서울 서초구 서초3동 123, 123-1, 123-2 각 토지 위에 건축 중인 오피스텔의 축조공사를 중지하고 이를 속행하여서는 아니 된다.

(2) **정기금의 지급을 구하는 청구**

장래의 일정기간에 걸쳐 정기적으로 일정액의 금전의 지급을 청구하는 경우에는 정기금의 시기·종기, 지급일자, 금액 등을 명확히 하여야 한다.

[기재례]

피고는 원고에게 2018. 2. 1.부터 2028. 1. 31.까지 원고의 생존을 조건으로 매월 말일 2,000,000원씩 지급하라.

(3) 정정보도 청구

[기재례]

피고는 이 판결 확정 후 피고가 최초로 발행하는 OO신문 제3면 우측 상단에 별지 기재 정정보도문을, 제목은 24급 고딕활자로, 내용은 18급 명조활자로 2단에 걸쳐 게재하라.

(4) 토지거래허가신청의 협력의무 이행 청구

[기재례]

피고는 원고에게, 원고와 피고 사이에 2016. 4. 5. 체결된 별지 목록 기재 부동산의 매매계약에 관하여 토지거래허가 신청절차를 이행하라.

3. 확인청구

확인청구는 법원에 당사자 사이에 다툼이 있는 권리 또는 법률관계에 관하여 그 존재 또는 부존재의 확정 선언을 구하는 것이다. 따라서 청구취지는 선언적 형태인 '확인한다'라고 기재하고 명령적 형태인 '확인하라'라고 기재하지 않는다.[68)]

확인청구에서는 확인의 대상이 된 권리 또는 법률관계가 특정될 수 있도록 그 종류, 범위, 발생원인 등을 명확히 하여야 하고, 목적물

---

68) 권오봉/권혁재/김동호/윤태석, 38면: 민사실무 I, 86면.

도 특정하여 표시하여야 한다. 다만 확인을 구하는권리가 물권인 경우에는 채권과 달리 발생원인은 기재하지 않는다.

[기재례]

① 소유권확인
별지 목록 기재 부동산이 원고의 소유임을 확인한다.

② 채무부존재확인
　　원고의 피고에 대한 2017. 3. 1. 금전소비대차계약에 기한 원금 5,000만 원 및 이에 대한 이자 채무는 존재하지 아니함을 확인한다.

③ 지위확인
원고가 피고 어촌계의 계원임을 확인한다.

④ 채무의 일부만이 부존재하는 경우
　1. 원고의 피고에 대한 법무법인 00이 2017. 1. 15. 작성한 2017년 증서 제25687호 약속어음공정증서에 기한 약속어음금 채무는 25,000,000 원을 초과하여서는 존재하지 아니함을 확인한다.
　2. 원고의 나머지 청구를 기각한다.

⑤ 증서진부확인
　　원고를 매도인, 피고를 매수인으로 하여 2016. 5. 1.자로 작성된 별지 사본과 같은 매매계약서는 진정하게 성립된 것이 아님을 확인한다.

⑥ 해고처분무효확인
　　피고의 원고에 대한 2016. 12. 22.자 해고(처분)는 무효임을 확인한다.

⑦ 기타

피고가 2017. 2. 1. 서울중앙지방법원 2017금제357호로 공탁한 100,000,000원에 대한 공탁금출급청구권이 원고에게 있음을 확인한다.

4. 형성청구

형성청구는 법원에 형성권의 존재를 확정하여 그 내용에 따른 일정한 권리 또는 법률관계를 변동(발생, 변경, 소멸)시켜 줄 것을 소로써 구하는 것을 말한다. 형성의 소는 법률에 허용하는 규정이 있을 때에만 가능하다.

[기재례]

① 이혼 : 원고와 피고는 이혼한다.

② 주주총회결의취소 : 피고의 주주총회가 2006. 6. 1.에 한 별지 기재 결의를 취소한다.

③ 경계확정

원고 소유의 별지 목록 기재 (1) 토지와 피고 소유의 별지 목록 기재 (2) 토지의 경계를, 위 (1) 토지상의 별지 목록 기재 (3) 건물의 동북쪽 모퉁이인 별지 도면 표시 (ㄱ)점으로부터 위 (2) 토지상의 별지 목록 기재 (4) 건물의 서북쪽 모퉁이인 별지 도면 표시 (ㅅ)점을 향하여 3.5㎡ 거리인 별지 도면 표시 ①점과, 위 (3) 건물의 동남쪽 모퉁이인 별지 도면 표시 (ㄴ)점으로부터 위 (4) 건물의 서남쪽 모퉁이인 별지 도면 표시 (ㅇ)점을 향하여 2m거리인 별지 도면 표시 ②점을 연결한 직선으로 확정한다.

④ 공유물분할

0. 별지 목록 기재 토지를, 별지 도면 표시 ㄱ, ㄴ, ㄷ, ㄹ, ㄱ의 각 점을 차례로 연결한 선내 ㉮부분 70㎡는 원고의 소유로, 같은 도면 표시 ㄴ, ㅁ, ㅂ, ㄷ, ㄴ의 각 점을 차례로 연결한 선내 ㉯부분 30㎡는 피고의 소유로 분할한다. ← 현물분할

0. 별지 목록 기재 부동산을 경매에 부쳐 그 대금에서 경매비용을 공제한 나머지 금액을 원고에게 7/10, 피고에게 3/10의 각 비율로 분배한다. ← 경매에 의한 분할

⑤ 청구이의

0. 피고의 원고에 대한 부산지방법원 2007. 3. 15. 선고 2007가합39 판결에 기초한 강제집행을 불허한다. ← 집행권원의 집행력 배제

0. 피고의 원고에 대한 ---에 기초한 강제집행을 2008. 12. 31.까지 불허한다. ← 집행권원의 일시적 집행력 배제

0. 1. 피고의 원고에 대한 서울중앙지방법원 2006. 5. 2. 선고 2006 가합2791 판결에 기초한 강제집행은 2,000,000원을 초과하는 부분에 한하여 이를 불허한다.

2. 원고의 나머지 청구를 기각한다. ← 일부인용

⑥ 제권판결

0. 별지 목록 기재 수표에 대하여 신청외 갑(761027-2690211, 주소 : 서울 서초구 신반포로5, 130)이 신고한 권리를 유보하고 위 증서의 무효를 선고한다.

0. 1. 00법원이 2018카공83 공시최고 신청사건에서 별지 목록 기재 수표에 대하여 2018. 1. 25. 선고한 제권판결을 취소한다.

2. 위 수표에 대한 공시최고신청을 기각한다. ← 민소 490조 2항 1호의 경우

0. 1. 00법원이 2018카공91 공시최고 신청사건에 관하여 2018. 1. 12.

별지 목록 기재 수표에 대하여 선고한 제권판결을 취소한다.

0. ○○법원이 2018카공93251 공시최고 신청사건에 관하여 2018. 11. 2. 별지 목록 기재 수

   표에 대하여 선고한 제권판결을 다음과 같이 변경한다. 별지 목록 기재 수표에 대하여 원고가 신고한 권리를 유보하고 위 증서의 무효를 선고한다. ← 제490조 제2항 제6호의 경우

⑦ 사해행위취소

0. 1. 피고와 소외 갑 사이에 별지 목록 기재 부동산에 관하여 2017. 2. 15. 체결된 근저당권설정계약을 취소한다.

   2. 피고는 소외 갑에게 제1항 기재 부동산에 관하여 서울동부지방법원 2017. 2. 15. 접수 제36742호로 마친 근저당권설정등기의 말소등기절차를 이행하라.

0. 1. 피고와 소외 갑 사이에 별지 목록 기재 부동산에 관하여 2017. 1. 5. 체결된 매매계약을 50,000,000원의 한도 내에서 취소한다.

   2. 피고는 원고에게 50,000,000원 및 이에 대한 이 판결확정일 다음날부터 다 갚는 날까지 연 5%의 비율에 의한 금원을 지급하라.

   3. 원고의 나머지 청구를 기각한다. ← 사해행위취소청구에서 저당권이 설정되어 있는 부동산에 대하여 사해행위가 이루어진 경우 저당권의 피담보채무액을 공제한 잔액의 범위 내에서 인정

⑧ 배당이의

0. 서울중앙지방법원 2017타경 1234호 부동산강제경매 사건에 관하여 위 법원이 2017. 1. 14. 작성한 배당표 중 피고에 대한 배당액 10,000,000원을 5,000,000원으로, 원고에 대한 배당액 3,000,000원을 8,000,000원으로 각 경정한다.

5. 소송비용

법원이 사건을 완결하는 재판을 할 때에는 반드시 직권으로 그 심급의 소송비용의 부담에 관한 재판을 하여야 하고(제104조), 당사자에게는 법률상 신청권이 없고 직권발동을 촉구하는 의미밖에 없다. 그러나 실무상 관행은 소송비용의 부담에 관하여 청구취지의 일부로서 기재하고 있다.[69]

[기재례] ① 소송비용은 피고(피고들)가 부담한다.

② 소송비용은 피고(피고들)의 부담으로 한다.

6. 가집행의 선고

가집행선고는 확정되지 아니한 종국재판에 집행력을 부여하는 형성적 재판으로서, 법원은 재산권의 청구에 관한 판결에는 상당한 이유가 없는 한 당사자의 신청유무를 불문하고 직권으로 선고하여야 한다(제213조). 소송비용과 마찬가지로 청구취지에 기재하는 것이 실무상 관행이다.

가집행선고는 재산권의 청구에 한하여 허용되므로, 신분권이나 그 밖에 비재산권에 관한 청구에서는 이를 신청하면 안 된다.

[기재례] ① 제1항은 가집행할 수 있다.

② 제1항 중 건물인도 부분은 가집행할 수 있다.

---

69) 권오봉/권혁재/김동호/윤태석, 44: 민사실무 I, 95면.

Ⅴ. 청구원인

1. 총설

가. 의의

청구원인은 청구취지 기재와 같은 판결을 할 수 있도록 하는 권리 또는 법률관계를 발생시키는 구체적인 사실관계를 말한다.

나. 기재내용[70)]

1) 개개의 실체법상의 권리 주장을 소송물로 보는 판례의 입장에서 보면 청구원인은 어떠한 권리 또는 법률관계에 기하여 청구에 이르렀는지를 알 수 있도록 특정하여야 하며, 피고의 항변이 제출되지 아니한다면 그 내용만으로 원고의 청구가 인용되기에 필요하고도 충분한 사실관계를 기재하여야 한다.

2) 소송목적인 권리의 발생 요건에 해당하는 요건사실을 주장·입증할 책임은 변론주의 원칙상 원고에게 있는 것으로 청구원인에서 빠짐없이 이를 기재하여야 한다. 원고가 주장·입증하여야 할 요건사실이 무엇인가는 권리마다 그 발생 규범인 실체법의 내용에 따라 정하여진다. 요건사실인 법률행위 등은 주체, 일시 및 내용을 기재하면 되고, 그 행위가 이루어지게 된 동기, 연유, 경위 등은 간접사실에 불과하므로 통상 기재할 필요가 없다.

3) 정당한 이유, 권리의 남용, 공서양속 위반 등 규범적 평가가 요건사실인 경우 이를 이유 있게 할 구체적인 사실을 기재하여야 하고, 과실에 관하여는 주의의무 내용과 그 위반 사실을 기재하며, 법률 요건이 사기, 착오 등과 같이 추상적으로 표현되어 있는 경우 이에 해당하는 구체적인 사실을 기재하여야 한다.

---

70) 민사실무Ⅰ, 99-102면.

4) 소장의 청구원인에는 나아가 공격 및 방어방법까지 기재하는 경우도 많다. 이는 청구원인이 소송목적을 특정하여 소송의 기초를 제공하는 것인 점에 비추어 상대방의 항변이 명백히 예측되는 경우 이를 기다리지 아니하고 항변에 대한 재항변을 미리 기재하거나, 다툼이 예상되는 사실을 인정할 간접사실, 증거의 증명력에 대해서까지 일괄 기재함으로써 쟁점을 부각시켜 소송진행을 촉진하고 충실한 심리를 가능하게 한다. 다만, 상대방의 응소 태도나 방법이 불명확한 경우 선행자백이 되어 불이익을 입을 수도 있는 점을 유의하여야 한다.

다. 기재방식

1) 청구원인의 기재 방식에 정형이 있는 것은 아니나, 청구원인은 재판 및 판결의 기초가 되는 점에서 일반적으로 사용되는 방식에 따르는 것이 좋다. ① 누가, ② 언제, ③ 누구와 사이에, ④ 무엇에 관하여, ⑤ 어떠한 행위를 하였다는 순서로 기재하되, 기재할 사실이 많은 경우 가능한 한 주어를 변경하지 아니하고, 시간적 순서에 따라 기재하며, 언어는 법원에 대하여 판결을 구하는 것인 점에서 경어체를 사용함이 상당하다.

2) 당사자 또는 목적물이 다수인 경우, "가,나,다", 번지, 일자 등의 순서에 의하여 기재함으로써 상호 연관관계를 확인하기 쉽게 할 필요가 있으며, 경우에 따라서는 소제목 또는 번호를 사용함으로써 이해를 도울 수도 있다.

3) 간접사실에서 추정되는 의견이나 법률적 견해는 사실과 분리하여 기재하여야 하며, 법률적 견해는 결론 부분에 소송목적을 특정함에 필요 충분한 정도로 기재하면 된다. 결론 부분은 청구취지 기

재의 주문이 나올 수 있는 법률적 견해를 분명히 함으로써 소송
목적을 특정하고 나아가 청구원인이 청구취지를 이유 있게 하는
것인지를 스스로 검토하게 하는 것으로 통상 피고를 주어로 하
여 결론을 맺는다.

2. 이행청구[71]

매매대금 청구

1. 원고는 시계 도매업을, 피고는 시계 소매업을 각 경영하고 있습
   니다.
2. 원고는 2017. 2. 1. 피고에게 오리엔트 손목시계 100개를 대금
   1,000만원에, 대금지급기일은 2017. 3. 31.로 정하여 매도하고
   같은 날 위 시계 100개를 인도하여 주었습니다.
3. 그렇다면 피고는 원고에게 매매대금 1,000만원 및 이에 대한 대
   금지급기일 다음날인 2017. 4. 1.부터 이 사건 소장 부본 송달
   일까지는 상법이 정한 연 6%의, 그 다음날부터 다 갚는 날까지
   는 소송촉진 등에 관한 특례법이 정한 연 15%의 각 비율에 의
   한 지연손해금을 지급할 의무가 있다할 것입니다.

---

71) 민사실무Ⅰ, 103-112면.

약속어음금 청구

1. 피고 갑은 2015. 10. 20. 액면금 2,700만원, 수취인 소외 을, 지급기일 2016. 4. 20., 발행지 및 지급지 각 백지, 지급장소 주식회사 한국상업은행 홍제동 지점으로 된 약속어음 1장을 을에게 발행하였습니다.

   피고 정은 소외 을, 피고 병의 배서가 연속하여 기재된 위 약속어음을 피고 병으로부터 교부받아 같은 해 4. 15. 위 어음에 지급거절증서 작성의무를 면제하는 배서를 하여 원고에게 교부하였습니다.

   원고는 위 어음의 발행지 및 지급지를 각 서울특별시로 보충하여 같은 달 21. 위 지급장소에서 지급제시하였으나, 예금부족으로 지급거절되었습니다.

2. 이 사건 약속어음의 발행인 란에 기재된 피고 갑의 기명날인은 피고 갑이 거래은행에 신고한 인감에 의한 것이므로 위 어음은 피고 갑에 의하여 발행된 것으로 추정된다 할 것이고, 원고는 형식상 배서의 연속에 아무런 흠이 없는 이 사건 어음을 최종 배서인인 피고 정으로부터 배서 양도받은 것이므로 이 사건 어음상의 권리를 유효하게 취득하였습니다.

3. 그렇다면 피고들은 합동하여 원고에게 위 약속어음금 2,700만원 및 이에 대하여 위 약속어음의 만기(지급기일)인 2016. 4. 20.부터 이 사건 소장 부본 송달일까지는 어음법이 정한 연 6%의 이자를, 그 다음날부터 다 갚는 날까지는 소송촉진 등에 관한 특례법이 정한 연 15%에 의한 지연손해금을 지급할 의무가 있습니다.

소유권보존등기말소등기 청구

1. 원고는 2017. 1. 20. 별지 목록 기재 건물에 관하여 서초구청 제3456호로 건축허가를 받아 원고의 비용으로 이를 완공함으로 써 원시적으로 그 소유권을 취득하였습니다.

2. 그런데 피고는 위 건물이 자기의 소유인 듯이 관계 문서들을 위조 행사하여 서울중앙지방법원 2017. 2. 1. 접수 제1011호로 피고 명의의 소유권보존등기를 마쳤습니다.

3. 그렇다면 피고 명의의 위 등기는 실체적 권리관계 없이 마쳐진 원인무효의 등기이므로 피고는 원고에게 위 등기의 말소등기절차를 이행할 의무가 있습니다.

대지인도 등 청구

1. 원고는 2007. 3. 17. 피고 갑과 사이에 원고 소유의 별지 목록 기재 대지를 임대보증금은 3,000만원, 월차임은 140만원, 임대 기간은 2010. 3. 16.까지로 하고, 기간 종료시는 원상회복하여 반환받기로 약정하여 임대하였습니다.

2. 피고 갑은 위 대지 상에 별지 목록 기재 가건물을 축조하여 소유 하면서 그 건물을 피고 을에게 임대하여 그로 하여금 사용하게 하면서도, 2009. 12. 17.부터의 차임을 지급하지 아니하고 있는 바, 2010. 3. 16. 기간만료로 위 임대차 계약이 종료되었습니다.

3. 따라서 원고는 피고 갑에게 위 대지소유권 및 위 임대차계약에 기하여 위 가건물의 철거와 대지의 인도 및 2009. 12. 17.부터 위 대지 인도일까지 월 140만원의 비율에 의한 차임 또는 차임 상당의 부당이득금의 반환을 구할 권리가 있고, 피고 을에게는 위 대지 소유권에 기하여 위 가건물로부터의 퇴거를 청구할 권리가 있으므로, 청구취지와 같은 재판을 구합니다.

3. 확인청구[72]

채무부존재확인 청구

1. 원고는 2015. 9. 1. 피고의 피상속인인 소외 망 갑에게서 1,000 만원을 차용한 바 있습니다.

2. 갑은 2016. 7. 25. 사망하고, 피고가 단독으로 갑을 상속하였는 데, 피고는 위 차용금 증서 사본을 제시하며 원고에게 위 대여 금을 변제할 것을 요구하고 있습니다.

3. 그러나 갑은 2015. 11. 25. 위 차용금채무를 면제하여 주었으므로 원고의 피고에 대한 위 차용금 채무는 소멸하였고, 원고는 이를 다투는 피고에 대한 관계에서 이를 확인할 필요가 있습니다.

해고무효확인 청구

1. 원고는 1999. 5. 1. 피고 회사에 입사하여 영업부를 거쳐 2001. 7. 15.부터 경리부에서 성실하게 그 본분을 다하여 근무하여 왔습니다.

2. 피고는 원고가 무단결근을 하고 업무실적이 저조하다는 사유를 내세워 2016. 9. 7. 원고를 해고하고 같은 해 9. 10.경 그 통지 를 보내왔으나, 원고는 위와 같은 행위를 한 사실이 없고, 일부 행위는 해고할 정당한 사유에 해당하지도 않습니다.

3. 따라서 원고에 대한 위 해고는 정당한 이유가 없는 해고로서 무 효이므로, 원고는 그 무효 확인을 구하기 위하여 이 사건 청구 에 이르렀습니다.

---

72) 민사실무 I , 113-115면.

4. 형성청구[73)

주주총회결의취소 청구

1. 원고는 피고 회사의 주식 600주를 소유한 주주입니다.
2. 피고 회사는 2017. 1. 28. 각 주주에 대하여 2017. 2. 7. 10:00 피고회사의 사무실에서 임시주주총회를 개최한다는 취지의 서면통지를 발송하였습니다.
3. 그리하여 피고 회사 임시주주총회는 2017. 2. 7. 10:00 피고 회사의 사무실에서 개최되어 청구취지 기재와 같은 결의를 하였습니다.
4. 그러나 서면으로 주주총회를 소집하려면 총회일로부터 2주 전에 각 주주에 대하여 그 통지를 발송하여야 하는바(상법 제363조 제1항), 위 총회소집의 통지는 2017. 1. 28.에 발송한 것이므로 적법한 기간을 둔 것이 아닙니다.
5. 그렇다면 위 주주총회는 소집절차가 법령과 정관에 위배된 총회이므로 위 총회에서 한 결의는 취소되어야 할 것입니다.

채권자취소 청구

1. 원고의 신용보증
   원고는 소외 갑이 소외 주식회사 경남은행(구암동지점)으로부터 2005. 8. 31. 5,000만원을 대출받음에 있어 보증기한을 2005. 8. 31.부터 2007. 8. 31.까지로, 보증원금 한도액을 5,000만원으로 하여 위 대출원리금의 상환에 대한 신용보증을 하면서, 위 갑과의 사이에 원고가 위 보증채무를 이행하였을 때에는 위 갑은 원고에게 위 대위변제금과 이에 대한 변제일 이후의 연 17%의 비율에 의한 지연손해금을 변제하고, 위 갑이 어음교환소의 거래정지처분 또는 거래은행의 당좌거래정지처분 등을 받은 경우에는 별도의 통지나 최고 없이도 사전 구상할 수 있도록 하는 내용의 신용보증약정을 체결하고, 소외 을은 위 약정에 따른 위

---

73) 민사실무 I, 115-127면.

갑의 채무를 연대보증하였습니다.

2. 피보전채권의 성립

원고의 위 신용보증에 기하여 위 갑이 2005. 8. 31. 위 경남은행으로부터 5,000만원을 변제기는 2007. 8. 31. 이율은 연 13%로 정하여 대출받았다가 원리금을 상환하지 못한 상태에서 2007. 8. 3. 부도로 거래은행으로부터 당좌거래정지처분을 받게 됨에 따라, 원고는 위 경남은행의 보증채무 이행 청구를 받고 2007. 11. 21. 위 경남은행에 위 대출원리금 합계 51,834,246원을 대위 변제하였습니다.

3. 사해행위

가. 소외 을은 위 갑과 고등학교 동창이자 친한 친구로서 그의 부도사실을 전해 듣고 2007. 8. 11. 그의 소유이던 이 사건 부동산에 관하여 수원지방법원 안양등기소 접수 제58416호로 언니인 피고 앞으로 2007. 8. 10.자 매매예약을 원인으로 하여 소유권이전청구권가등기를 마쳐 주었다가, 같은 등기소 2007. 12. 29. 접수 제93232호로 2007. 8. 10.자 매매를 원인으로 위 가등기에 기한 소유권이전 본등기를 마쳐 주었습니다.

나. 당시 위 을은 이 사건 보증채무 외에도 소외 한국주택은행에 800만원의 차용금 채무를, 위 경남은행에 2,247만원 상당의 보증채무를 부담하고 이를 담보하기 위하여 한국주택은행에 채권최고액 910만원으로 된 2번 근저당권설정등기를, 경남은행에 채권최고액 2,600만원 및 4,000만원으로 된 4, 5번 각 근저당권설정등기를 마쳐주어 합계 8,100여만 원의 채무를 부담하고 있던 반면, 시가 5,000만원 상당의 이 사건 부동산 외에 달리 소유하는 재산이 없었습니다. 따라서 위 을이 피고와 사이에 이 사건 부동산에 관하여 체결한 매매예약 및 계약은 책임재산을 없앰으로써 원고로부터의 강제집행을 면탈하기 위한 사해행위라

할 것이고, 피고는 위 을의 언니로 위와 같은 사정을 잘 알면서도 이 사건 부동산을 취득한 악의의 수익자입니다.

4. 취소의 범위 및 원상회복의 방법

다만, 이 사건 부동산에 관하여는 위 사해행위 당시에 이미 근저당권이 설정되어 있어 그 피담보채무 잔액 3,047만원(2,247만원+800만원) 만큼은 채권자들을 위한 책임재산에서 제외되어 있었던 것이므로 이를 제외한 나머지 1,953만원(5,000만원-3,047만원)의 범위에서 위 사해행위를 취소하고 원상회복할 것이나, 피고가 이미 위 경남은행에 대한 피담보채무금을 변제하고 2008. 7. 25. 위 은행에 대한 근저당권설정등기를 말소하여 원상회복할 수 없는 경우에 해당하므로 피고는 사해행위로 취소되는 부분에 해당하는 가액을 반환할 의무가 있다할 것입니다.

5. 결론

따라서 피고가 소외 을과 사이에 별지 목록 기재 부동산에 관하여 2007. 8. 10. 체결한 매매예약 및 매매계약은 1,953만원의 범위에서 취소되고, 피고는 원상회복으로 원고에게 1,953만원 및 이에 대한 이 판결 확정일 다음날부터 다 갚는 날까지 민법 소정 연 5%의 비율에 의한 지연손해금을 지급할 의무가 있다할 것이므로 위 사해행위의 취소 및 위 의무의 이행을 구하기 위하여 이 사건 청구에 이르렀습니다.

Ⅵ. 증명방법

현행 민사소송법은 적시제출주의(제146조)를 채택하고 있다. 재판장은 당사자의 의견을 들어 한 쪽 또는 양 쪽 당사자에 대하여 특정한 사항에 관하여 주장을 제출하거나 증거를 신청할 기간을 정할 수 있는데, 당사자가 이 기간을 넘긴 때에는 정당한 사유가 없는 한 주장을 제출하거나 증거를 신청할 수 없다(제147조). 법원은 소장 및 답변서가 제출되면 원칙적으로 바로 사건을 검토하여 가능한 최단기간 안의 날로 제1회 변론기일을 지정하고(데258조 제1항, 규칙 제69조 제1항), 변론이 속행되지 않도록 하며, 당사자는 이에 협조하여야 하므로 당사자가 증거를 제출할 시간이 충분하지 않을 수 있다.[74] 원고가 제출하는 증거는 '갑'[75]호증이라고 한다.

부동산에 관한 사건은 그 부동산의 등기사항증명서, 친족·상속관계 사건은 가족관계기록사항에 관한 증명서, 어음 또는 수표사건은 그 어음 또는 수표의 사본을 소장에 붙여야 하고, 그 외에도 소장에는 증거로 될 문서 가운데 중요한 것의 사본을 붙여야 한다(규칙 제63조 제2항).

서증을 제출하는 때에는 상대방의 수에 1을 더한 수의 사본을 함께 제출하여야 한다. 다만 상당한 이유가 있는 때에는 법원은 기간을 정하여 사본을 함께 제출하게 할 수 있다(규칙 제105조 제2항).

[기재례]

1. 갑 제1호증(등기사항전부증명서)
2. 갑 제2호증(매매계약서)
3. 갑 제3호증의 1 내지 3(각 영수증)

---

74) 민사실무 Ⅰ, 128면.
75) 서증사본 중 원고가 제출하는 것은 '갑', 피고가 제출하는 것은 '을', 독립당사자참가인이 제출하는 것은 '병'의 부호와 서증의 제출순서에 따른 번호를 붙인다(규칙 제107조 제2·3항).

4. 갑 제4호증의 1(최고서)

5. 갑 제4호증의 2(특수우편물수령증)

Ⅶ. 첨부서류

소가 제기되면 법원은 소장 부본을 피고에게 송달하여야 하므로(제
255조), 원고는 피고의 수에 상응하는 소장 부본을 첨부하여 제출
하여야 한다.

청구취지와 원인만으로 소송목적의 값을 산출하기 어려운 소송의
소장에는 그 산출자료도 첨부하여야 한다.[76] 당사자가 소송능력이
없는 때에는 법정대리인, 당사자가 법인인 때에는 대표자, 당사자
가 법인 아닌 사단이나 재단인 때에는 대표자 또는 관리인의 자격
을 증명하는 서면(예를 들면 가족관계등록부등본, 등기사항증명서,
대표자증명서 등)과 당사자능력을 판단할 자료(정관, 규약 등)를 첨
부하여야 하고(규칙 제12조, 제63조), 소송대리권을 증명하기 위하
여 소송위임장을 첨부하여야 한다(제89조).

원고가 소장을 제출함에는 인지 외에 송달료를 미리 납부하여야 하
므로(규칙 제19조 제1항 제1호), 송달료 수납은행에 납부하고 송달료
납부서를 받아 소장에 첨부하여야 한다(송달료규칙 제3조 제1·2항).

첨부서류는 소장에 첨부한 순서에 따라 기재한다.

[기재례]

1. 위 증명방법   각 3통[77]

2. 영수필확인서[78]   1통

---

[76] 소송목적의 값 및 첩용인지액의 산출자료로, 부동산에 관한 소송에서는
공시지가확인원, 토지대장등본이아 건축물대장등본을 첨부하나, 동산이나
그 밖에 공시가격이 없는 경우에는 계약서, 감정서 등을 제출한다.

[77] 상대방에게 교부할 서증사본도 같이 소장에 첨부하여 제출하여야 한다.

3. 토지대장등본   1통
4. 등기사항전부증명서   1통
5. 송달료납부서   1통
6. 소송위임장   1통
7. 소장 부본   2통

Ⅷ. 작성 연월일

소장의 끝 부분에 실제로 소장을 작성한 날이 아니라 법원에 접수
하는 날을 작성일로 기재한다.

Ⅸ. 작성자의 기명날인 또는 서명

소송서류에는 작성자가 기명날인 또는 서명을 한다(제249조 제2항,
제274조 제1항). 실무상 '원고 소송대리인 변호사 000'라고 기재하
고 끝에 날인을 하며, 서류의 일부가 불법으로 교체되는 것을 방지
하기 위하여 서류에 간인을 하여 제출한다.

Ⅹ. 법원

당해 소송의 관할법원으로서 소장을 제출하는 법원을 기재한다. 관
할을 위반하여 소송법상의 불이익을 받아서는 안 되고, 특히 전속
관할 사건은 합의관할이나 변론관할이 허용되지 않으므로 각별히
주의하여야 한다. 법원을 표시하고 법원이름 뒤에 '귀중'이라고 기
재를 한다.

---

78) 인지액을 현금 또는 신용카드로 납부하고(민사소송 등 인지규칙 제29조,
제28조의2) 그 확인서를 첨부한 것.

XI. 인지의 부착[79]

민사소송절차 등에서 제출하는 소장, 항소장, 상고장, 신청서 등에는 달리 특별한 규정이 없는 한 '민사소송 등 인지법'이 정하는 인지를 붙이거나 이에 갈음하여 당해 인지액 상당의 금액을 현금으로 납부하여야 하고(같은 법 제1조), 이를 위반하면 부적법하고, 보정하지 아니하면 각하사유가 된다(제254조).

소장 등에 첨부하거나 보정하여야 할 인지액(이미 납부한 인지액이 있는 경우에는 그 합산액)이 1만 원을 초과하는 때에는 그 인지의 첨부 또는 보정에 갈음하여 인지액 상당의 금액 전액을 현금으로 납부하여야 하고(민사소송 등 인지규칙 제27조 제1항), 위에 해당하지 아니하는 경우에도 신청인 등은 인지의 첨부에 갈음하여 인지액 상당의 금액을 현금으로 납부할 수 있다(같은 조 제2항). 인지를 붙이는 대신 현금을 납부한 수납은행 등으로부터 교부받은 영수필확인서를 소장에 첨부하여 제출한다(같은 규칙 제29조 제2항).

---

79) 과거에는 첨부(貼付)라고 하였으나, 말이 어렵고 '첨부'와 혼동하는 사례가 있어 민사소송 등 인지법을 개정하여 '부착'으로 고쳤다. 그러나 아직도 같은 규칙에는 여전히 '첨부'라고 규정하고 있는데 개정할 것으로 본다.

제3장
기타 민사소송
법문서 작성

제3장 기타 민사소송 법문서 작성

제1절 답변서, 준비서면

Ⅰ. 답변서

1. 답변서 제출

가. 답변서 제출의무

1) 법원은 소장부본과 함께 소송절차안내서를 동봉하여 피고에게 송달한다. 이때 피고가 원고의 청구를 다투는 때에는 소장 부본을 송달받은 날로부터 30일 안에 답변서를 제출하여야 한다(제256조 제1항).

2) 종래 실무에서 답변서는 단지 "피고가 처음으로 제출하는 본안에 관한 답변이 포함된 준비서면"을 가리키는 것뿐이고, 그 자체가 준비서면과 구별되는 어떤 법률적 내지 소송상 효력이 인정되는 것은 아니었다. 그러나 신 민사소송법상 답변서는 변론기일에서의 진술을 준비하는 서면인 동시에 변론기일에서의 진술 이전에도 그 자체만으로 무변론판결을 저지하는 법적 효력을 가진 서류로 그 성격이 강화되었다.

나. 답변서의 기재사항과 첨부서류

1) 답변서에는 준비서면에 기재할 사항을 적어야 한다(제274조). 이에 더하여 청구취지 및 청구원인에 대한 답변을 구체적으로 적어야 한다(규칙 제65조 제1항). 즉 청구취지에 대한 답변 외에 소장에 기재된 개개의 사실에 대한 인정 여부, 항변과 이를 뒷받침하는 구체적 사실 및 이에 관한 증거방법을 적어야 한다. 따라서 전부부인 또는 전부부지의 답변은 구체성이 없으므로 허용되지 않는다. 이 경우 재판장은 법원사무관 등으로 하여금 구체성

있는 답변서를 제출하도록 촉구할 수 있다.

2) 구체적으로는 자신의 주장과 이를 뒷받침하는 증거방법, 상대방의 증거방법에 대한 의견을 함께 적어야 하며, 답변사항에 관한 중요한 서증이나 답변서에서 인용한 문서의 사본을 붙이고(제256조 제4항, 제274조 제2항, 제275조), 피고의 전화(휴대전화) 번호, 팩스번호, 이메일 주소 등의 연락처를 적어야 한다.

다. 답변서 제출과 비제출의 효과

1) 답변서가 제출되지 아니한 사건(청구원인사실을 모두 자백하는 취지의 답변서를 제출한 경우도 포함)은 원칙적으로 무변론판결 대상사건이 되므로 바로 선고기일을 지정하여 선고한다.

2) 답변서가 제출된 사건은 심사를 거쳐 ① 변론준비절차에 부칠 사건, ② 곧바로 변론기일을 지정할 사건, ③ 조정에 회부할 사건 등으로 분류하여 처리한다(제 258 제1항).

2. 본안을 다투는 방법

가. 원고의 청구취지에 대한 답변

1) 원고의 청구를 인정하는 경우 : 답변서에 "원고의 청구를 인낙한다."라고 기재하고 공증하여 제출한다. 이 경우 법원은 인낙조서가 작성되고 소송은 종료한다. 인낙조서가 집행권원이 된다. 일반적으로는 다투지 않을 경우 피고는 답변서도 내지 않고 출석하지도 않는다.

2) 원고의 청구를 다투는 경우 : "원고의 청구를 기각한다, 소송비용은 원고가 부담한다.라는 판결을 구합니다."로 기재한다. 소송비용에 관한 사항은 법원의 직권사항이나 일반적으로 기재한다.

3) 원고의 청구를 조건부로 인정하는 때 : 예컨대, 동시이행(상환이행)이나 선이행 판결을 구하는 경우에도 청구취지에 대한 답변은

원고의 청구를 전부 다투는 경우와 동일하게 기재하는 것이 일반적이다.

4) 가집행면제선고의 신청 : 다투는 경우 소송비용 부담 다음에, "피고의 패소시는 담보를 조건으로 하는 가집행면탈의 선고를 구합니다."를 적으면 이 선고가 판결주문에 나타나고 피고가 담보를 제공한 때에는 피고는 가집행을 면할 수 있지만(제213조 제2항), 패소를 염두에 둔 답변서라는 느낌을 주기 때문인지 일반적으로는 적지 않는다.

나. 원고의 청구원인에 대한 답변

1) 원고가 주장하는 청구원인사실에 대한 피고의 주장태도 : ① 다투지 않을 때-자백, 침묵(자백의제), ② 다툴 때-부인, 부지(부인으로 추정), ③ 항변

2) "다투지 않는다."는 의미 : 원고의 주장사실을 인정하는 경우에는 "청구원인 제0항 기재의 … 사실은 인정한다."와 같이 개별적으로 기재한다. 이는 재판상 자백이 되어 피고 자신을 구속하게 되며, 이에 반하는 주장은 허용되지 않는다. 일단 행한 자백을 철회하고자 하는 때에는 상대방의 동의가 필요하며, 상대방이 동의하지 않는 경우에는 자백이 진실에 반하고 착오에 기인한 것임을 주장, 입증하여야 한다.

3) "다툰다"는 의미 : 여기에는 부인과 부지가 있는데, 부인이라 함은 상대방의 주장사실을 인정하지 않는다는 진술이고, 부지는 상대방의 주장사실의 존재를 모른다고 하는 진술이다. 부지는 그 사실을 다툰 것으로 추정한다. 부인하면 주장자(원고)가 입증하여야 한다. 실무적으로는 피고도 원고의 주장사실이 사실이 아님을 밝히기 위하여 증거를 제출하기는 하지만 진위불명일 때 입증책임은 원고에게 있다는 말이다. 부인에는 단순부인과 적극부인(이

유부 부인)이 있다.

4) 항변 : 소송상항변(본안전 항변, 증거항변), 본안의 항변(=실체법
상 항변, 권리장애항변, 권리소멸항변, 권리행사저지항변).

3. 기타 관련사항

가. 서증의 인부 : 원고가 소장 부본에 서증사본을 붙이는 경우 피고는
답변서에서 이에 대한 인부를 할 수 있다. 그러나 직접 원본을 보
고 결정을 해야 하는 경우라면 나중에 법정에서 해도 되므로 필수
적 기재사항은 아니다.

나. 증거방법 : 답변서 말미에 자신이 제출할 증거 사본을 붙일 수 있
다. 이때는 "을 제0호증"으로 기재한다.

다. 결론부분

1) 소장의 결론부분에 대응하여 "원고의 청구는 이유 없으므로 기각
되어야 합니다."라는 식으로 기재한다.

2) 청구의 주관적 또는 객관적 병합이 있고 이들에 대하여 각각 개
별적으로 답변을 하는 때에는 각각의 해당되는 부분에 소결론을
기재하고, 답변서의 말미에 대결론으로서 "이상과 같이 원고의
청구는 모두 이유 없으므로 기각하여 주시기 바랍니다."라는 등
으로 간단히 기재한다.

라. 첨부서류 등 : 소송위임장, 부본을 붙인다. 인지는 붙일 필요 없다.

답변서

원   고   김 갑 동
피   고   최 삼 석

           소송대리인 변호사 최삼돌
           서울 서초구 법원대로 111,   501호(로이어빌딩)
           전화 525-1233, 팩스 525-1234,
           전자우편 soslaw@hanmail.net

위 사건에 관하여 피고 소송대리인은 아래와 같이 답변합니다.

청구취지에 대한 답변

1. 원고의 청구를 기각한다.
2. 소송비용은 원고가 부담한다.

청구원인에 대한 답변

1. 피고가 2014. 7. 1. 원고로부터 1억 5,000만원을 변제기를 같은 해 9. 30.로 정하여 차용한 사실은 인정합니다.

2. 그러나 피고는 원고와 변제기 후인 2015. 12. 20. 변제할 금액을 1억 2,000만원으로 합의하고(을 제1호증), 2016. 1. 19. 이 금액을 전액 변제하였으므로(을 제2호증), 피고의 원고에 대한 이 사건 차용금반환채무는 모두 소멸하였습니다.

3. 그러므로 원고의 청구는 부당하여 기각되어야 합니다.

증명방법

1. 을 제1호증(합의서)
2. 을 제2호증(영수증)

첨부서류

1. 위 증명방법   각 2통
2. 소송위임장   1통
3. 답변서 부본   1통

2016. 3. 29.

피고 소송대리인 변호사 최삼돌

서울중앙지방법원 제21민사부 귀중

Ⅱ. 반소

1. 반소의 의의

가. 답변서와 관련하여 반소를 살펴볼 필요가 있다. 피고가 원고에 대하여 청구권을 가지고 그것이 본소 청구와 관련이 있는 경우 이를 반소로 청구할 것인가 아니면 단순히 방어방법으로만 주장할 것인가는 피고에게 달려 있다.

나. 예컨대 원고가 소유권에 기하여 토지의 반환을 청구하는데 대하여 피고가 임차권을 주장하여 그 청구를 거부하는 것은 단순한 방어방법이고 반소는 아니다. 그러나 피고가 적극적으로 나아가 임차권의 존재확인을 청구하게 되면 그것은 반소이다. 피고가 본소청구를 저지하고 이와 관련하여 적극적인 청구를 할 수 있는 권리를 가지고 있다 하더라도 이를 단순히 방어방법으로만 주장한 경우에는 그 소송의 판결로는 권리의 적극적 실현에 나아갈 수 없다. 매매계약에 기한 물건의 인도 청구를 하는 경우 대금 미지급의 항변을 하여 인용되면 대금을 지급받을 때까지 물건의 인도를 거부할 수는 있으나 적극적으로 대금을 지급 받으려면 별도의 집행권원이 필요한 것이므로 이러한 경우 반소로 청구를 하여 두어야 한다.

다. 반소는 예비적으로 제기하는 것도 허용된다. 이는 본소청구가 인용되거나 기각될 것에 대비하여 조건부로 제기하는 반소이다. 예컨대 토지의 임차권이 존속한다고 하는 피고의 주장이 받아들여지지 아니하고 임대차가 종료한 것으로 인정되는 경우에 대비하여 예비적 반소로서 공작물 매수 청구권의 행사에 따른 대금을 청구하는 것도 가능하다.

2. 반소의 요건

가. 본소의 계속, 소송절차를 현저하게 지연시키지 않을 것, 소송절차와 관할의 동일성, 소송요건의 구비

나. 본소와의 관련성 : 본소의 청구와 관련되거나(권리관계 또는 그 발생원인의 관련성), 본소의 방어방법과 관련되어 있는 경우(유치권에 기한 피담보채권의 지급청구).

반 소 장

사　　건　2016가합12379　소유권이전등기
피고(반소원고)　최삼석(601011-1234112)
　　　　　　　서울 서초구 사평대로20길 123
　　　　　　　소송대리인 변호사 최삼돌
원고(반소피고)　김갑동(640725-1009425)
　　　　　　　서울 서초구 반포대로10길 456

위 사건에 관하여 피고(반소원고)는 다음과 같이 반소를 제기합니다.

위약금 청구의 소

반소 청구취지

1. 원고(반소피고)는 피고(반소원고)에게 30,000,000원 및 이에 대한 이 사건 반소장 부본 송달 다음날부터 다 갚는 날까지 연 15%의 비율에 의한 금원을 지급하라.
2. 반소로 인한 소송비용은 원고(반소피고)가 부담한다.
3. 제1항은 가집행할 수 있다.

반소 청구원인

1. 원고(반소피고, 이하 원고라고 약칭합니다)가 2016. 9. 15. 피고(반소원고, 이하 피고라고 약칭합니다)로부터 이 사건 토지를 대금 3억 원에 매수하여 2016. 10. 20.까지 소유권이전등기 서류 교부와 상환으로 대금을 지급하기로 계약한 사실은 인정합니다.

2. 그런데 위 매매계약을 체결하면서 원고와 피고는 상호 간에 위약을 한 경우에는 3,000만원을 상대방에게 지급하기로 약정하였습니다.

3. 피고는 2016. 12. 15. 소유권이전등기 서류를 완비하여 이행의 제공을 하며 원고에게 대금의 지급을 요청하였으나, 원고가 대금 3억 원을 지급하지 아니함에 따라 2017. 1. 20. 원고에게 계약을 해제한다는 통지를 하였습니다.

4. 그렇다면 위 매매계약은 원고의 위약으로 해제되었다 할 것이고, 원고는 피고에게 위약금 3,000만원 및 이에 대한 반소장 부본 송달 다음날부터 다 갚는 날까지 소송촉진 등에 관한 특례법이 정한 연 15%의 비율에 의한 지연손해금을 지급할 의무가 있습니다.

첨부서류

1. 영수필확인서 및 영수필통지서   각 1통
2. 송달료납부서   1통
3. 소송위임장   1통
4. 반소장 부본   1통

2017. 3. 7.

피고 소송대리인 변호사 최삼돌

서울중앙지방법원 제15민사부 귀중

Ⅲ. 준비서면

1. 준비서면의 의의

가. 개념

준비서면은 당사자가 변론에서 진술하고자 하는 사항을 미리 기재하여 법원에 제출하는 서면이다. 이는 원·피고 쌍방이 소송이 제기된 후 변론이 종결될 때까지 수시로 법원에 대하여 주장 또는 설명하여야 할 사항을 개진하는 역할을 하는 것으로 증거절차와 아울러 변론의 핵심을 이룬다. 준비서면에는 공격방어방법에 해당하는 주장은 물론 증거의 탄핵이나 설명, 법률적 견해의 설명 등 법원에 대하여 주장하고자 하는 모든 사항을 기재하여 제출한다. 특히 변론주의 원칙상 법률요건을 충족하기 위한 주요사실에 관한 주장을 누락하여서는 안 된다.

나. 유형

답변서는 준비서면의 한 형태이다. 소장은 물론 청구의 변경신청서(제262조 제2항), 중간확인의 소장(제264조 제2항), 반소장(제269·270조), 상소장, 부대상소장, 상고이유서(제427조) 등에도 준비서면에 기재할 사항을 기재할 수 있고, 그 한도에서 이들 서면이 준비서면의 역할을 하게 된다.

다. 필요성·유용성

① 법원은 한 기일에 수많은 사건을 심리하기 때문에 법정에서 구두로 변론하는 경우에는 변론조서에 요약하여 기재하므로 정확하게 이해할 수 없고, 기억에도 한계가 있다.

② 상대방의 입장에서도 변론기일에 갑작스러운 신청이나 공격방어방법을 제시하게 되면 이에 대한 대비를 할 수 없어 다음 기일에 속행을 할 수 밖에 없어 소송지연을 초래하게 된다. 따라서

변론에서 주장하고자 하는 바를 준비서면에 기재하여 제출하게 하고 이를 상대방에게 송달하여 두면 변론을 집중하여 소송의 심리를 촉진한다.

③ 당사자 본인의 입장에서도 주장을 명확히 하여 둘 수 있고 기록에 주장이 남아 있어야 소송이 상급심에 이심된 경우 소송자료로 사용할 수 있다.

라. 준비서면과 진술의 관계

구술변론주의 원칙상 준비서면에 기재한 사항은 변론기일에 구두로 진술하여야 비로소 소송자료가 되는 것이므로(제134조), 그 이전에는 당사자가 이를 철회, 변경할 수 있다.

2. 준비서면의 기재사항

가. 민사소송법 제274조 : 다만 이는 훈시적 규정으로 위 기재 사항에 일부 누락되거나 잘못된 부분이 있더라도 준비서면으로서 실체를 인정할 수 있다면 그 효력에는 영향이 없다.

나. 공격 또는 방어방법의 기재

1) 사실에 관한 주장(사실상의 소송자료)

요건사실(주요사실)은 물론 간접사실, 보조사실 등 주변사정에 관한 주장도 기재하는 하는 것이 보통이다. 사실에 관한 주장은 행위의 주체, 일시, 상대방, 행위의 내용을 기재하는 방법으로 이를 표시하면 된다. 평소 각 실체법규에서 요구하는 법률요건이 무엇인지, 그 주장·입증책임이 누구에게 있는지 잘 파악하고 있어야만 공격방어방법을 효과적으로 주장할 수 있다. 또한 증거방법이 뒷받침되어야 한다.

2) 법률에 관한 주장(법률상의 소송자료)

① 법률의 적용은 법원의 직권사항이지만 구실체법설의 입장에서 동일한 사실관계로부터 2개 이상의 청구권이 경합적으로 발생하는 경우 법률상의 주장을 하는 것은 그 청구를 특정함에 필요한 요소여서 법원은 그 주장에 구속되므로 적시하여야 한다.

② 소의 요건으로서는 요건사실을 적용한 결과, 즉 법률효과로서의 일정한 권리의 주장이 필요하다. 특히 상고, 재항고 등 법률심에 대한 불복신청이거나, 법률적 견해가 대립되어 판례 변경의 필요가 있어가 법률의 적용에 관한 법원의 주의를 환기시킬 필요가 있는 경우에는 법률에 관한 주장도 필요하다.

3) 증거에 관한 주장

가) 증거설명 : 재판장은 서증의 내용을 이해하기 어렵거나 서증의 수가 방대하고 그 입증취지가 불명확한 경우에는 이를 제출한 당사자에게 서증과 그에 의하여 증명할 사실의 관계를 구체적으로 명시한 설명서의 제출을 명할 수 있다(규칙 제106조 제1항). 비단 서증에 한하지 않으며, 제출명령이 없더라도 당사자 스스로 필요에 따라 제출하여야 하는데, 증거설명서의 양식이 따로 있는 것이 아니므로 준비서면의 내용 중에 중요한 증거에 관한 설명을 하면 된다. 다수의 서증에 관한 설명을 할 경우에는 서증번호, 서증명칭, 작성일자, 작성자, 입증취지, 기타 필요한 사항을 기재한 증거설명서를 제출한다.

나) 증거항변 : 상대방이 제출한 증거나 자기에게 불리한 증언, 진술 등에 대하여 그 증거능력을 다투거나 증명력을 탄핵하는 것을 증거항변이라고 하는데, 예를 들면 상대방 제출의 문서가 위조문서라고 주장한다거나 또는 그 기재된 일자와 다른 날에 작성되었다거나 작성자가 객관적인 사실을 기재할 위치에 있지 않았다는 내용 등을 주장하는 것이다. 증인의 증언에 관해서도 그것이 사실과 다르다는 것을 다른 증거자료

와 대조해가면서 설명하고, 또는 그 증언의 내용 자체가 경험칙에 반하고 논리에 맞지 않음을 지적하여 그것을 믿을 수 없다고 주장할 필요가 자주 있다.

다. 상대방의 청구 및 공격 또는 방어방법에 대한 진술

답변서에서 빼먹었거나 재판 도중 새로운 주장에 대해서 반박하는 진술은 준비서면에 기재하여 제출한다. 상대방이나 사건 관계자의 명예를 불필요하게 손상하거나 모욕하는 표현, 상대방의 주장을 깎아 내리는 감정적·모욕적 표현은 삼가야 한다.

라. 인용문서의 첨부

1) 당사자가 소지하는 문서로서 준비서면에 인용한 것은 서증으로 제출하는 것인지 여부를 묻지 않고 준비서면에 그 등본 또는 사본을 붙여야 한다. 그러나 문서의 일부만 필요한 때에는 그 부분에 대한 초본을 붙이고, 첨부할 문서가 너무 많을 때에는 그 문서를 표시하기만 하고 첨부를 생략할 수 있다(제275조).
2) 준비서면에 인용한 문서가 외국어로 작성된 경우에는 국어로 된 번역문을 첨부하여야 한다(제277조).
3) 당사자는 상대방의 요구가 있을 때에는 준비서면에 인용한 문서의 원본을 보여주어야 한다(제275조 제3항).

준비서면

사 건   2010가합3578 손해배상(기)
원 고   주식회사 신성상호저축은행
피 고   이성림 외 3

위 사건에 관하여 피고 이성림, 김성규의 소송대리인은 아래와 같이 변론을 준비합니다.

1. 대출인지 대환인지

원고가 주장하는 한도초과 대출은 모두 실제는 대환에 해당합니다(을 제5호증의 1 참조). 그리고 그 가운데 소외 정진영에 대한 ① 2001. 1. 26.자 김용철 명의의 4,789,000원, ② 2001. 2. 7.자 김용철 명의의 1,500만 원, ③ 2001. 2. 26.자 김용철 명의의 3,000만 원, ④ 2001. 2. 26.자 조승규 명의의 9억 원, ⑤ 2001. 2. 26.자 박금도 명의의 9억 원은 신규대출이 아닌 대환인 사실이 형사판결로 확정되었습니다(을 제5호증의 2 참조). 그리고 이와 같은 대환은 이전의 대출금에 대한 변제기를 연장한 것에 불과합니다(대법원 97다16077 판결 등 참조).

그리고 위 각 대출이 신규대출이 아닌 기존 대출의 변제기 연장에 불과한 이상 위 정진영에 대한 실제 대출 합계액은 20억 2,000만원에 지나지 않으므로 그 한도초과 대출액은 854,779,000원(2,020,000,000-1,165,221,000)에 한정됩니다.

2. 고의·과실의 부존재

피고 이성림은 원고 은행의 이사이긴 하였으나 그 여신업무에 대하여 실질적으로 관여한 바 없이 단순히 결재서류에 열람·참조의 의도로 날인만 하였을 뿐이며, 피고 김성규 역시 감사로서 사전에 각 차용자들이 실질적인 동일인 관계에 있다는 사실을 고의·과실 없이 알지 못한 채 대출관련 결재서류에 날인을 하였습니다.

그리고 위 피고들은 원고가 주장하는 나머지 위법행위를 한 바 없음은 이미 지적한 바와 같습니다. 따라서 위 피고들은 원고에 대하여 손해배상책임이 없습니다.

3. 책임감경사유

설사 위 피고들에게 법적인 책임이 있더라도, 위와 같은 사정과 위 피고들이 피용자로서 나름대로 정보와 판단을 가지고 개인이나 제3자의 이익이 아닌 원고 은행을 위한다는 목적의식 하에 행한 것이며, 원고 역시 영리를 추구하는 기업으로서 어느 정도 경영상의 위험과 손해를 분담할 수밖에 없는 사정을 감안하여 그 책임을 감하여야 할 것입니다.

4. 원고 제출 증거에 대한 의견

가. 갑 제3호증(확인서)은 금융감독원 감사에 대비하여 피고 이성림이 원고 은행장의 요구로 형식상 작성해 준 것으로서 증거가치가 없습니다.

나. 금융감독원장의 2011. 1. 27.자 사실조회회신 내용은 갑 제3호증에 관한 위 작성 경위와 배치되는 것으로서, 그 경위를 모르는 상태에서 작성된 것이어서 역시 증거가치가 없습니다.

다. 갑 제7호증(각서)은 위조된 문서입니다.

입증방법

1. 을 제1호증의 1(증인신문조서 등본)
2. 을 제2호증의 2(판결등본)

첨부서류

1. 위 입증방법   각 1통
2. 참고판결   3통

2011. 3. 22.

피고 이성림, 김성규의 소송대리인 변호사 김공평

서울서부지방법원 제3민사부 귀중

증거설명서

사 건 2010가합12345

호증	서 증 명	작성일자	작 성 자	입 증 취 지	비 고
갑1	부동산 매매 계약서	2009.11.3.	원고, 김갑동 (피고의형)	원고와 피고를 대리한 김갑동 사이에 체결된 이 사건 토지매매 계약서	
2	토지 등기부 등본				
3	〃			이 사건 인접토지를 피고를 대리한 김갑동이 매도한 적이 있다는 사실	
4-1	영수증	2009.11.3.	김갑동	계약금 지급사실	
4-2	〃	2009.12.3.	〃	중도금 지급사실	
4-3	〃	2010.1.3.	〃	잔금 지급사실	
5	각서사본	2009.12.27.	피고	피고가 이 사건 계약을 인정한 후, 원고에게 등기를 넘겨주기로 약속한 사실	원본 피고 소지
6	가족관계 증명서			피고와 김갑동 사이의 신분관계	

3. 준비서면의 제출시기와 제출의 효과

가. 제출시기

1) 법률상으로는 새로운 공격방어방법을 포함하고 있는 준비서면은 변론기일 또는 변론준비기일의 7일 전까지 상대방에게 송달될 수 있게 제출하여야 하지만(제273조, 규칙 제69조의3), 재판장은 대체로 답변서 등의 발송일부터 3주 정도로 기한을 정하여 제출할 것을 명하므로 그 기간 내에 제출하여야 한다.[80]

2) 변론준비절차가 개시되었을 때에는 준비절차가 끝나기 전까지 필요한 준비서면을 제출하여야 한다.[81]

3) 준비서면의 부본은 법원이 상대방에게 송달하여야 한다(제273조). 따라서 상대방이 여럿일 때에는 그 수에 따라 부본을 더 제출하여야 한다.

나. 제출의 효과

1) 준비서면의 미제출, 누락의 불이익

① 상대방이 재정하고 있지 않은 경우에는 준비서면에 적지 아니한 사실에 관하여 변론에서 주장할 수 없다(제276조). 실무에서는 새로운 주장을 하게 되면 기일을 1회 더 속행하여 준비서면 등을 송달하여 상대방으로 하여금 그 주장내용을 알 수 있도록 한 다음 변론을 종결하는 방법을 사용하는 경우가 많다.[82]

② 제출기간을 지나서 제출한 경우 효력이 없는 것은 아니지만, 고의 또는 중대한 과실로 늦게 제출함으로써 소송의 완결을 지연시키는 것으로 인정되거나, 제출한 공격·방어방법의 취지가 분명하지 아니한 경우에 당사자가 필요한 설명을 하지 아니하거나 설명할 기일에 출석하지 아니한 때에는, 법원은 실기한 공격·방

---

80) 대법원 재판예규 제1528호 사건관리방식에 관한 예규.
81) 제285조 참조.
82) 민사실무 I, 229면.

어방법으로 보아 직권 또는 상대방의 신청에 따라 이를 각하할 수 있다(제149조).

2) 준비서면 제출의 이익

① 변론기일 또는 변론준비기일에 출석하지 못하더라도, 상대방이 출석한 경우 법원은 출석하지 아니한 당사자가 제출한 준비서면에 기재된 사항은 진술한 것으로 볼 수 있다(제148조, 제286조). 이 경우 기일 해태의 불이익을 면한다.

② 상대방이 출석하지 아니한 경우에도 준비서면에 기재된 사항은 그대로 진술할 수 있으므로 상대방은 그 사실을 자백한 것으로 볼 수 있다(제150조 제3항).

제2절 증거신청 관련 문서

I. 증거신청과 증거조사

1. 의의

가. 증거조사의 의의

증거조사란 법관의 심증형성을 위하여 법정의 절차에 따라 인적·물적 증거의 내용을 오관의 작용을 통하여 인식하는 법원의 소송행위를 말한다. 증거조사절차는 당사자의 증거신청→채부결정→증거조사실시→조사결과에 대한 심증형성의 순으로 진행한다.

나. 증거신청의 의의

증거신청은 당사자가 일정한 입증사항에 대하여 일정한 증거방법을 지정하고 법원에 그 조사를 신청하는 소송행위이다. 이 신청은 변론주의에 의하는 민사소송에서는 당사자의 임무이다. 증거신청은 헌법상 재판청구권의 표현이므로 소정의 요건을 갖춘 신청은 원칙적으로 모두 조사하여야 한다.

2. 증거의 신청방식

가. 서면 또는 말로 할 수 있으나(제161조), 신청서에는 증명할 사실과 증거와의 관계를 명시해야 한다(제289조, 규칙 제74조). 처음부터 서면으로 신청할 수도 있지만 법정에서 말로 신청하고 법원에서 채택하면 신청서를 제출하는 형식을 취하는 경우가 많다.

나. 증거신청은 법원에 대하여 증거조사를 해줄 것을 구하는 것이므로 현실적, 물리적으로 증거자료를 제출하는 것과는 구분된다. 통상 증거를 신청하여 채택이 되면 증거조사 할 증거방법을 제

출하지만 서증의 신청은 소지한 문서를 제출하거나 문서소지자에게 제출을 명할 것을 신청하는 방식으로 하며(제343조), 법정에서 검증 가능한 검증목적물을 제출하는 경우도 같다(제366조). 그러나 이 같은 증거방법의 현실적 제출에 따른 증거신청은 변론준비기일이나 변론기일에서만 가능하므로, 기일 밖에서 증거방법을 제출하는 경우에는 서면이나 구술로 증거신청의 의사표시를 하여야 한다.

다. 증거조사에 비용이 소요될 때에는 신청인은 법원의 예납명령에 따라 또는 예납 명령을 받기 이전이라도 그 비용을 예납하여야 한다. 예납하지 않으면 증거조사를 아니할 수 있다(제116조 제2항).

3. 신청시기

가. 실기하지 않는 한 변론종결시까지 할 수 있다. 변론준비기일이나 변론기일에는 물론, 위 기일 전에도 가능하다(제281·282조, 제289조 제2항). 기일 전에 또는 법정 외에서 서면으로 이루어지는 신청을 실무상 "소정외 신청"이라 하며, 이에 의하여 법원이 미리 증거조사의 채무결정을 하여 증인·감정인·당사자본인을 기일에 소환하거나 혹은 조사의 촉탁, 문서의 송부촉탁을 하여 두면 변론기일에 즉시 증거의 제출이나 증거조사를 할 수 있어 소송절차의 신속을 기할 수 있다.

나. 서증은 소장, 답변서, 준비서면 등 주장 서면에 그 사본을 첨부하여 제출하는 것을 원칙으로 하고, 제출된 서증의 사본은 주장서면과 함께 상대방에게 송부하며, 문서송부촉탁, 검증, 감정, 사실조회 등에 대한 증거신청서가 접수되면, 기일 개시 이전이라도 재판장이 채부 결정을 하여 기일 등 필요한 통지를 하고,

증거조사를 실시한다. 또 증인이나 당사자신문신청을 할 때는 필요한 증인 등 전원을 일괄하여 신청함이 원칙이다(규칙 제75조 제1항).

4. 상대방의 진술

당사자가 증거신청을 하는 경우 법원은 상대방에게 의견을 묻거나 이를 진술할 기회를 준다. 이때 상대방은 일종의 증거항변으로 시기에 늦은 증거신청이라거나, 증거방법이 증거가치가 없다거나, 쟁점의 판단에 불필요한 증거라거나, 위조된 것이라거나 하는 주장을 하게 될 것이다.

5. 신청의 철회

증거신청은 증거조사의 개시가 있기 전까지는 언제든지 철회할 수 있다. 증거조사가 개시된 후에는 상대방의 동의가 있는 때에 한하여 철회할 수 있으며, 증거조사가 종료된 뒤에는 철회가 허용되지 않는다.

6. 증거의 채부결정

① 법원은 실기한 공격방어방법(제149조), 증인의 행방불명, 목적물의 분실 등 증거조사가 곤란한 경우에는 채택결정을 하지 않을 수 있다(제291조). 적법한 증거신청이라도 쟁점과 직접 관련이 없거나 도움이 되지 아니하는 등 불필요하다고 인정되는 때에는 조사하지 않을 수 있다(제290조). 그러나 당사자의 주장에 대한 유일한 증거는 증거조사를 거부할 수 없다(같은 조 단서).

② 실무상 법정에서 증거신청이 있는 때에는 즉석에서 채부결정을 고지하고 이를 변론조서의 일부인 증인 등 목록에 기재한다. 기일 전 증거신청에 대하여는 그 채무 여부를 통지하지 않는 경우

도 있으므로 본인 또는 상대방이 신청한 증거에 대한 채부를 수시로 확인하여 대응하여야 한다.

③ 증거의 채부는 채택, 기각, 보류 등 세 가지로 나누어진다.

7. 증거조사

가. 증거조사와 집중심리주의

증거조사를 하는 경우에는 그 기일·장소를 당사자에게 고지하고 기일통지를 하여야 한다(제167조). 변론준비절차 중 변론준비기일에도 증거조사를 할 수 있다. 다만 증인이나 당사자본인 신문은 원칙적으로 변론기일에 한다.(제281조)

나. 증거조사와 직접심리주의

1) 증거조사는 수소법원이 그 법정 내에서 하는 것이 원칙이나, 예외적으로 법정 밖에서 수명법관·수탁판사가 할 수 있다(제297조 제1항). 외국에서의 증거조사는 법원이 외교통상부장관을 경유하여 그 나라에 주재하는 우리나라의 대사, 공사, 영사 또는 그 나라의 관할 공공기관에 촉탁한다(제296조 제1항, 국제민사사법공조법 제6조).

2) 외국에서 한 증거조사, 법원 밖에서 한 증거조사의 결과에 대하여 당사자의 원용이 필요한가에 대해서는 원용필요설과 원용불요설(다수설)의 견해가 있으나, 당사자로서는 가급적 원용하는 것이 좋다.83)

---

83) 민사실무 I , 241면.

Ⅱ. 증인신문

1. 의의 : 증인이란 소송에 있어서 오관의 작용에 의하여 자기가 직접 보고 듣고 경험한 바 있는 과거의 어떤 사실이나 상태에 관하여 보고적 진술을 할 사람으로서 소송의 당사자나 법정대리인이 아닌 제3자여야 한다.

2. 신청절차 : 구술 또는 서면으로 하되, 필요한 증인 전원에 대하여 법원이 정한 증인신청서의 양식에 따라 함이 원칙이다(규칙 제75조 제2항). 통상 변론준비기일 또는 변론기일에 구술로 신청하여 채택되면 증인신청서를 제출한다. 법원은 증인신청서에 기재된 내용에 따라 출석요구를 하게 된다.

증인신청서

1. 사건 : 2018가합1234 소유권이전등기

2. 증인의 표시
 가. 이름 : 김갑순
 나. 생년월일 : 1964. 1. 1.
 다. 주소 : 서울 서초구 신반포로 7, 123
 라. 전화번호 : 자택 02-555-7777, 사무실 02-777-9999, 휴대
　　　　　　　　전화 010-1234-5678
 마. 원·피고의 관계 : 원고 처의 친구(고등학교 동창)

3. 증인이 이 사건에 관여하거나 그 내용을 알게 된 경위
　　이 사건 임대차계약을 체결할 당시 원고, 원고의 처와 함께
계약현장에 있었음

4. 신문할 사항의 개요
　① 이 사건 임대차계약 당시의 정황
　② 임대차 계약서를 이중으로 작성한 이유
　③ 기타

5. 희망하는 증인신문방식(해당란에 "V" 표시하고 희망하는 이유
　를 간략히 기재)
　☑ 증인진술서 제출방식 □ 증인신문사항 제출방식 □ 서면에
　의한 증언방식
　※ 이유 : 원고 측과 연락이 쉽게 되고 증인진술서를 작성할

의사를 밝혔음

6. 증인신문에 필요한 시간 : 30분

7. 증인의 출석을 확보하기 위한 협력 방안 : 원고가 대동

8. 기타 참고사항

2018. 5. 10.

원고 소송대리인 변호사 이을식

서울중앙지방법원 제5민사부 귀중

3. 증인조사방식 : 세 가지가 있다.

가. 증인진술서 제출방식(규칙 제79조) : 법원은 효율적인 증인신문을 위하여 필요하다고 인정하는 때에는 증인을 신청한 당사자에게 증인진술서를 제출하게 할 수 있다(같은 조 제1항). 그 사본을 미리 상대방에게 송달한다. 증인진술서에는 증언할 내용을 그 시간 순서에 따라 적고, 증인이 서명날인하여야 한다(같은 조 제2항). 증인진술서는 주신문사항의 사전파악으로 상대방의 반대신문에 도움이 되며, 주신문사항을 일정부분 대체하는 기능도 할 수 있다. 증인진술서는 그 자체로는 증언이 아니라 서증으로 취급되나, 나중에 법정에서 증인이 나와 증언하면 증언의 내용이 된다. 증인이 나오면 주신문은 위 증인진술서가 사실대로 작성되었는지를 묻는 것으로 마치며, 상대방은 개개 항목에 대하여 치밀한 반대신문을 하게 된다.

증 인 진 술 서

사 건   20   가
원 고   김○○
피 고   이○○

진술인(증인)의 인적사항
이름: 박○○(000000-0000000)
주소: 서울 00구 00동 000
전화번호 : 02-000-0000(휴대전화 000-0000-0000)

1. 진술인은 1998년경 친한 친구들로부터 피고를 소개받았는데,
   진술인이 장사를 하는 관계로 급전이 필요할 때가 많아 그 무
   렵부터 여러 차례에 걸쳐 피고로부터 돈을 빌리게 되었고, 개
   인적으로도 친하게 지내왔습니다.

2. 그러던 중 피고가 2011년 1월경부터 자신의 아들 이름으로
   소유하고 있는 봉천 6동 서울아파트 101동 201호를 팔려고
   한다면서 진술인에게도 혹시 주위에 살 사람이 있으면 소개하
   여 달라고 한 사실이 있습니다.

3. 진술인은 2011년 4월경 피고로부터 빌린 차용금의 이자를 갚
   으러 피고의 집에 갔다가 그곳에 와 있던 원고를 처음으로 보
   게 되었습니다. 그 날 원고와 피고는 그 자리에서 위 아파트
   의 매매관계에 관하여 이야기를 나누었던 것으로 기억하는데,
   그 날 계약서를 작성하였는지 모릅니다.

4. 진술인은 그 며칠 뒤쯤 피고로부터 위 아파트를 원고에게 팔
   았다고 하는 이야기를 전화로 듣고 잘 되었구나 생각하고 있

었습니다. 그런데 그 후 보름쯤인가 지난 다음에 피고를 길거리에서 우연히 만났는데, 피고가 하는 말이 원고가 위 아파트를 살 수 없게 되었으니 제발 계약금을 되돌려달라고 사정사정을 하여 할 수 없이 그 절반만 돌려주고, 서로 없던 일로하기로 하였다는 이야기를 들은 사실이 있습니다. 그 무렵이나 그 후에 원고를 만난 일은 없습니다.

5. 이상의 내용은 모두 진실임을 서약하며, 이 진술서에 적은 사항의 신문을 위하여 법원이 출석요구를 하는 때에는 법정에 출석하여 증언할 것을 약속합니다.

2011　．　．　．

진술인　（　서명　）（인）

나. 증인신문사항 제출방식

1) 증인이 신청자와 적대관계에 있거나 중립적인 경우, 글을 읽거나 쓸 수 없는 경우, 사건의 특성상 그 증언내용을 미리 밝히는 것이 사건의 공정한 해결을 위하여 상당하지 아니한 경우 등에는 증인신문사항을 제출하고 이에 기해 신문하게 된다.

2) 증인신문사항은 법원이 정한 기한까지 단독사건의 경우 상대방의 수에 3을 더하고, 합의사건의 경우 4를 더한 통수를 제출하여야 한다(규칙 제80조 제1항). 1통은 기록에 가철, 1통은 참여사무관용, 1통은 증인에게 보내고, 1통은 상대방 당사자에게 교부된다. 미리 이메일을 이용하여 법원에 보내기도 한다. 주신문사항은 반대신문을 위하여 미리 법원에 제출하여야 하나, 반대신문사항은 증인신문기일에 반대신문 전에 법정에서 교부하면 된다. 반대신문사항은 주신문 사항 몇 번째 문항과 관련이 있는지 표시하여 기재한다.

2016가합3145 소유권이전등기

증인 송청수 신문사항

1. 증인은 원·피고를 아는가요?

2. 증인은 서울 중구 서소문동 38 대 120.3㎡와 그 지상주택을 아는가요?

3. 증인은 원고가 가입한 친목단체인 기미신우회의 총무인가요?

4. 원고는 2015. 4. 20.경 증인을 찾아와, 처가 도망하고 없고 피고 회사 직원이 그 전날 원고를 찾아와 돈을 갚으라고 하였는데 어떻게 하면 좋겠느냐고 상의한 사실이 있나요?

5. [갑 제9호증(편지)을 제시하고]
   이것이 당일 원고가 증인에게 보여준 편지인가요?

6. 증인은 위 편지를 보고나서, 원고의 처가 일을 저지르고 가출하였으므로 원고에게는 책임이 없다고 생각되어 "그러면 법대로 소송을 하는 수밖에 없지 않느냐?"고 대답한 사실이 있나요?

7. 증인은 원고에게서, 2015. 4. 19. 피고 회사 직원이 자신을 찾아왔을 때 원고가 "나는 모르는 일이고 처가 저지른 일이다. 친구들에게 알아볼테니 2, 3일 후에 오라."고 하였다는 말을 들은 사실이 있나요?

---

84) 민사실무Ⅰ, 247-249에서 전재.

8. 피고 회사 직원이 그 이틀 후인 2015. 4. 21. 경 원고를 다시 찾아왔을 때 원고가 "법대로 말소소송을 하겠다."고 말한 사실이 있나요?

9. 그런데 얼마 후 피고 회사에서 이 사건 부동산의 경매신청을 하였다며 원고가 증인에게 경매개시결정을 가지고 와서 보여주며 상의를 하므로, 증인은 원고와 같이 2015. 7. 8. 근저당권설정 경위를 알아보기 위하여 피고 회사 원주지점에 간 사실이 있는가요?

10. 증인이 원주지점 직원에게 "본인이 이렇게 건강하게 살아 있는데 본인에게 확인도 하지 않고 근저당권을 설정하였느냐?"고 항의하였더니, 그 직원은 "연쇄점에서 서류를 가져와 근저당권을 설정했는데 부도가 나서 대표가 제천경찰서에 구속 중이다."라고 대답한 사실이 있나요?

11. 원고는 1942년생으로서 금년에 75세이고, 소외 김영자는 17세 연하인 후처였으며, 두 사람 사이에 자녀는 없었지요?

12. 원고는 나이에 비하여 건강한 편이고, 원고나 위 김영자가 주류 판매업을 한 사실은 전혀 없지요?

13. 원고는 위 김영자가 원고의 인감도장을 훔치고 근저당권설정 서류를 위조하여 위 부동산에 근저당권을 설정하여 주고는 도망간 것이라고 증인에게 말하였나요?

14. 기타 관련사항

2016가합3145 소유권이전등기

증인 송청수 반대신문사항

1. (주신문 제2항과 관련하여)
 가. 증인은 원고와 어떤 관계인가요?
 나. 증인은 서소문동 38번지 토지가 어떤 모양인지 아는가요?
 다. 증인은 위 지상 주택의 구조와 형태에 대하여 아는가요?

2. (주신문 제3항 내지 제7항과 관련하여)
 가. 증인은 원고의 처와 피고 회사 간의 금전관계에 대하여 아는가요?
 나. 안다면 어떤 방법으로 이를 알게 되었는가요?
 다. 증인은 이 사건에 관하여 원고에게서 들어서 알고 있을 뿐이고 증인이 직접 관여한 일은 없지요?
 라. (갑 제9호증을 제시하고)
  그래서 이 편지에 대해서도 누가, 언제, 어떤 경위로 작성한 것인지 모르지요?

3. (주신문 제8항 내지 제13항과 관련하여)
 가. 증인이 원고와 같이 피고 회사 원주지점에 가서 원고 대신 항의한 이유는 무엇인가요?
 나. 그 당시 위 지점 직원이 원고와 증인에게 구체적으로 무슨 말을 하였나요?
 다. 그 직원의 이름과 직위를 아는가요?
 라. 위 지점 직원이 증인의 주신문 진술대로 "연쇄점에서 서류를 가져와 근저당권을 설정했다"는 취지의 말을 했다면 원고와 증인이 그에 대한 확인서를 받지 않은 이유는 무엇인가요?

---

85) 민사실무 I , 249-250에서 전재.

다. 서면에 의한 증언방식

1) 구 민사소송법에서는 공정증서에 의한 증언 제도를 두고 있었으나, 절차가 번거로운 뿐만 아니라 상대방이 이의를 제기하는 경우 다시 출석 증언을 하게 하는 관계로 그 이용이 저조하였다. 신민사소송법 제310조는 이러한 문제점을 해결하기 위하여 ① 법원이 상당하다고 인정하는 경우에는 서면으로 출석·증언에 갈음할 수 있게 하고, ② 그 서면을 공정증서로 한정하지 아니하며, ③ 종전에 법원이 미리 신문사항을 증인에게 보내 증인으로 하여금 이에 대한 답변을 적도록 하였던 형식을 지양하고, 증인이 증언할 사항을 바로 적어서 낼 수 있도록 함으로써 절차상의 효율을 도모하였다. 다만 위와 같은 증언방식에 대하여 상대방의 이의가 있거나 법원이 필요하다고 인정한 때에는 위 증인으로 하여금 법원에 출석·증언하게 할 수 있다(제310조 제2항). 이 방식은 증인진술서 방식과는 달리 그 자체가 증언이고, 원칙적으로 증인이 법정에 나오지 않고 서면의 제출과 법정에서의 현출로 끝이 난다. 선서하지 않으므로 위증죄가 성립하지 않는다.

2) 서면증언방식을 활용하는 것이 상당한 구체적 사례를 들면, ① 사건의 경위나 정황 등 당사자 사이의 실질적 다툼의 대상이 아닌 사실을 진술하는 경우, ② 객관적으로 기재된 문서를 전문적 지식에 의하여 설명 또는 정리하는 경우(회계·경리관계, 의사의 진료관계, 감정인 등), ③ 형식적인 사항을 설명하는 경우(계산관계, 장부·통장 등의 관련성 등), ④ 장기간에 걸쳐 발생한 당사자 사이의 사실관계를 시간의 경과에 따라 정리하는 경우 등을 들 수 있다.

3) 위 방식에 의한 증언을 신청한 당사자는 구체적으로 개개의 신문

사항을 기재하거나 개괄적으로 어떤 사항에 대한 진술을 요구할 수 있다. 이 경우 법원은 증인을 신청한 당사자의 상대방에 대하여도, 증인에게 회답을 바라는 사항을 적은 서면을 제출하게 할 수 있다(규칙 제84조 제1항).

4. 신문내용 및 신문방식

가. 신문내용

1) 미리 증인의 진술을 들어 사실관계를 완전히 파악하고 신문에 임해야 하며, 경우에 따라서는 증인에게 미리 법정의 구조, 증인의 복장·말씨 등에 관해 조언을 해 둘 필요도 있다.[86]

2) 신문사항은 회화체를 사용하고, 의견을 묻거나 유도신문을 하여서는 안 되며, 증인이 서류를 보아야 기억할 수 있는 부분은 서류를 제시하며 신문을 한다.

3) 주신문은 증명할 사항과 이에 관련된 사항에 관하여 하며 원칙적으로 유도신문을 하여서는 안 된다. 다만 증인이 적의 또는 반감을 보이거나, 종전의 진술과 상반되는 진술을 하는 등의 경우에는 유도신문을 할 수 있다(규칙 제91조).

4) 반대신문은 증언의 증명력을 다투기 위하여 필요한 사항으로 증인과 증언의 신빙성에 관련된 사항에 관하여 한다(규칙 제92조, 제94조).

---

86) 민사실무Ⅰ, 252면.

나. 신문방식

1) 통상 인정신문→선서→주신문→반대신문→재주신문→보충신문의 방법에 의한다.

2) 격리신문의 원칙

증인은 격리신문이 원칙이므로 여러 명의 증인 중 아직 신문하지 아니하는 증인이 법정에 있을 때에는 퇴정을 명하는 것이 원칙이다(제328조).

3) 구술신문의 원칙

증인은 서류를 보지 않고 말로 하는 것이 원칙이다. 서류를 보고 증언할 때에는 재판장의 허가를 받아야 한다(제331조).

4) 교호신문의 원칙

증인을 신청한 당사자가 먼저 주신문을 하고, 반대당사자가 반대신문, 주신문을 한 당사자가 재주신문의 순으로 신문한다. 법원의 신문은 당사자들의 신문 후에 하는 것이 원칙이지만, 유도신문이나 중복신문을 방지하기 위해 당사자의 신문 도중이라도 신문할 수 있다(제327조 제3항).[87]

5) 당사자는 재판장의 허가를 받아 문서, 도면 등을 이용하여 신문할 수 있고, 이 경우 문서, 도면 등이 증거조사를 하지 아니한 것인 때에는 신문에 앞서 상대방에게 열람의 기회를 주어야 하며, 사본 등을 제출하여 조서에 붙이도록 하여야 한다(규칙 제96조).

---

87) 이를 '개입신문'이라고 한다.

Ⅲ. 감정

1. 의의
감정이란 법관의 지식과 경험을 보완하기 위하여 특별한 지식 경험을 가진 제3자로부터 그 학문적 지식에 기하여 법규, 관습, 경험법칙의 존부 및 그것들을 적용하여 얻은 판단의 결과를 보고하게 하는 증거방법이다.

2. 감정신청절차
증인신청에 준한다. 감정인은 법원에서 지정하므로 감정신청을 하면서 감정인을 지정할 필요는 없다.

3. 감정결과
가. 통상 감정결과는 감정보고서로 제출된다. 감정결과(내용)가 증거가 되는 것이지 감정보고서가 서증은 아니다. 원용하지 않아도 증거자료로 사용할 수 있다.[88] 주로 유리한 당사자 측에서 이익으로 원용한다는 진술을 하는 것이 보통이다.

나. 2개의 감정결과가 상이하더라도 법원은 재감정할 필요는 없고 경험법칙이나 논리법칙에 위배되지 않는 한 자유심증으로 어느 하나를 채택하면 되고,[89] 배척의 이유를 설시하지 않아도 된다.[90]

다. 감정결과는 그 감정방법 등이 경험법칙에 반하거나 합리성이 없는 등 현저한 잘못이 없는 한 이를 존중하여야 한다.[91]

---

88) 대법원 1994. 8. 26. 선고 94누2718 판결.
89) 대법원 2010. 4. 15. 선고 2009다98904 판결.
90) 대법원 2000. 5. 26. 선고 98두6531.
91) 대법원 2012. 11. 29. 선고 2010다93790 판결.

라. 법원은 필요하다고 인정한 때에는 공공기관, 학교, 그 밖에 상당한
    설비가 있는 단체 또는 외국의 공공기관에 감정을 촉탁할 수 있고,
    지정한 사람으로 하여금 감정서를 설명하게 할 수 있으므로(제341
    조), 이를 활용하는 것도 좋다.

감정신청

사   건   2016가합1007   손해배상(자)
원   고   박두만
피   고   박인석

위 사건에 관하여 원고 소송대리인은 아래와 같이 감정을 신청합니다.

1. 신체감정할 사람의 표시
    성   명 : 박두만(朴頭滿)
    생 년 월 일 : 1979. 5. 10.
    등록기준지 : 이천시 고담동 25
    주   소 : 서울 영등포구 여의대로12길 345

2. 감정인
    피감정인의 노동능력 상실의 내용, 정도 등을 감정할 수 있는 전문의 자격을 가진 의사(정형외과 및 성형외과에서 같이 감정할 수 있도록 하여 주시기 바랍니다).

3. 신체감정할 사항
    별지 기재와 같음.

---

92) 민사실무 I , 259-261면 참조.

4. 입증취지

　　원고 박두만이 2016. 4. 3. 입은 상해로 인한 노동능력 상실 정도 등에 관하여 입증하고자 함.

2016. 11. 23.

원고 소송대리인 변호사 김갑동

서울중앙지방법원 제15민사부 귀중

감정할 사항

피감정인 박두만이 2016. 4. 3. 입은 상해와 관련하여

1. 치료가 종결된 여부
2. 향후치료가 필요하다면 그 치료의 내용과 치료기간 및 소요치
   료비 예상액
3. 원고에게 특별한 개호인을 붙일 필요가 있는지 여부, 있다면
   개호인을 붙여야 할 기간과 개호인 비용(개호인 업무내용이
   도시일용 보통인부가 담당할 수 있는 것일 때는 그 취지를 기
   재요망)
4. 원고가 휠체어, 의족 등 보조구를 필요로 할 때에는 보조구의
   소유 개수와 개당 수명 및 그 단가
5. 위의 상해가 원고의 평균수명에 영향이 있는지 여부, 있다면
   예상되는 여명의 단축기간
6. 치료(예상치료의 경우 포함) 종결상태를 기준으로 하여 원고에
   게 정신 및 육체적 노동능력의 감퇴가 예상되는지의 여부
7. 노동능력 감퇴가 예상되는 경우에
 (1) 원고가 중등학교 교사 직업에 계속 종사할 수 있는지의 여
     부, 종사할 수 있다면 그에 대한 노동능력의 상실정도(%로
     표시)
 (2) 원고가 도시 또는 농촌 일용노동자(보통인부)로 종사하는 경
     우 그 노동능력 상실의 정도(%로 표시)

IV. 서증

1. 서증의 개념

서증이란 문서를 열람하여 그에 기재된 의미내용을 증거자료로 하기 위한 증거조사 또는 그 증거방법을 말한다. 문서를 대상으로 하더라도 그 기재내용이 아니라 문서의 존재, 외형, 현상 등을 증거자료로 하는 경우에는 서증이 아니라 검증이 된다. 서증은 문서를 법정에서 읽어 내려가는 등의 방법으로 증거조사 하는 것이 아니라 제출한 문서에 대하여 상대방에게 인부하게 하고 증거채택결정을 하는 방법으로 증거조사를 행한다.

2. 문서의 인부

가. 성립의 인부에는 기본적으로 성립인정, 부인, 부지의 세 가지가 있다. 작성명의자가 작성한 것이 아닐 경우에는 부인, 작성명의자가 작성을 하였는지 여부를 모르는 문서의 경우에는 부지로 답한다. 문서의 진정성립에 관하여 상대방이 부인 또는 부지로 답변하여 다투는 경우에는 그 문서에 기재된 사실에 관하여 입증 책임이 있는 당사자가 이를 입증하여야 한다.

나. 공문서와 사문서가 결합되어 있거나 다수의 작성명의자가 있는 경우로서 그 일부만 인정하고 나머지를 다투는 때에는 "공성부분 성립인정, 사성부분 부인(또는 부지)", "작성명의자 갑 부분은 성립인정, 을 부분은 부인(또는 부지)"로 답한다. 상대방이 내용증명 우편물로 보내고 이를 증거로 제출한 경우에는 "공성부분 및 수령사실 인정, 나머지 부분 부지"으로 하나 뒷문구는 적을 필요 없다.

다. 상대방이 제출한 문서가 자기에도 유리한 증거가 도는 경우에는 "성립인정, 이익으로 원용"이라고 하고 문서의 성립은 인정하되 제출자의 주장에 부합하는 그 문서의 내용은 수긍할 수 없는 경우에는 내용을 다툰다는 분명하게 보여주기 위하여 "성립인정, 입증취지 부인"으로 기재하기도 한다.

라. 서증의 인부는 신중하게 하여야 한다. 문서의 진정성립을 인정한 경우에는 주요사실에 대한 재판상의 자백과 마찬가지로 이를 철회할 수 없고, 반대로 무턱대고 부인 또는 부지로 다투면 고의나 중대한 과실로 진실에 반하여 문서의 진정을 다툰 것으로 보아 과태료의 제재를 받을 수가 있다(제363조).

마. 문서의 진정성립 추정과 관련하여, 인영은 인정하면서 날인행위를 부인하는 경우에는 "인영부분만 인정"이라고 하고, 백지문서에 서명 또는 날인만 하였고 나중에 내용이 채워졌을 때에는 "서명사실만 인정", "날인사실만 인정"으로 한다.

3. 서증의 신청(4가지 방법)

가. 소지문서의 제출(제343조 전단)

서증으로 제출하는 문서는 원본, 정본 또는 인증 있는 등본을 제출하는 것이 원칙이나 상대방이 원본의 존재나 성립을 인정하고 사본으로서 원본에 갈음하는 것에 대하여 이의가 없는 경우에는 사본을 원본에 갈음하여 제출할 수 있고, 이 경우 그 원본이 제출된 경우와 동일한 효과가 생긴다.

나. 문서제출명령신청(제343조 후단).

다. 문서송부촉탁신청(제352조)

법원에 신청한다. 문서제출명령의 대상이 되지 않아 제출의무가 없는 경우에 사용. 법원, 검찰청, 기타 공공기관이 보관하고 있는 기록의 불특정한 일부에 대해서도 할 수 있다. 인증등본송부촉탁도 같은 형태임. 문서가 법원으로 오면 당사자는 자기에게 유리한 부분을 사본하여 서증으로 제출하여야 비로소 증거자료가 된다(상대방에게도 부본을 주어야 한다).

라. 법원 외 서증조사(제297조)

제3자가 가지고 있는 문서를 문서제출명령신청이나 문서송부촉탁에 의하여 서증으로 신청할 수 없거나 신청하기 어려운 사정이 있는 때에는 법원은 그 문서가 있는 장소에서 서증의 신청을 받아 조사할 수 있다. 기소중지 등 미완결사건은 검찰청에서 법원의 문서송부촉탁에 응하지 않으므로 판사가 직접 방문하는 서증조사를 하여야 한다. 서증조사가 끝나면 신청인은 서증으로 신청한 문서의 사본을 법원에 제출하여야 한다(상대방에게도 부본을 주어야 한다).

문서제출명령 신청

사   건   2016가합46750 부동산소유권이전등기말소 등
원   고   황두갑
피   고   이승구

위 사건에 관하여 원고 소송대리인은 아래와 같이 문서제출명령
을 하여 줄 것을 신청합니다.

1. 문서의 표시 및 소지자
   피고가 소지하고 있는,
 가. 원고와 피고 사이에 2014. 5. 6. 체결한 금전소비대차계약
     서 1통
 나. 원고와 피고 사이에 2014. 5. 15. 체결한 서울 서대문구 응
     암동 129-5 대 370㎡에 관한 매도증서 1통
 다. 원고가 피고에게 교부한 위 대지에 관한 약정서 1통

2. 문서의 취지
    2014. 5. 6. 원고가 피고로부터 500만 원을 차용하였을 때
   이 사건 부동산을 양도담보로 제공하였는데, 위 각 문서는
   원고가 피고에게 동 원금 및 이자를 완제하였을 때에는 즉
   시 소유권을 반환한다는 특약이 기재되어 있는 문서입니다.

---

93) 민사실무Ⅰ, 277-278면.

3. 입증취지

　　이 사건 부동산은 피고의 주장과 같이 대물변제로 소유권을 이전한 거시 아니라 양도담보로 제공한 사실을 입증하고 합니다.

4. 문서 제출의무의 원인

　　위 문서는 원·피고 사이의 법률관계에 관하여 작성된 것으로 피고가 소지하고 있습니다.

2016. 5. 10.

원고 소송대리인 변호사 김공평 (인)

서울중앙지방법원 제8민사부 귀중

문서송부촉탁 신청

사   건   2017가합201 소유권이전등기말소 등
원   고   조원길
피   고   김수동

위 사건에 관하여 원고 소송대리인은 아래와 같이 문서송부촉탁을 하여 줄 것을 신청합니다.

1. 송부촉탁할 기관
   서울중앙지방법원 강남등기소

2. 문서의 표시
   서울 강남구 신사동 219 대 198.4㎡에 관하여 위 등기소 2016. 3. 6. 접수 제23916호로 한 소유권이전등기의 등기신청서류 일체

3. 입증취지
   위조 서류에 의하여 소유권이전등기가 되었음을 입증하고자 함

2017. 4. 15.
원고 소송대리인 변호사 김공평 (인)

서울중앙지방법원 제8민사부 귀중

---

94) 민사실무 I , 279면.

서증조사 신청

사   건   2016가합90903 손해배상(기)
원   고   김대길
피   고   박인석

위 사건에 관하여 원고 소송대리인은 아래와 같이 법원 밖 서증조사를 신청합니다.

1. 문서 보관 기관
   서울남부지방법원(민사과)

2. 서증조사할 목적물
   서울지방법원 남부지원 2015고단303호 피고인 박인석에 대한 업무상중실화 사건 형사소송기록 일체

3. 입증취지
   이 사건 화재가 피고의 고의 또는 중대한 과실에 의한 것임을 입증하고자 함.

2016. 5. 10.
원고 소송대리인 변호사 김공평

서울중앙지방법원 제8민사부 귀중

---

95) 민사실무 I , 280면.

Ⅴ. 검증

1. 검증의 의의

검증이란 법관이 시각·청각 등 오관의 작용에 의하여 직접적으로 사물의 성상·현상을 검사하여 그 결과를 증거자료로 하는 증거조사방법을 말한다.

2. 검증절차

가. 원칙적으로 당사자의 신청에 의한다. 신청의 방법은 서증의 신청에 관한 규정이 준용된다(제366조). 따라서 검증목적물의 제출방법은 서증신청과 마찬가지이다. ① 자기가 소지하는 물건을 직접 제출하는 방법, ② 법원에 대하여 물건의 소지인인 상대방이나 제3자에게 그 물건을 제출하도록 명령을 발하여 달라고 신청하는 방법, ③ 법원에 대하여 물건의 소지인인 개인이나 관공서·회사 등 기관에게 그 물건을 법원에 송부하도록 촉탁하여 달라고 신청하는 방법, ④ 법원이 검증목적물이 있는 장소에 나가 검증하여 달라고 하는 방법. 이에 의하여 제출된 검증목적물에 대하여는 "검갑 제1호증", "검을 제1호증"으로 표시한다.

나. 현장검증 시에 사진기 및 줄자 등을 법원이 준비하지 못할 경우에 대비하여 신청자가 준비할 필요가 있다. 또한 검증 시에 현장에서 소송대리인이 검증대상에 관하여 진술할 필요가 있는데 주장할 내용이 많거나 정리하기 어려운 경우 사전에 "검증현장에서의 주장 요지서"나 "검증 목적물에 대한 설명서" 등을 미리 준비하여 검증시 제출할 필요가 있다.

검증신청

사　　건　　2016가합30217 가건물철거 등

원　　고　　김대길

피　　고　　박인석

위 사건에 관하여 원고 소송대리인은 아래와 같이 검증을 신청합니다.

1. 검증 장소
   서울 서대문구 홍제동 230

2. 검증의 목적물
   위 검증 장소에 있는 이 사건 토지 및 지상 건물 등

3. 검증에 의하여 명확하게 하려는 사항
   피고가 점유·사용하고 있는 가건물의 위치 및 설치상황

2016. 4. 25.

원고 소송대리인 변호사 김공평

서울중앙지방법원 제13민사부 귀중

검증 및 감정 신청

사   건   2016가합10077 손해배상(기)
원   고   박두만
피   고   송만식

위 사건에 관하여 원고 소송대리인은 아래와 같이 검증 및 감정을 신청합니다.

1. 검증
 가. 검증목적물
   서울 서초구 사평대로11길 123 소재 원고 소유 건물 및 위 건물 서쪽에 인접하여 피고가 건축 중인 건물

 나. 검증할 사항
  1) 원고 소유 건물의 경사·파손의 위치, 정도
  2) 원고 소유 건물의 지반이 내려앉은 상황
  3) 피고의 건축 현장 현황, 지하 굴착 정도 등

 다. 입증취지
   피고의 이 사건 건물 신축공사에 의하여 원고 소유 건물이 소장 청구원인 제3항 기재와 같이 손괴된 사실

2. 감정
 가. 감정목적물 : 서울 서초구 사평대로11길 123 지상 목조 기와지붕 단층 주택 120㎡

나. 감정할 사항

위 감정 목적 건물의 파손부분을 원상대로 복구하고 내려앉은 지반을 원상복구하기 위한 방법 및 그 경비, 원상회복이 불가능하다면 이로 인하여 건물이 감가된 가액

다. 감정인 : 전문자격을 가진 자 중에서 귀 법원이 지정한 자

라. 입증취지

원고 소유 건물의 지반 및 파손부분을 원상대로 복구하기 위한 방법 및 그 비용 등을 입증하고자 합니다.

2016. 5. 10.
원고 소송대리인 변호사 김공평

서울중앙지방법원 제15민사부 귀중

Ⅵ. 조사의 촉탁

1. 의의

법원은 공공기관·학교, 그 밖의 단체·개인 또는 외국의 공공기관에게 그 업무에 속하는 사항에 관하여 필요한 조사 또는 보관 중인 문서의 등본·사본의 송부를 촉탁할 수 있다(제294조). 예를 들면 모년 모월 모일 모 지방에서의 강우량을 기상대에 조사 보고하도록 촉탁하거나, 과거의 상품시세를 상공회의소에 조사 보고하도록 촉탁하거나, 금융거래정보나 과세정보를 금융기관 또는 세무공무원에 대하여 제출하도록 요구하는 것 등으로 실무상으로 **사실조회**라고 한다.

2. 절차

조사촉탁은 당사자의 신청 또는 법원의 직권으로 할 수 있다(제140조 제1항). 조사촉탁의 결과를 증거로 함에는 법원이 변론기일에 제시하여 당사자에게 의견 진술의 기회를 주어야 한다. 유리한 당사자는 이를 원용하면 족하고 서증으로 제출할 필요는 없다.

사실조회 신청

사　건　　2018가합10125 손해배상(기)
원　고　　강길성 외 12명
피　고　　한국산소 주식회사

위 사건에 관하여 원고들 소송대리인은 아래와 같이 사실조회를
신청합니다.

1. 사실조회의 목적
　　2012년 피고 회사 공장이 설치된 후 그 공장에서 흘러나오는
　　폐유에 의하여 원고들 소유 논의 벼농사 수확량이 소장 청구
　　원인 제3항 기재와 같이 감소된 사실을 입증하기 위함.

2. 조회할 기관
　　국립농산물검사소

3. 조회할 사항
　　경기도 화성시 봉담읍 517 인근 논(중등답)의 2015년부터
　　2017년까지 100㎡당 연간 벼수확량

2018. 5. 10.
원고들 소송대리인 변호사 김공평

수원지방법원 제8민사부 귀중

Ⅶ. 증거보전

1. 의의

증거보전이란 소송계속 전 또는 소송계속 후에 있어서 소송절차 내에서 본래의 증거조사를 행할 기일까지 기다리자면 그 증거방법의 조사가 불가능하거나 또는 곤란하게 될 사정이 있는 경우에 어떤 사실에 관한 증거를 미리 조사하여 두었다가 소송의 증거로 사용하기 위한 증거조사방법을 말한다. 예를 들면 증인으로 될 자가 죽음에 임박하거나 해외에 이주하고자 하는 경우, 건축공사 수급인이 기성공사대금을 청구하는 경우에 공사의 계속 진행으로 증거물의 현상이 멸실 내지 변경될 우려가 있는 경우, 의료사고와 관련하여 위·변작 전 의무기록의 확보 등에 이러한 증거조사가 허용된다.

2. 절차

증거보전의 신청은 소 제기 후에는 그 증거를 사용할 심급의 법원에, 소 제기 전이나 소 제기 후라도 급박한 경우에는 신문을 받을 사람이나 문서를 가진 사람의 거소 또는 검증 목적물의 소재지를 관할하는 지방법원에 서면으로 하여야 한다.

증거보전은 원칙적으로 당사자의 신청에 의하지만 예외적으로 법원이 직권으로 결정할 수 있다(제379조).

증거보전 신청

신 청 인   곽대식(590218-1945673)
               서울 종로구 통의로 132
               대리인 변호사 김공평
상 대 방   한충일(650421-1675435)
               서울 서대문구 불광로 137

신청인 대리인은 증거보전을 위하여 아래와 같이 증인신문을 하여줄 것을 신청합니다.

1. 증명할 사실
   신청인이 상대방으로부터 2015. 3. 7. 별지 목록 기재의 물건을 대금 9,200만원에 매수한 사실

2. 증인의 표시
   성   명 구철회(281125-1536721)
   주   거 서울 서대문구 연희로 132, 1102호(세브란스 병원)
   ※ 위 증인은 현재 위암으로 위 병원에 입원 중이므로 임상 신문을 하여 주시기 바랍니다.

3. 증인신문사항
   별지 기재와 같음

4. 증거보전의 사유

---

96) 민사실무Ⅰ, 293-294면.

가. 신청인은 2015. 3. 7. 상대방에게서 별지 목록 기재 물건을 매수하고 그 대금까지 지급하였으나(입금증 참조), 상대방이 매매사실을 부인하며 그 인도를 거절하므로 상대방을 상대로 하여 인도청구의 소를 제기하려 합니다.

나. 위 매매계약은 위 증인의 중개 및 입회로 이루어져 위 증인이 유일하게 그 내용을 알고 있습니다.

다. 그런데 위 증인은 2016. 2. 20. 위암 말기 진단을 받고 위 병원에 입원 중인바, 최근 그 병세가 악화되어 곧 사망할지도 모르므로 조속히 신문을 하여 두지 아니하면 본안소송에서 증인신문을 할 수 없게 될 사정이 있습니다.

소명방법

1. 입금증	1통	
2. 진단서	1통	

첨부서류

1. 위 소명방법	1통	
2. 소송위임장	1통	

2016. 5. 10.

신청인 대리인 변호사 김공평

서울서부지방법원 귀중

Ⅷ. 항소·상고

1. 항소제기절차 및 항소장 기재사항

가. 항소의 제기는 판결서가 송달된 날부터 2주 이내에 하여야 하며, 판결서 송달 전에도 할 수 있다(제396조 제1항). 위 2주일의 기간은 불변기간이며(제2항), 제1심 판결이 송달된 다음날로부터 기산하여 기간의 말일의 종료로써 만료된다.

나. 항소장에는 ①당사자와 법정대리인, ②제1심 판결의 표시, ③ 제1심 판결에 대한 항소의 취지를 반드시 기재하여야 하고(제397조 제2항), 인지를 붙여야 한다.
　　당사자표시는 항소인과 피항소인의 성명과 함께 주소를 기재하여야 하고 법정대리인이 있는 경우에는 이를 표시하여야 한다.
　　항소장에 제1심 판결의 표시를 하도록 하는 것은 불복대상 판결을 명백히 하기 위한 것으로, 보통 제1심 법원, 사건번호, 사건명, 선고일자, 주문 등을 기재하면 된다.

다. 항소취지는 제1심에서 원고 전부승소판결이 선고된 경우에는 "원판결을 취소한다. 원고의 청구를 기각한다. 소송비용은 제1, 2심 모두 원고의 부담으로 한다."라는 방식으로 기재한다. 제1심에서 원고 일부 승소 시에 피고 항소의 경우에 "원 판결 중 피고 패소 부분을 취소한다. 원고의 청구를 기각한다. 소송비용은 제1, 2심 모두 원고의 부담으로 한다."는 식으로 기재한다.

항 소 장

원고(항소인)   1. 이 갑 수 (680324-1874629)
             대구 수성구 수성동 1가 73 OOO타운 102동 701호
             2. 김 병 식 (690425-1893456)
             대구 수성구 수성동 1가 73 OOO타운 101동 1005호
             3. 오 정 일 (700512-1887979)
             대구 달성군 가창면 OO리 788

피고(피항소인)   삼우 비산4동 재건축조합
             대구 서구 비산동 1120-2
             대표자 조합장 김 상 경

위 당사자 간의 대구지방법원 2018가합3694 양수금 청구사건에
관하여, 동 법원에서 2019. 1. 5. 판결을 선고하였는바, 원고들
소송대리인은 동 판결에 대하여 모두 불복이므로 이에 항소를 제
기합니다.
(항소인들은 2019. 1. 15. 위 판결정본을 송달받았습니다.)

제1심판결[97)의 표시

1. 원고들의 청구를 기각한다.
2. 소송비용은 원고들의 부담으로 한다.

항 소 취 지

1. 제1심판결을 취소한다.
2. 피고는 원고들에게 9억 원 및 이에 대하여 2016. 2. 25.부터
   이 사건 소장 송달일까지는 연 5%의, 그 다음날부터 다 갚을
   때까지는 연 15%의 각 비율에 의한 돈을 지급하라.
3. 소송비용은 제1, 2심 모두 피고의 부담으로 한다.[98)

4. 위 제2항은 가집행할 수 있다.

라는 판결을 구합니다.

항 소 이 유

1. 원심법원은, 소외 주식회사 우삼건설이 2014. 7.경부터 2015. 12.경까지 사이에 소외 박성호 외 24인으로부터 그들 소유의 대구 서구 비산동 315의 29 공장용지 3,005㎡외 34필지의 토지를 매수한 뒤 재건축사업의 편의상 피고 명의로 소유권이전등기를 마쳤다고 판시하여 위 소외회사가 위 각 부동산을 매수한 뒤(즉 위 부동산을 소외회사가 실질적으로 소유하면서) 피고에게 명의신탁 하여 피고 명의로 소유권이전등기를 마친 것으로 보고 있습니다. 그러나 원 판결은 아래에서 보는 바와 같은 이유로 부당하므로 마땅히 파기되어야 할 것입니다.

2. 현행법 하에서 명의신탁등기의 효력에 관하여
   … 이하 생략 …

3. 이상과 같은 이유로 원 판결은 취소되어야 합니다.

첨부서류

1. 항소장 부본   1통
2. 납부서   1통

2019. 2. 25.
위 원고들의 소송대리인 변호사 이 열 변(인)

대구고등법원 귀중

---

97) '원 판결'이라고도 표시한다.
98) '소송총비용은 피고가 부담한다.'라고도 표시한다.

2. 상고

가. 상고심은 법률심이므로 상고제기는 사실심 법원의 판결에 법령 위배가 있다는 주장에 바탕을 두어야 한다. 당사자는 상고심에서는 새로운 사실관계 주장이나 증거신청을 할 수 없다. 상고이유는 일반적 상고이유(제423조)와 절대적 상고이유(제424조)로 구분되는데, 모두 '판결에 영향을 미친' 헌법·법률·명령 또는 규칙에 관한 '해석상 과오'와 '법령적용의 과오'가 있어야 하는 것이다. 사실인정의 과오는 상고이유가 될 수 없지만 실제에 있어서는 법령적용의 과오와의 관계에서 구별이 힘들다. 대법원판례는 자유심증주의 원칙상 논리법칙, 경험법칙 위배나 채증법칙 위배 또는 사실심 법원의 심리미진 등을 법령위배로 보아 상고이유가 된다는 입장이다.

나. 상고이유를 기재함에는 원 판결의 어느 점이 어떻게 법령에 위배되었는지를 알 수 있도록 명시적이고 구체적인 위배의 사유를 적어 내야 한다. 구체적인 법령의 조항 또는 내용, 절차위반의 사실을 표시하여야 하고, 절대적 상고이유의 경우에는 해당 조항 및 이에 해당하는 사실을, 판례위반을 주장하는 때에는 그 판례를 구체적으로 명시하여야 한다(규칙 제129조, 제131조).

다. 상고심 절차는 항소심 절차의 규정을 준용한다(제425조). 상고심 절차는 항소심 종국판결정본을 송달받은 날로부터 2주 내에 원심(제2심)법원에 상고장 제출→소송기록접수통지(제426조)→소송기록 접수통지 받은 날로부터 20일 이내 상고이유서 제출→상고요건인 심리속행사유의 심사→상고이유의 심리 순으로 진행된다. 상고인이 제출기간 내에 상고이유서를 제출하지 아니한 때에는 직권조사사항이 있는 경우가 아니면 상고심법원은 변론 없이 상고를 기각하여야 한다(제429조). 상고장 제출 시에는 그 시간이 촉박하여 상고 이유 기재를 생략하고 '추후 제출하겠습니다.'는 문구를 기재하는 경우가 많다. 소송기록 접수통지를 받은 날로부터 20일 이내에 상고이유서를 제출하면 되기 때문이다.

라. 상고절차에 관한 특례법은 심리불속행제도를 두어 같은 법 제4조 제1항에 해당하는 사유를 포함하고 있지 않다고 인정되는 때에는 더 나아가 심리를 하지 않고 판결로 상고를 기각하도록 하고 있다. 심리속행여부의 결정은 원심법원으로부터 상고기록을 송부받은 날로부터 4월을 시한으로 하고 있다. 상고장의 기재사항은 항소장에 준하되, 인지액은 소장의 2배이다.

상 고 장

원고(피상고인)   이 명 현(580924-1767582)

　　　　　　　　　　서울 영등포구 신길2동 369

피고(상고인)   나 시 민(610424-1689372)

　　　　　　　　　　서울 강서구 목동 448

위 당사자간 서울고등법원 2018나4789 양수금 사건에 관하여,
동 법원에서 2019. 1. 9. 판결을 선고하였는바 피고는 동 판결에
대하여 불복이므로, 이에 상고를 제기합니다.
(피고는 2019. 1. 22. 위 판결정본을 송달받았습니다)

원 판결의 표시

1. 원 판결을 취소한다.
2. 피고는 원고에게 돈 2억 5,000만 원 및 이에 대한 2017. 5.
   10.부터 다 갚는 날까지 연 15%의 비율에 의한 돈을 지급하라.
3. 소송비용은 1, 2심 모두 피고의 부담으로 한다.
4. 제2항은 가집행할 수 있다.

상 고 취 지

원 판결을 파기하고 상당한 재판을 구합니다.

상 고 이 유

1. 절대적 상고이유

원 판결절차에 관여하고 원 판결에 서명날인 한 판사 한심해
는 이 사건의 제1심 판결절차에도 관여하였고 동 판결에 서명
날인 하였습니다.

따라서 원 판결은 민사소송법 제424조 제1항 제2호가 규정하
는 법률에 따라 판결에 관여할 수 없는 판사가 판결에 관여한
때에 해당하므로 마땅히 파기되어야 할 것입니다.

2. 채증법칙위배 등

(1) 원 판결은 아래에서 보듯이 증거의 취사선택 및 증거조사결
과에 대한 증명력의 판단에 있어서 사회정의와 형평의 이념에
반하고 논리와 경험법칙에 반하는 사실인정을 하여 자유심증
주의에 관한 민사소송법 제202조 규정을 위배하였음이 명백하
므로 마땅히 파기되어야 할 것입니다.

(2) (이하 생략)

첨 부 서 류

1. 상고장 부본   1통
2. 납부서   1통

2019. 2. 11.

상고인 나 시 민 (인)

대법원 귀중

제4장
보전처분 관련 법문서

제4장 보전처분 관련 법문서

제1절 보전처분 개관

Ⅰ. 보전처분의 개념

1. 보전처분의 의의

(1) 민사소송절차는 상당한 시일이 소요될 뿐만 아니라 집행권원을 얻었다고 하더라도 그것이 기한부 또는 조건부일 경우에는 집행이 개시될 수 없다. 따라서 그 사이에 채무자가 집행목적물을 처분·은닉하거나 다툼의 대상이 멸실·처분되는 등의 사실상 또는 법률상 변경이 생기게 되면 채권자는 민사소송에서 승소하기 위하여 많은 시간과 노력 및 경제적 비용을 소비하고도 권리의 실질적 만족을 얻지 못할 수도 있다.

(2) 이러한 결과를 방지하기 위해서는 확정판결을 받기 전에 미리 채무자의 일반재산이나 다툼의 대상의 현상을 동결시켜 두거나 임시로 잠정적인 법률관계를 형성시켜 두는 조치를 취하여 나중에 확정판결을 얻었을 때 그 판결의 집행을 용이하게 하고 그때까지 채권자가 입게 될지도 모르는 손해를 예방할 수 있는 수단이 필요하게 되는데, 이러한 수단으로서 강구된 것이 바로 보전처분이다.

2. 보전처분의 종류

(1) 민사집행법상 보전처분에는 가압류와 가처분이 있고, 가처분에는 다시 다툼의 대상에 대한 가처분과 임시의 지위를 정하기 위한 가처분이 있다.

(2) 가압류는 금전채권을 위한 보전처분으로서 앞으로 집행의 대상이 될 수 있는 재산을 임시로 압류해 두는 조치이고, 다툼의 대

상에 관한 가처분은 비금전채권의 집행을 보전하기 위하여 현재
의 상태를 유지시키도록 하는 보전처분이며, 임시의 지위를 정
하기 위한 가처분은 권리관계에 관하여 다툼이 있는 경우 그 다
툼이 해결될 때까지 현재의 권리관계를 유지하여서 지금 당장의
위험을 방지하고자 하는 보전처분이다.

II. 보전처분의 구조

보전처분절차는 두 단계의 구조로 되어 있다. 즉 신청의 당부를 심
리하여 보전명령을 내릴지 여부를 판단하는 보전소송절차(보전명령
절차)와 법원이 내린 보전명령을 집행권원으로 하여 그 내용을 강
제적으로 실현하는 보전집행절차가 그것이다. 이는 통상의 판결절
차와 강제집행절차의 구별에 대응하는 것이다. 다만 보전명령은 즉
시 집행하지 않으면 목적을 달성할 수 없는 것이므로 양자의 관계
는 통상의 소송과 집행의 관계에 비교하면 훨씬 더 밀접하다.

III. 보전처분의 특성

1. 잠정성

(1) 보전처분은 소송물인 권리 또는 법률관계의 확정을 목적으로 하
는 것이 아니고, 판결의 확정시까지 현재의 권리 또는 법률관계
를 잠정적으로 확보해두거나 이에 대하여 임시적인 규율을 하는
조치이므로 잠정적 처분이다.

(2) 임금지급가처분, 건물인도단행가처분과 같은 이른바 단행적 가처분
은 외관상 권리의 실현을 가져오는 것과 같은 형태를 취하고 있으
나, 이 또한 임시적인 것에 지나지 않아 직접 본안청구권 자체를
만족시키는 것이 아니므로 단행적 가처분이 있더라도 제소명령이

있으면 본안소송을 제기해야 하고, 만일 본안소송에서 가처분신청인이 패소하면 가처분 집행 전의 상태로 원상회복시켜야 한다.

2. 긴급성(신속성)

(1) 보전처분은 민사소송절차를 진행하면서 초래되는 시간적 경과로 인한 피해를 방지하려는 것이 가장 중요한 목적이므로 그 보전소송절차와 보전집행절차에서 신속성이 요구된다.

(2) 이를 위하여 보전명령 발령 시 필요적 변론이 아닌 임의적 변론에 의하게 하고, 판결 아닌 결정의 형식으로 재판하며, 증명대신 소명에 의하도록 하였으며, 원칙적으로 집행문을 요구하지 아니하고 일정한 기간이 경과하면 집행할 수 없는 집행기간제도를 두었고, 보전명령의 송달 전에도 집행할 수 있도록 하였다.

3. 밀행성

(1) 보전처분은 채무자측의 고의적인 집행방해에 대비하여 채무자에게 알려지기 전에 비밀리에 진행하는 것이 합목적적이므로 서면심리로 끝내거나 보전처분의 송달 전에도 이를 집행할 수 있도록 하였다.

(2) 다만 채무자에 대한 절차보장을 고려하여 임시지위를 정하기 위한 가처분의 경우에는 가처분의 목적을 달성할 수 없는 경우를 제외하고는 변론기일 또는 채무자가 참석할 수 있는 심문기일을 열도록 하였다. 이 규정은 재판의 적정을 완전히 희생시키면서까지 밀행성을 지켜야 하는 것은 아니라는 점을 근거로 한다.

4. 부수성

(1) 보전처분은 권리관계를 확정하는 본안소송의 존재를 예정한 부수적 절차이므로 본안소송에서 얻을 수 있는 권리범위를 초과하

는 보전처분은 있을 수 없다.

(2) 또한 제소명령을 어기고 본안소송을 제기하지 않으면 보전처분이 취소될 수 있고, 가압류가 집행된 뒤에 3년간 본안의 소를 제기하지 않으면 보전처분을 취소할 수 있으며, 본안소송에서 채권자 패소의 판결이 나면 사정변경을 이유로 보전명령을 취소할 수 있게 하였다. 관할의 경우에도 가압류할 물건이나 다툼의 대상이 있는 곳을 관할하는 지방법원과 더불어 본안의 관할법원에 전속하도록 하였다.

5. 자유재량성

(1) 보전절차에 있어서는 긴급성·밀행성과 재판의 적정이라는 서로 상충되는 두 개의 요구를 개개의 사건에서 구체적으로 조화시킬 목적으로 심리방법에 대하여 법원에 많은 재량을 주고 있다. 즉 변론을 거칠 것인가, 서면심리에 의할 것인가, 소명만으로 발령할 것인가, 담보를 제공하게 할 것인가, 담보를 제공하는 경우에 담보의 종류와 범위는 어떻게 할 것인가 등은 모두 법원의 자유재량에 의한다(단, 임시의 지위를 정하는 가처분의 경우는 예외).

(2) 또한 당사자의 신청취지에 반하지 않는 한 구체적으로 어떤 처분이 확정판결을 보전하기 위하여 적절한 것인가의 결정은 법원의 재량에 맡겨져 있다. 다만 보전처분에 있어서도 민사소송의 대원칙인 처분권주의가 적용되므로 당사자의 신청취지에 반하는 결정을 할 수 없다. 예컨대 당사자가 부동산의 가압류를 구하였는데 동산의 가압류를 명하거나, 건물의 처분금지가처분만을 구하였는데 이를 인도하도록 명하는 것은 불가능하다.

제2절 가압류신청서

Ⅰ. 작성방법

(1) 가압류는 금전채권이나 금전으로 환산할 수 있는 채권, 즉 피보전채권의 집행을 보전하기 위하여 채무자의 일반재산의 감소를 방지할 목적으로 행해지는 보전처분이므로 가압류하기 위해서는 먼저 피보전채권이 존재해야 하는데, 피보전채권은 금전채권 또는 금전으로 환산할 수 있는 채권이어야 한다. 그러나 피보전채권은 가압류신청 당시 확정적으로 발생되어 있어야 하는 것은 아니고, 이미 그 발생의 기초가 존재하는 한 조건부채권이나 장래에 발생할 채권도 된다(민사집행법 제276조 제2항). 집행대상이 되는 재산의 종류에 따라 크게 부동산가압류, 유체동산가압류, 채권가압류, 항공기·선박·자동차·건설기계에 대한 가압류, 그밖의 재산권[99])에 대한 가압류로 구별한다.

(2) 가압류는 보전의 필요성(민사집행법 제277조)이 있어야 하는데, 채무자에게 재산이 충분히 있음이 소명된 때에는 가압류의 필요성은 인정되지 않는다.

(3) 가압류신청에 대한 재판은 결정으로 하는데, 부당한 가압류로 채무자가 손해를 입지 않도록 법원은 보통 가압류결정 전에 가압류 신청인에게 일정한 기간을 정하여 손해담보로 일정액의 돈을 공탁하도록 하거나 공탁보증보험증권을 제출하도록 하고 있다. 따라서 공탁보증보험증권을 제출하고자 하면 신청서에 담보제공방법에 대한 기재를 하는 것이 좋다. 다만 이를 기재하지 않았다 하더라도 잘못된 신청서는 아니고, 법원은 이 경우 현금공탁을 하게 하면 된다.

---

99) 지식재산권, 각종 회원권 등.

Ⅱ. 작성례

1. 부동산가압류신청서

부동산 가압류 신청

채권자   박 선 봉(000000-0000000)
　　　　　서울 송파구 가락동 123

채무자   이 상 후(000000-0000000)
　　　　　서울 강남구 반포동 234

청구채권의 표시 금 30,000,000원(2013. 1. 15.자 매매대금의 잔금)
가압류할 부동산의 표시 별지 목록 기재 부동산과 같음

신 청 취 지

채권자가 채무자에 대하여 가지고 있는 위 채권의 집행보전을 위
하여 채무자 소유의 별지 목록 기재 부동산을 가압류한다.
.라는 재판을 구합니다.

신 청 이 유

1. 채권자는 2013. 1. 15. 채무자에게 채권자 소유의 별지 목록
   기재 부동산을 대금 60,000,000원에 매도하는 매매계약을 체
   결하였습니다.
2. 위 계약에 따라 채권자는 같은 달 20. 채무자에게 위 부동산에 관
   한 소유권이전등기를 경료하여 주고 위 매매대금의 지급을 요구하
   였더니, 채무자가 그날 30,000,000원만 주고 나머지 30,000,000
   원은 같은 해 2. 28.까지 지급연기를 요청하여 이를 연기하여 주

었습니다. 그런데 채무자는 위 연기된 지급기일이 경과하였음에도 불구하고 이를 지급하지 않고 있으므로 현재 채권자는 채무자를 상대로 하는 매매대금 청구의 소를 준비 중에 있습니다.

3. 채무자는 채권자에 대한 위 채무 이외에도 타에 많은 채무를 부담하고 있어 지급능력이 없을 뿐만 아니라 가지고 있는 재산도 전부 타에 처분하여 채무 면탈을 획책하고 있으며, 채무자 소유의 유일한 부동산인 채권자로부터 매수한 위 부동산 또한 타에 전매하고자 하고 있습니다. 그렇게 되면 후일 채권자가 채무자를 상대로 한 본안 소송에서 승소한다 하더라도 집행할 재산이 없게 될 우려가 있으므로 그 집행보전을 위하여 이 사건 가압류신청을 합니다.

4. 담보의 제공은 보증보험회사와 지급보증위탁계약을 체결한 문서를 제출하는 것으로 갈음하는 것을 허가하여 주시기 바랍니다.

소명방법 및 첨부서류

1. 매매계약서	1통
1. 지불각서	1통
1. 최고서	1통
1. 등기사항증명서	1통

2013. 3. 21.

위 채권자 박 선 봉 (인)

서울중앙지방법원 귀중

2. 유체동산가압류신청서

유체동산가압류신청

채 권 자 ○○○

○○시 ○○구 ○○길 ○○(우편번호 ○○○-○○○)

전화.휴대폰번호:

팩스번호, 전자우편(e-mail)주소:

채 무 자 ◇◇◇

○○시 ○○구 ○○길 ○○(우편번호 ○○○-○○○)

전화.휴대폰번호:

팩스번호, 전자우편(e-mail)주소:

청구금액의 표시

금 ○○○○**원정**(20○○. ○. ○.자 약속어음금)

신 청 취 지

  채권자는 채무자에 대한 위 청구채권의 집행을 보전하기
위하여 위 채무자 소유의 유체동산을 가압류한다.
라는 재판을 구합니다.

신 청 이 유

1. 채무자는 20○○. ○. ○. 채권자에게 액면 금 ○○○원, 지급

기일 20○○. ○. ○. 발행지 및 지급지는 모두 ○○시, 지급
장소는 ○○은행 ○○지점으로 된 약속어음 ○매를 발행.교부
하고, 채권자가 정당한 소지인으로서 만기에 지급제시 하였으
나 순차로 모두 지급거절 하였습니다.

2. 채권자는 위 어음금을 지급 받기 위하여 여러 차례 채무자를
   방문하였으나 계속 연기할 뿐 아니라 채무자의 재산상태와 신
   용악화로 채무자가 재산처분을 진행하고 있는바, 채권자가 신
   속히 채무자의 유체동산이라도 가압류하지 않으면 후일 본안
   소송의 승소판결을 얻어도 집행이 불가능하게 될 것이 명백하
   므로 부득이 이 사건 신청에 이른 것입니다.

3. 담보제공에 관하여는 민사집행법 제19조 제3항, 민사소송법
   제122조에 의하여 보증보험주식회사와 지급보증위탁계약을 맺
   은 문서를 제출하는 방법으로 담보제공을 할 수 있도록 허가
   하여 주시기 바랍니다.

첨 부 서 류

1. 소갑 제1호증(약속어음)　　　　○통
1. 가압류신청진술서　　　　　　　1통
1. 송달료납부서　　　　　　　　　1통

20○○. ○. ○.

위 채권자 ○○○ (서명 또는 날인)

○○지방법원　귀중

3. 채권가압류신청서

채권가압류신청

채 권 자 ○○○

　　　　　○○시 ○○구 ○○길 ○○(우편번호 ○○○-○○○)

　　　　　전화.휴대폰번호:

　　　　　팩스번호, 전자우편(e-mail)주소:

채 무 자 ◇◇◇

　　　　　○○시 ○○구 ○○길 ○○(우편번호 ○○○-○○○)

　　　　　전화.휴대폰번호:

　　　　　팩스번호, 전자우편(e-mail)주소:

제3채무자 ◈◈◈

　　　　　○○시 ○○구 ○○길 ○○(우편번호 ○○○-○○○)

　　　　　전화.휴대폰번호:

　　　　　팩스번호, 전자우편(e-mail)주소:

청구채권의 표시

금 10,000,000원(20○○. ○. ○.자 시멘트 매매대금)

가압류할 채권의 표시

별지 제1목록 기재와 같습니다.

신 청 취 지

1. 채무자의 제3채무자에 대한 별지 제1목록 기재의 채권을 가압류한다.
2. 제3채무자는 채무자에게 위 채권에 관한 지급을 하여서는 아니 된다.

라는 결정을 구합니다.

신 청 이 유

1. 채권자는 채무자에 대하여 20○○. ○. ○. 금 10,000,000원 상당의 시멘트를, 변제기를 20○○. ○. ○○.로 약정하고 판매하였으나 채무자는 변제기에 이르러서도 이를 지급하지 않고 있습니다.
2. 채권자는 채무자에 대하여 물품대금청구의 소를 제기하고자 준비중이나, 채무자는 다른 사람에게도 많은 채무를 부담하고 있고, 제3채무자에 대하여 가지는 공사대금채권 외에는 다른 재산이 없어 지금 가압류를 해두지 않으면 나중에 승소판결을 얻더라도 집행을 할 수 없으므로 집행보전을 위하여 이 사건 신청을 하게 되었습니다.
3. 이 사건에 대한 담보제공은 공탁보증보험증권(■■보증보험주식회사 증권번호 제○○호)을 제출하는 방법으로 할 수 있도록 허가하여 주시기 바랍니다.

소 명 방 법

1. 소갑 제1호증   물품수령증
1. 소갑 제2호증   통고서(내용증명우편)

첨 부 서 류

1. 위 소명방법   각 1통
1. 가압류신청 진술서   1통
1. 송달료납부서   1통

20○○. ○. ○.

위 채권자 ○○○ (서명 또는 날인)

○○지방법원 귀중

[별 지 1]

가압류할 채권의 표시

금 10,000,000원

채무자가 제3채무자로부터 수급하여 시행한 제3채무자의 ○○시 ○○구 ○○길 ○○에 있는 신축중인 건물에 대한 공사대금채권 가운데 위 청구채권에 이를 때까지의 금액. 끝

제3절 가처분신청서

Ⅰ. 작성방법

1. 다툼의 대상에 관한 가처분

(1) 채권자가 금전 이외의 물건이나 권리를 대상으로 하는 청구권의 보전을 위해 그 물건이나 권리의 현상을 유지하는 것을 목적으로 행해지는 가처분의 신청서에는 먼저 그 가처분으로 보전 받을 권리, 즉 피보전권리가 무엇인지에 대해 명확히 기재하여야 하고, 가처분의 대상이 되는 물건이나 권리의 현상을 어떤 방법으로 유지시켜야 할 것인지에 대해 간결하면서도 명확하게 기재하여야 한다.

(2) 가처분은 다툼의 대상이 되는 물건이나 그 권리의 현상이 바뀌면 당사자가 권리실행을 못하거나 실행하는 것이 매우 곤란할 염려가 있을 경우에 할 수 있는 것이므로(민사집행법 제300조 제1항) 이러한 가처분신청서에는 보전의 필요성에 대해 자세히 표시하여야 한다.

2. 임시의 지위를 정하기 위한 가처분

(1) 임시의 지위를 정하기 위한 가처분은 다툼이 있는 권리관계, 특히 계속하는 권리관계에 대하여 채권자에게 끼칠 현저한 손해를 피하거나 급박한 위험을 막기 위하여, 또는 그 밖에 필요한 이유가 있을 경우에 발령하는 가처분이다(민사집행법 제300조 제2항).

(2) 이 가처분은 가압류나 다툼의 대상에 관한 가처분과 달리, 장래의 집행불능 또는 곤란을 피하기 위한 보전수단이 아니라 권리

관계에 다툼이 있음으로써 채권자에게 생길 현재의 위험 및 지위의 불안정을 잠정적으로 배제할 목적의 가처분으로서 현재의 위험에 대한 보전수단이다. 따라서 보전의 필요성도 장래의 집행불능·곤란이 아니라 본안판결까지의 지연으로 인한 위험이다.

(3) 이러한 유형의 가처분은 매우 다양하나, 크게 직무집행정지·직무대행자선임가처분, 종업원의 지위보전가처분과 같은 임의의 이행을 구하는 가처분, 본안판결에서 승소하기 전에 집행권원에 기한 강제집행과 동일한 결과를 일시적으로 실현시킬 것을 목적으로 하는 가처분인 만족적 가처분 등으로 대별할 수 있다.

Ⅱ. 작성례

1. 다툼의 대상에 관한 가처분

가. 점유이전금지 가처분신청서

부동산 처분금지가처분 신청

채 권 자   이진수(000000-0000000)
            서울 송파구 문정동 345
채 무 자   박병덕(000000-0000000)
            서울 서초구 서초동 567

목적물의 표시   별지 목록 기재와 같다.
피보전권리의 내용   2013. 1. 5. 매매를 원인으로 한 소유권이
                 전등기청구권
목적물의 가격   금 50,000,000원

신 청 취 지

채무자는 별지 목록 기재 부동산에 대하여 양도, 저당권·전세권·
임차권의 설정 기타 일체의 처분행위를 하여서는 아니 된다.
라는 재판을 구합니다.

신 청 이 유

1. 별지 목록 기재 부동산은 원래 채무자 소유의 부동산이었는
   바, 2013. 1. 5. 채권자가 금 50,000,000원에 매수하기로 하
   고, 같은 날 계약금으로 금 5,000,000원을 지급하고 같은 해
   2. 5. 중도금으로 금 25,000,000원을 지급하되, 잔금은 같은
   해 2. 28.에 소유권이전등기에 필요한 서류와 상환으로 지급하

기로 약정하였습니다.

2. 그 후 채권자는 2013. 2. 5.에 중도금 25,000,000원을 지급하고, 다시 같은 달 28.에 잔금 20,000,000원을 채무자에게 제공하면서 소유권이전등기에 관한 서류 일체를 달라고 하였는바, 채무자는 잔대금의 수령을 거절하고 위 부동산의 시가가 계약 당시보다 현저하게 상승하였으니 계약 당시의 매매대금 50,000,000원 외에 금 20,000,000원을 더 주지 않으면 계약을 해제하겠다고 하면서 이전등기에 필요한 서류를 주지 않으므로, 채권자는 위 잔대금 20,000,000원을 같은 날 서울중앙지방법원 공탁공무원에게 변제공탁하였습니다.

3. 채권자는 채무자를 상대로 소유권이전등기 청구의 소를 준비 중에 있는바, 최근 들리는 소문에 의하면 채무자는 위 부동산을 타에 다시 매도할 것을 획책하고 매수자를 물색 중에 있다고 합니다. 따라서 만일 채무자가 이중매도를 하여 다른 사람에게 소유권이전등기를 넘겨주게 되면 뒷날 채권자가 본안소송에서 승소한다 하더라도 집행불능 상태가 될 우려가 있으므로 이 사건 가처분신청에 이르렀습니다.

4. 담보의 제공은 보증보험회사와 지급보증위탁계약을 체결한 문서를 제출하는 것으로 갈음하는 것을 허가하여 주시기 바랍니다.

소 명 방 법

1. 부동산등기사항증명서(토지및건물)	2통
1. 토지대장등본, 건축물관리대장	각 1통
1. 매매계약서	1통
1. 영수증(계약금, 중도금)	1통
1. 공탁서	1통
1. 진술서	1통

첨 부 서 류

1. 위 각 소명서류	9통

1. 납부서   1통

2013. 3. 15.
위 채권자 이 진 수 (인)

서울중앙지방법원 귀중

[별 지]

부동산의 표시

○○시 ○구 ○○동 ○○○-○○

[도로명주소] ○○시 ○○구 ○○로 ○○지상

철근콘크리트조 슬래브지붕 4층 근린생활시설 및 주택

1층 ○○○.○○㎡(근린생활시설)

2층 320.92㎡(근린생활시설)

3층 ○○○.○○㎡(근린생활시설)

4층 ○○○.○○㎡(주택)

지하실 1층 ○○.○○㎡(근린생활시설)

중 2층 320.92㎡(근린생활시설). 끝.

나. 부동산 처분금지가처분 신청서

부동산 처분금지가처분 신청

채 권 자   이진수(000000-0000000)
               서울 송파구 문정동 345
채 무 자   박병덕(000000-0000000)
               서울 서초구 서초동 567

목적물의 표시   별지 목록 기재와 같다.
피보전권리의 내용   2013. 1. 5. 매매를 원인으로 한 소유권이
전등기청구권
목적물의 가격   금 50,000,000원

신 청 취 지
채무자는 별지 목록 기재 부동산에 대하여 양도, 저당권·전세권·
임차권의 설정 기타 일체의 처분행위를 하여서는 아니 된다.
라는 재판을 구합니다.

신 청 이 유
1. 별지 목록 기재 부동산은 원래 채무자 소유의 부동산이었는
바, 2013. 1. 5. 채권자가 금 50,000,000원에 매수하기로 하고,
같은 날 계약금으로 금 5,000,000원을 지급하고 같은 해 2. 5.
중도금으로 금 25,000,000원을 지급하되, 잔금은 같은 해 2. 28.
에 소유권이전등기에 필요한 서류와 상환으로 지급하기로 약정하
였습니다.

2. 그 후 채권자는 2013. 2. 5.에 중도금 25,000,000원을 지급하
고, 다시 같은 달 28.에 잔금 20,000,000원을 채무자에게 제공하
면서 소유권이전등기에 관한 서류 일체를 달라고 하였는바, 채무

자는 잔대금의 수령을 거절하고 위 부동산의 시가가 계약 당시보다 현저하게 상승하였으니 계약 당시의 매매대금 50,000,000원 외에 금 20,000,000원을 더 주지 않으면 계약을 해제하겠다고 하면서 이전등기에 필요한 서류를 주지 않으므로, 채권자는 위 잔대금 20,000,000원을 같은 날 서울중앙지방법원 공탁공무원에게 변제공탁하였습니다.

3. 채권자는 채무자를 상대로 소유권이전등기 청구의 소를 준비 중에 있는바, 최근 들리는 소문에 의하면 채무자는 위 부동산을 타에 다시 매도할 것을 획책하고 매수자를 물색 중에 있다고 합니다. 따라서 만일 채무자가 이중매도를 하여 다른 사람에게 소유권이전등기를 넘겨주게 되면 뒷날 채권자가 본안소송에서 승소한다 하더라도 집행불능 상태가 될 우려가 있으므로 이 사건 가처분신청에 이르렀습니다.

4. 담보의 제공은 보증보험회사와 지급보증위탁계약을 체결한 문서를 제출하는 것으로 갈음하는 것을 허가하여 주시기 바랍니다.

소 명 방 법

    1. 부동산등기사항증명서(토지및건물)　　2통
    1. 토지대장등본, 건축물관리대장　각 1통
    1. 매매계약서　　　　　　　　　　　　1통
    1. 영수증(계약금, 중도금)　　　　　　1통
    1. 공탁서　　　　　　　　　　　　　　1통
    1. 진술서　　　　　　　　　　　　　　1통

첨 부 서 류

    1. 위 각 소명서류　　　　　　　　　　9통
    1. 납부서　　　　　　　　　　　　　　1통

2013. 3. 15.

위 채권자   이 진 수 (인)

서울중앙지방법원 귀중

2. 임시의 지위를 정하기 위한 가처분

가. 공사중지 가처분신청서

공사중지 가처분 신청서

신 청 인   ○ ○ ○(-   )
　　　　　　　○○시 ○○구 ○○○길 ○○○
　　　　　　　전화번호 :

피신청인   1. □ □ □(-   )
　　　　　　　　○○시 ○○구 ○○길 □□□
　　　　　　2. □□ 건설 주식회사
　　　　　　　　○○시 ○○구 ○○길 □□□
　　　　　　　　대표이사 □□□

목적물 가액　　금○○○○○○원

목적물의 표시

별지기재와 같음

피보전권리의요지

신청인의 소유권에 기한 방해배제청구권 및 손해배상 청구권

신 청 취 지

1. 피신청인들은 별지목록기재 부동산에 대한 지하굴착공사를 하

여서는 아니 된다.

2. 집행관은 위 취지를 적당한 방법으로 공시하여야 한다.

3. 담보제공은 채권자와 ○○보증보험주식회사간에 체결한 지급보증위탁계약 문서 의 제출에 의한다.

4. 신청비용은 피신청인들의 부담으로 한다.

라는 재판을 구합니다.

신 청 이 유

1. 신청인은 ○○시 ○○구 ○○○동 ○○○ 대지상 연와조 스라브위 기와지붕 지상 1,2층 각 110.76평방미터, 지하실 25.08평방미터(이하 이 사건 건물이라고 한다)의 소유자이며, 피신청인 1.은 이 사건 건물과 인접한 같은동 □□□ 대 275.6평방미터의 소유자입니다.

2. 피신청인 1.은 20○○. ○. 초순경 ○○구청장으로부터 피신청인 1.명의로 건축허가를 받아 위 지상에 지하1층, 지상4층 건평 821.14평방미터의 주거용 근린생활시설을 세우기 위하여 피신청인 2.와 건축도급계약을 체결하였고, 피신청인 2.는 장비를 동원하여 이 사건 건물의 지층으로부터 근접한 거리에서 굴토작업을 하고 있습니다.

3. 위 굴토공사후인 20○○. ○. 16:00경부터 굴토면에 접한 이 사건 건물의 담장이 약 13내지 15미터 가량 붕괴되고, 위 담장과 이 사건 건물사이의 폭 약 1미터의 시멘트바닥이 약 10센티미터 침하되면서 이 사건 건물의 내,외벽 및 바닥에 수많은 균열이 발생하게 된 사실이 있습니다.

4. 위 지하굴착작업을 시행하게 되면 지하수 및 토사가 유출되거나 진동이 발생되고 이에 따른 인접지반의 교란에 의한 부동침하나 진동의 전달로 인하여 인접지 건물에 균열을 발생시키

거나 심한 경우에는 붕괴에 이르게 할 위험성이 불구하고 피신청인들은 이를 방지하기 위한 제반안전조치를 취하지 아니한채 굴토면에 콘크리트기둥을 설치하는 씨.아이.피공법을 사용하여 지하 약 4미터 깊이로 굴토공사를 강행하고 있습니다.

5. 이 사건 건물과 인접대지에서 공사를 시행하는 피신청인들로서는 위와 같은 지하굴토작업을 할 경우 위와 같은 위험 이 당연히 예상되므로 사전에 지하수 및 토사유출방지를 위하여 흙막이 시공을 철저히 하고 지반이 동요되지 않도록 받침대를 세우거나 진동전달 방지를 위한 안전조치를 취하여야 할 주의의무가 있음에도 이를 게을리 하고 공사를 진행하고 있어, 이는 신청인의 수인의 한도를 넘는 것이라고 할 것입니다.

6 .따라서, 신청인은 피신청인들을 상대로 소유권방해배제청구의 소와 발생된 손해에 대해 손해 배상 청구의 소제기를 준비 중입니다. 그러나, 재판 받기 까지는 상당한 시일이 소요되고 피신청인이 공사를 강행하고 있으므로 피신청인의 위 공사를 방치 한다면 신청인은 건축물 붕괴 등으로 신체 및 생명 그리고 금전상 막대한 손해를 입을 것이 명백하므로 시급히 공사중지를 할 필요성이 있어 본안 소송에 앞서 이건 신청에 이르게 되었습니다.

7. **이 사건 담보제공은 보증보험회사와 체결한 지급보증위탁계약체결문서의 제출에 의할 수 있도록 허가하여 주시기 바랍니다.**

첨 부 서 류

1. 부동산등기사항전부증명서	1통
1. 진정서	1통
1. 토지대장등본	1통
1. 사진	1통

1. 현장약도	1통
1. 주민등록표등본	1통
1. 법인등기사항전부증명서	1통

20 . . .

위 신청인 ○ ○ ○

○○지방법원   귀중

나. 직무집행정지 가처분신청서

후견인 직무집행정지 및 직무대행자 선임 사전처분

신 청 인　　○ ○ ○ (전화　　　　　　)
　　　　　　주민등록번호
　　　　　　주소
　　　　　　사건본인과의 관계

사건본인　　○ ○ ○
　　　　　　주민등록번호(외국인등록번호)
　　　　　　주소
　　　　　　등록기준지(국적)

후 견 인　　○ ○ ○ (전화번호)
　　　　　　주민등록번호
　　　　　　주소

청 구 취 지

1. ○○가정법원 2013느단0000호 ○○후견인변경청구 사건의 심
   판이 확정될 때까지 피신청인의 사건본인에 대한 ○○후견인
   으로서의 직무집행을 정지한다.
2. 사건본인의 ○○후견인 직무대행자로 ○○○(주민등록번호
   　　, 주소　　　　　　)을 선임한다.
라는 결정을 구합니다.

청 구 원 인

1. 신청인은 ○○가정법원에 2013느단0000호로 ○○후견인변경 청구 사건의 심판을 청구하였습니다.

2. 후견인 ○○○은 선임된 후

.... 등의 행위를 하고 있기 때문에 사건본인의 복리를 위하여 후견인의 변경을 청구했으나 변경심판이 효력을 발생하기까지 후견인 ○○○이 이대로 계속 관리를 한다면 사건본인에게 회복하기 어려운 불이익을 초래할 우려가 있습니다.

3. 이에 후견인 ○○○의 직무집행을 정지하고 직무대행자 선임을 신청하는 바입니다.

4. 직무집행자의 권한범위 관련한 의견
   □기존 후견인과 동일한 권한을 갖길 원함
   □직무집행자의 권한범위를 새로 정하길 원함(이 경우 별지 체크리스트 활용)

5. 사건본인의 직무대행자로는 ○○○를 추천합니다. (또는 가정 법원이 적임자를 선임해 주시기 바랍니다.)

직무대행자 후보자	성명	
	주소	
	주민등록번호	
	직업	
	사건본인과의 관계	

첨 부 서 류

1. 가족관계증명서 및 기본증명서(신청인, 사건본인,
직무대행자후보자)   각 1통
2. 주민등록등본(사건본인)   1통
3. 사건본인의 후견등기사항증명서(말소 및 폐쇄사항 포함) 1통
4. 직무대행자후보자의 후견등기사항증명서(말소 및 폐쇄사항
포함), 후견등기사항 부존재증명서   각 1통
(후견등기사항이 없는 경우에는 후견등기사항부존재증명서만
제출)
5. 신청인 및 직무대행자후보자와 사건본인과의 관계를 밝혀줄
제적등본, 가족관계증명서 등   각 1통
(제1항의 가족관계증명서만으로는 그 관계를 알 수 없는 경우)
6. 기타 (소명자료)   ○통

2013 . ○. ○.

위 청구인 ○ ○ ○   (인)

○○가정법원   귀중

다. 가처분집행해제 신청서

가처분집행해제 신청서

신 청 인(채권자)　　　이백두
　　　　　　　　　　서울 용산구 동부이촌동 765
피신청인(채무자)　　　윤도암
　　　　　　　　　　서울 서초구 반포3동 543

　위 당사자 사이의 귀원 2013카합123 부동산처분금지가처분 사건에 관하여 신청인은 아래 부동산에 대한 가처분집행의 해제를 신청합니다.
　부동산의 표시 : 서울 서초구 반포3동 543 대 150m2

2013. 3. 30.
신청인(채권자)　이 백 두(인)

서울중앙지방법원 귀중

제4절 보전처분에 대한 채무자의 구제방법

I. 가압류결정에 대한 이의신청

가압류신청을 인용한 결정에 대하여 채무자는 가압류를 발령한 법원에 이의신청을 할 수 있다(민사집행법 제283조 제1항). 이의신청은 가압류소송절차에서는 채무자에게 주장·입증을 행할 기회가 제대로 보장되어 있지 않으므로 동일 심급에서 재심리의 기회를 부여하는 것으로서, 채무자를 보호하기 위한 중요한 구제수단이다.

가압류결정에 대한 이의신청서

가압류 결정에 대한 이의신청

채권자   박 희 주
            서울 송파구 가락동 123

채무자   이 범 송
            서울 강남구 대치동 456

신 청 취 지

1. 위 당사자 사이의 서울중앙지방법원 2013카단1102 유체동산 가압류 신청사건에 관하여 2013. 3. 30. 위 법원에서 한 유체동산가압류결정을 취소한다.
2. 채권자의 이 사건 가압류신청을 기각한다.
3. 소송비용은 채권자의 부담으로 한다.
라는 재판을 구합니다.

신 청 이 유

1. 채권자는 신청취지 기재 가압류결정에 의하여 채무자의 유체동산에 대하여 가압류 집행을 하였습니다.

2. 채권자의 가압류신청 이유에 의하면, 채무자가 채권자에게 2012. 12. 15. 발행한 액면 금 5,000,000원 짜리 약속어음의 변제기가 도래하여 채무자에게 그 지급제시를 하였음에도 불구하고 이를 지급하지 않고 있으며, 채무자는 유체동산 이외에는 달리 재산이 없는데다가 위 채무를 면탈할 목적으로 주거를 옮길 우려가 있으므로 위 채권의 집행보전을 위하여 가압류 신청을 한다고 하였습니다.

3. 채무자가 위 일자에 위 약속어음 1매를 채권자에게 발행한 것은 사실이나, 위 약속어음채권은 다음 사유에 의하여 그 권리가 소멸하였습니다. 즉, 채무자는 위 약속어음을 발행한 후인 2013. 1. 15. 채권자에게 금 2,000,000원을 지급하였고, 나머지 금 3,000,000원에 관하여는 2013. 5. 30. 까지 그 지급을 유예하기로 합의가 성립되어, 채무자는 액면 금 3,000,000원, 지급기일 2013. 5. 30.로 된 새로운 약속어음을 채권자에게 발행하여 줌으로써 이 사건 약속어음은 새로 발행한 위 약속어음으로 대체된 것입니다.

   채무자가 이와 같이 새로 어음을 교부하면서 먼저 발행한 약속어음의 반환을 요구하자, 채권자는 분실을 이유로 반환하지 아니하고 앞으로 그 어음이 발견되는 즉시 반환하거나 소각하겠다고 굳게 약속하였고, 그래서 이를 믿고 새로운 약속어음을 재발행한 것입니다.

4. 채무자는 현재 주거지에 채무자 명의의 주택과 대지 등 많은 재산을 소유하고 지속적인 영업행위를 영위하는 중이므로 주거를 옮길 우려가 있다는 채권자의 주장 또한 부당합니다.

   이상의 이유로 이 사건 가압류결정은 부당하므로 그 취소를 구하기 위하여 이의신청을 합니다.

   2013. 1. 15. 채무자에게 채권자 소유의 별지 목록 기재 부동산

을 대금 60,000,000원에 매도하는 매매계약을 체결하였습니다.

소 명 방 법

1. 유체동산가압류집행조서등본   1통
1. 일부 변제 영수증   1통
1. 진술서(잔액유예증명)   1통
1. 부동산등기등본(토지, 건물)   1통

첨 부 서 류

1. 위 소명서류   5통

2013. 4. 10.

위 채무자 이 범 송 (인)

서울중앙지방법원 귀중

Ⅱ. 제소기간의 경과로 인한 취소신청서

1. 제소명령신청서

가. 제소명령 신청서

제소명령 신청서

신 청 인(채무자)   이형산
　　　　　　　　　　　서울 서초구 서초동 123
피신청인(채권자)   석소담
　　　　　　　　　　　서울 강남구 압구정동 45

　위 당사자들간 귀원 2012카단23012 부동산처분금지가처분 신청 사건에 관하여, 귀원에서 2013. 1. 16. 가처분결정을 하였으나, 채권자는 아직도 본안소송을 제기하지 아니하고 있으므로 상당한 기간 내에 소를 제기할 것을 채권자에게 명하여 주시기 바랍니다.

2013. 3. 22.
신청인(채무자) 이 형 산 (인)

서울중앙지방법원 귀중

나. 취소신청서

가처분결정취소신청

신청인(채무자)　　　이형산
　　　　　　　　　　서울 서초구 서초동 123
피신청인(채권자)　　석소담
　　　　　　　　　　서울 강남구 압구정동 45

신 청 취 지

1. 위 당사자 사이의 귀원 2012카단23012 부동산처분금지가처분 사건에 관하여 귀원이 2012. 12. 15.자로 한 가처분결정은 이를 취소한다.
2. 소송비용은 피신청인의 부담으로 한다.
라는 재판을 구합니다.

신 청 이 유

1. 피신청인(채권자)은 신청인을 상대로 2012. 12. 15. 귀원 2012카단23012 부동산처분금지가처분결정을 받아 그 무렵 가처분집행을 하였습니다.
2. 그런데 피신청인이 본안소송을 제기하지 아니하여 신청인이 2013. 1. 22. 귀원에 본안의 제소명령을 신청하였고, 이에 귀원에서 같은 달 23. 제소명령을 발하였는바, 피신청인은 위 제소명령에서 정한 기간이 지나도록 본안소송을 제기하지 아니하므로 위 가처분결정을 취소하여 주시기 바랍니다.

첨부 : 제소명령 사본 1부

2013. 3. 13.
신청인(채무자) 이형산 (인)

서울중앙지방법원 귀중

2. 사정변경으로 인한 취소신청서

가압류결정취소신청

신청인(채무자)　　　이 연 사
　　　　　　　　　　성남시 분당구 이매동 456

피신청인(채권자)　　박 희 주
　　　　　　　　　　서울 송파구 가락동 123

제3채무자　　　　　목초우
　　　　　　　　　　서울 서초구 서초동 170

신 청 취 지

1. 위 당사자 사이의 서울중앙지방법원 2013카단101 채권가압류
   신청사건에 관하여 같은 법원에서 2013. 1. 9.에 한 가압류결
   정을 취소한다.
2. 소송비용은 피신청인의 부담으로 한다.
라는 재판을 구합니다.

신 청 이 유

1. 피신청인은 신청인에 대한 공사대금 3,000,000원에 대한 집행
   보전을 위하여 귀원으로부터 신청취지 기재 가압류결정을 얻어
   신청인의 제3채무자에 대한 채권을 가압류하였습니다.
2. 위 가압류 집행 후 신청인은 위 가압류 집행의 해제를 구하기 위
   하여 그 동안의 법정이자 6개월분 37,500원을 합한 3,037,500원
   을 피신청인에게 지급하고자 하였는바, 피신청인은 가압류 집행
   후 주거지를 옮겨 그 신거주지를 알 수 없으므로 부득이 귀원에
   변제공탁하였습니다(공탁번호 2013금제563).
3. 따라서 피신청인의 신청인에 대한 위 피보전채권이 소멸함으로

써 가압류 당시의 사정이 변경되었으므로, 민사집행법 제288조 제1항 제1호에 따라 위 가압류의 취소를 신청합니다.

소 명 방 법

1. 채권가압류결정등본   1통
1. 불거주증명   1통
1. 공탁서   1통

첨 부 서 류

1. 위 소명서류   1통

2013. 4. 26.
신청인(채무자) 이연사 (인)

서울중앙지방법원 귀중

제5장

가사사건 관련 법문서

제5장 가사사건 관련 법문서

제1절 가사사건의 개념

Ⅰ. 가사사건의 의의

가사사건이란 가정법원이라는 특수법원이 특별한 소송절차에 따라 심리 및 재판을 하도록 정한 사건을 말한다.[100]

Ⅱ. 가사사건의 범위

1. 가사소송법이 정한 가사사건

가사사건은 가사소송사건과 가사비송사건으로 크게 나뉘는데, 다시 전자는 가류·나류·다류로, 후자는 라류·마류로 분류된다(가사소송법 제2조).[101]

가사소송사건을 내용상으로 가족관계사건과 재산관계사건으로 나누면, 가류·나류는 가족관계 가사소송사건이고 다류는 재산관계 가사소송사건에 해당한다.

라류는 상대방이 없는 가사비송사건이고, 마류는 상대방이 있는 가사비송사건이다.

2. 다른 법령에 의한 가사사건

다른 법률이나 대법원규칙에서 가정법원의 권한으로 정한 사항에 대한 심리와 재판도 가정법원의 전속관할에 속한다. 이러한 사건에 대한 절차는 법률이나 대법원규칙에 따로 정하는 경우를 제외하고는 상대방이 없는 가사비송사건의 절차에 따른다(제2조 제2·3항

---

100) 가사재판연구, 사법연수원, 3면.
101) 이하 조문만 표시하는 것은 가사소송법을 말한다.

).[102] 여기에는 ① 부재선고 등에 관한 특별조치법 제6조에 따른 부재선고 또는 그 취소, ② 입양특례법에 따른 국내외 입양의 허가·취소·파양, ③ 혼인신고특례법 제2조에 따른 전사자와의 혼인관계 확인, ④ 보호시설에 있는 미성년자의 후견직무에 관한 법률 제3조 제3항에 따른 고아 아닌 미성년자의 후견인지정 허가 등이 있다.

---

102) 민법 제836조에 따른 협의이혼의사 확인사건은 가정법원의 관할에 속하지만 이는 가족관계등록법 제75조에 따라 처리되는 '비송사건'이고 가사비송사건이 아니다.

제2절 가사사건의 진행과정

Ⅰ. 사건의 개시

가사소송사건은 소장을, 가사비송사건은 심판청구서를 가정법원에 접수함으로써 절차가 개시된다. 그 이후의 진행절차는 다음과 같은 순서로 이뤄지는 것이 보통이다.

Ⅱ. 사실조사절차

가정법원이 가류 또는 나류 가사소송사건을 심리할 때에는 직권으로 사실조사 및 필요한 증거조사를 하여야 하며(제17조), 가사비송사건도 가정법원이 직권으로 사실의 탐지와 필요하다고 인정하는 증거의 조사를 하여야 한다(제34조, 비송사건절차법 제11조). 이러한 사실조사를 위하여 가사조사관을 두며(제6조), 가사조사관은 재판장, 조정장 또는 조정담당판사의 명을 받아 사실을 조사하고 조사보고서를 작성하여 제출한다(가사소송규칙 제8조~제13조).

Ⅲ. 조정절차

나류 및 다류 가사소송사건과 마류 가사비송사건에 대하여 가정법원에 소를 제기하거나 심판을 청구하려는 사람은 먼저 조정을 신청하여야 하며, 조정을 신청하지 아니한 경우에는 가정법원은 조정에 회부하여야 한다(조정전치주의; 제50조).

Ⅳ. 재판절차

조정대상이 아닌 사건이나 조정대상 사건이라도 조정이 성립되지 아니한 경우에는 재판절차로 이행한다.

제3절 가사사건 심리의 특징

I. 본인출석주의

1. 의의

가사사건의 절차는 사안을 파악하여 적절하고 타당한 해결책을 찾고, 분쟁의 종국적 해결을 위해서는 당사자의 의사 및 태도가 중요하므로 이를 직접 확인하는 것이 필요하다.[103] 이러한 이유로 가사사건에는 본인출석주의를 채택하고 있다. 즉 기일소환을 받은 당사자 및 관계인은 본인 또는 법정대리인이 출석하여야 한다(제7조, 제66조).

2. 적용범위

본인출석주의가 적용되는 것은 가정법원이 변론기일, 심리기일, 조정위원회 또는 조정담당판사의 조정기일이고, 가사조사관의 사실조사, 가사조정위원의 의견청취 또는 사실조사의 일환으로 당사자 그 밖의 관계인을 소환하는 기일은 이에 해당하지 아니한다.[104]

3. 대리인의 출석과 보조인의 동반

본인출석의무가 있는 당사자 또는 관계인이 기일소환을 받은 경우 특별한 사정이 있을 때에는 재판장 등의 허가를 받아 대리인을 출석하게 할 수 있고 보조인을 동반할 수 있다(제7조 제1항 단서).

---

103) 가사재판연구, 사법연수원, 14면.
104) 위 책, 15면.

Ⅱ. 직권주의

재산관계 가사소송사건을 제외한 가족관계 가사소송사건(가류·나류)은 가정법원이 후견적 입장에서 당사자 사이에 일정한 권리의무를 형성하는 것을 특징으로 한다. 따라서 가정법원이 주도적으로 사실 및 증거조사를 하여야 하고, 가사비송사건에는 경우에 따라 당사자의 처분권을 인정하지 않고 가정법원이 절차의 개시와 진행을 주도하는 것도 필요하다.[105]

Ⅲ. 소송의 집중

1. 소의 객관적 병합

가사사건은 민사소송법(민사소송법 제253조)과는 달리 여러 개의 가사소송사건, 가사비송사건 또는 가사소송사건과 가사비송사건의 청구원인이 동일한 사실관계에 기초하거나 1개의 청구의 당부가 다른 청구의 전제가 되는 경우에는 이를 1개의 소로 제기할 수 있다(제14조 제1항). 이는 전체적으로 보아 하나의 분쟁으로서의 성질을 가지는 수개의 가사사건을 하나의 소송절차에 심리를 집중함으로써 분쟁을 한꺼번에 해결하여 재판의 모순·저촉을 방지하고 소송경제를 도모하기 위한 취지이다.[106]

병합할 사건의 관할법원이 다를 때에는 가사소송사건 중 1개의 청구에 대한 관할권이 있는 가정법원에 소를 제기할 수 있다(제14조 제2항).

2. 가족관계 가사소송사건에의 집중

가족관계 가사소송사건(가류·나류)의 소의 제기가 있고, 그 사건과

---

105) 가족관계 가사소송사건(제17조), 가사비송사건(제34조, 제38조, 비송사건 절차법 제11조).
106) 가사재판연구, 사법연수원, 20~21면.

가사소송법 제14조 제1항의 관계에 있는 재산관계 가사소송사건(다류) 또는 가사비송사건이 각각 다른 가정법원에 계속(係屬)된 경우에는 가족관계 가사소송사건의 수소법원은 직권 또는 당사자의 신청에 의하여 결정으로 재산관계 가사소송사건 또는 가사비송사건을 병합할 수 있다(제14조 제3항).

Ⅳ. 사생활의 보호

가사사건은 가족 또는 친족 사이의 사생활이 분쟁의 원인이 되고 사생활의 비밀보장이 중요하므로 이를 공개하지 아니하고 당사자 사이에 설득과 협의가 이루어져야 할 필요가 있다.

가사비송사건의 경우 사생활 침해의 우려가 크므로 심문은 공개하지 아니한다(제34조, 비송사건절차법 제13조). 가사조정절차는 공개하지 아니할 수 있다(제49조). 가정법원에서 처리 중이거나 처리한 사건에 관하여는 성명·연령·직업 및 용모 등을 볼 때 본인이 누구인지 미루어 짐작할 수 있는 정도의 사실이나 사진을 신문, 잡지, 그 밖의 출판물에 게재하거나 방송할 수 없다(제10조).

Ⅴ. 미성년 자녀의 복리 보호

미성년 자녀의 복리 보호는 가사사건 심리에서 우선하는 이념 중 하나이다. 이를 위해서 가정법원은 미성년자인 자녀가 있는 부부의 혼인의 취소나 재판상 이혼의 청구를 심리할 때에는 그 청구가 인용될 경우를 대비하여 부모에게 친권자로 지정될 사람, 자녀에 대한 양육과 면접교섭권에 관하여 미리 협의하도록 권고하여야 한다(제25조). 가정법원이 위와 같이 친권자 지정 등을 정하는 경우나 이에 대한 배제, 변경 등에 관한 청구가 있는 경우에 자녀가 13세 이상인 때에는 가정법원은 그 자녀의 의견을 들어야 한다(가사소송규칙 제182조의2, 제100조).

Ⅵ. 조정전치주의

가사조정제도는 가사사건의 평화적이고 종국적인 해결을 위한 유효적절한 수단이다. 이에 가사소송법은 나류 가족관계 가사소송사건, 재산관계 가사소송사건(다류), 상대방 있는 가사사건(마류)에 대하여 반드시 소를 제기하거나 심판을 청구하기 전에 먼저 조정을 거치도록 하고, 조정을 거치지 않고 심판을 청구하거나 소를 제기한 경우에는 원칙적으로 조정에 회부하도록 하고 있다(제50조).

Ⅶ. 기판력의 확장

1. 인용판결의 기판력 확장

가족관계 가사소송사건(가류·나류)의 청구를 인용한 확정판결은 제3자에게도 효력이 있다(제21조 제1항).[107]

2. 청구기각판결의 대세효 확장

가족관계 가사소송사건의 청구를 배척한 판결이 확정된 경우에는 다른 제소권자는 사실심 변론종결 전에 참가하지 못한 데 대하여 정당한 사유가 있지 아니하면 다시 소를 제기할 수 없다(제21조 제2항).

---

[107] 민사소송에서 확정판결의 기판력은 당사자 및 이에 준하는 자에 한하여 그 효력이 미침이 원칙이다(민사소송법 제218조).

제4절 가사소송

Ⅰ. 관할

1. 토지관할

가사소송은 가사소송법에 특별한 규정이 있는 경우를 제외하고는 피고의 보통재판적이 있는 곳의 가정법원이 관할한다(제13조 제1항). 그러나 사실상혼인관계부존재확인사건을 제외한 가족관계 가사소송사건 전부에 관한 토지관할에 대하여 전속관할의 특별규정들이 있다(제22조, 제26조, 제30조).

위 원칙 조항에 의한 토지관할은 임의관할이므로 민사소송법상 합의관할, 변론관할에 관한 규정이 모두 적용된다.

2. 사물관할

법원조직법 제40조 제1항 제1호와 '민사 및 가사소송의 사물관할에 관한 규칙' 제3조 제1호 본문에 의하면, 재산관계 가사소송사건 중 소송목적의 값이 2억 원을 초과하는 사건, 상대방이 있는 가사비송사건 중 2억 원을 초과하는 재산분할에 관한 처분, 기여분의 심판, 상속재산분할에 관한 처분, 재산관계 가사소송사건 소송목적의 값과 재산분할에 관한 처분사건의 청구목적의 값을 더한 금액이 2억 원을 초과하는 사건만 가정법원 및 가정법원 지원의 합의부의 관할로 한다.

다만, 합의사건 중에서 단독판사가 심판할 것으로 합의부가 결정한 사건은 단독판사가 심판하고(재정단독사건), 단독판사사건 중에서 합의부가 심판할 것으로 합의부가 결정한 사건은 합의부가 심판한다(재정합의사건).

3. 이송

가정법원은 관할위반이나(제13조 제3항), 현저한 손해 또는 지연을 피하기 위하여(제13조 제4항) 관할법원에 이송하여야 한다.

Ⅱ. 당사자

1. 당사자의 호칭

당사자의 개념이나 호칭은 민사소송의 그것과 같다. 다만 가사사건에 특유한 관계인으로서 사건본인'이라는 지위가 있는데, 당사자는 아니면서 그 소송물이 어떤 특정인의 신분관계에 관한 것인 때에 그 특정인을 사건본인이라고 한다. 예를 들면 아버지를 정하는 소 중 어머니의 배우자가 제소하는 경우에는 어머니와 그녀의 전 배우자만을 피고로 하게 되어(제27조 제3항) 자녀는 자신의 신분관계에 관한 소송인데도 당사자가 되지 못하고, 사건본인이라고 호칭되고 판결에 표시된다.

2. 당사자적격

가족관계 가사소송사건의 경우 혼인취소의 소에 대해서는 민법 제817조 이하가 원고적격을, 가사소송법 제24조가 피고적격을 규정하고, 친생자부존재확인의 소의 경우에는 민법 제865조가 원고적격을, 가사소송법 제28조가 피고적격을 규정하고 있는 등 사실상 혼인관계존부확인의 소를 제외한 각 소송마다 민법 또는 가사소송법에서 당사자적격을 제한하여 규정하고 있다.

반면 재산관계 가사소송사건은 특별히 당사자적격에 관한 규정이 없고, 본질상 민사사건으로서 이행의 소에 해당하므로, 일반 민사소송의 원칙에 따라 자기에게 이행청구권이 있음을 주장하는 자가 원고적격자이고 그로부터 이행의무자로 주장된 자가 피고적격자이다.

3. 소송능력과 소송대리

가. 소송능력

민법상의 제한능력자는 원칙적으로 소송무능력자이므로 법정대리인에 의하지 않고는 가사소송행위를 할 수 없고, 법정대리인이 없거나 대리권을 행사할 수 없을 때에는 특별대리인을 선임하여야 한다. 성년후견심판을 받은 피성년후견인의 소송능력은 원칙적으로 인정되지 않으며, 소송무능력자의 소송행위는 무효이다. 미성년자가 혼인한 후에는 완전한 소송능력을 갖는다.

나. 법정대리

미성년자의 친권자 또는 후견인, 피한정후견인의 한정후견인, 피성년후견인의 성년후견인 등 민법 그 밖의 법률에 따라 법정대리인의 지위에 있는 자는 소송상 법정대리인이 된다.

특별대리인에는 민법의 규정(민법 제847조 제2항, 제921조)에 의한 특별대리인과 민사소송법 제62조에 의한 특별대리인이 있다.

다. 임의대리

원칙적으로 민사소송에서의 그것과 같다(제12조). 원칙적으로 변호사가 아니면 소송대리인이 될 수 없으나, 단독판사가 심판하는 사건은 변호사가 아니더라도 허가를 받아 소송대리를 할 수 있다.

> * 가사사건은 넓은 의미의 민사사건에 포함된다. 또한 가사소송절차는 가사소송법이 특별히 정한 외에는 민사소송법을 따른다(제12조). 따라서 가사소송의 법문서는 기본적으로 민사소송의 법문서와 같다.

제6장
형사법문서

제6장 형사법문서

제1절 형사소송 개관

Ⅰ. 형사소송의 의의

형사소송은 좁은 의미로는 형사사건(범죄)에 대하여 법원이 심판을 행하는 절차로서, 검사가 공소를 제기한 때로부터 재판이 확정되기까지의 절차인 공판절차를 말하고, 넓은 의미로는 공판절차 이외에 공소제기의 전단계인 수사절차와 재판 확정 이후의 단계인 형집행절차를 포함한다.

Ⅱ. 제1심 공판절차의 개관

공판기일의 절차, 즉 제1심 공판절차는 모두(冒頭)절차, 사실심리절차 및 판결선고절차로 구분하여 진행된다.

1. 모두절차

모두절차는 진술거부권의 고지에서 시작하여 인정(人定)신문, 검사의 모두진술, 피고인과 변호인의 모두진술, 재판장의 쟁점정리 및 검사, 변호인의 증거관계 등에 대한 진술의 순서로 진행된다.

2. 사실심리절차

사실심리절차는 증거조사와 피고인신문 및 소송관계인의 의견진술 (최종변론)[108]의 순서로 진행된다.[109] 객관적인 증거자료를 통한

---

[108] 의견진술은 검사의 의견진술(논고와 구형)과 변호인의 최종변론, 피고인의 최후진술로 구분한다.
[109] 피고인의 최후진술이 끝나고 변론을 종결(이를 실무상 結審이라고 한다)하면 판결만을 기다리는 상태에 있게 된다.

심증형성을 도모하기 위해 증거조사를 피고인신문에 앞서 진행하지만, 재판장은 필요하다고 인정하는 때에는 증거조사가 완료되기 전이라도 검사 또는 변호인의 피고인신문을 허가할 수 있고(제296조의2 제1항 단서), 직접 피고인을 신문할 수도 있다.

3. 판결선고절차

판결선고절차는 공판절차의 최종단계인데, 판결의 선고는 변론을 종결한 기일에 하여야 한다. 다만 특별한 사정이 있는 때에는 따로 선고기일을 정할 수 있다.(형사소송법 제318조의4 제1항)[110]

판결의 선고에 의하여 당해 심급(제1심)의 공판절차는 종결되고, 상소기간이 진행된다.

판결의 선고는 반드시 공개하여야 한다(헌법 제109조).

---

110) 이하 조문만을 표시하는 것은 형사소송법을 말한다.

제2절 형사변호인 제도

I. 형사변호인 제도의 의의

형사변호인제도는 헌법상 보장된 국민의 신체의 자유에 대하여 국가기관으로부터 위법한 침해가 있을 경우 국민의 인권보호 특히 피의자와 피고인의 인권보호를 위한 제도이다.[111]

이러한 형사변호인 제도는, 강력한 권한을 가진 검사 등의 국가기관이 열악한 지위에 있는 피의자, 피고인을 체포·구속하는 등의 방법으로 신체의 자유를 침해할 경우, 법률전문가인 변호사가 이를 시정하도록 함으로써 형사사법이 추구하는 실체진실의 발견과 공정한 재판을 실현함에 목적이 있다.

II. 형사변호인의 지위와 역할

1. 보호자적 지위와 역할

변호인이 피의자, 피고인을 돕고 보호할 수 있는 헌법에서 유래한 기본적 지위이다. 따라서 변호인은 피의자, 피고인에게 불이익하게 활동하여서는 안 된다. 이러한 보호자적 지위는 형사소송에서 무기대등의 원칙을 실현하기 위한 것이다. 변호인은 피의자, 피고인의 보호자로서 법적 조언을 하고 증거수집 등의 활동을 하여 피의자, 피고인을 돕는다. 그러나 피의자, 피고인의 단순한 대리인이 아니고 보호자이므로, 변호인은 피의자, 피고인의 정당한 이익을 보호하기 위해서 피의자, 피고인의 의사에 종속되지 않고 독자적이 판단에 따라 활동을 할 수 있는 독립적 지위를 가진다.

---

111) 형사변호실무, 4면.

2. 공익적 지위와 역할

변호인은 기본적으로 피의자, 피고인을 보호해야 하지만, 보호하는 피의자, 피고인의 이익은 정당한 이익에 한정되고, 변호인은 실체진실의 발견과 공정한 재판의 실현에 협력할 의무가 있다.[112] 또한 피의자, 피고인의 권리를 옹호하는 과정에서 형사절차의 적법한 운용을 담보하게 한다. 이러한 변호인의 지위를 공익적 지위라고 한다.

---

[112] 형사변호실무, 5면.

제3절 형사법문서 개관

형사법문서도 민사법문서 못지않게 여러 종류가 있으나, 변호사의 입장에서 취급하는 대표적인 문서에는 공판 전단계에서의 법문서에 고소장, 검찰항고장·재정신청서, 구속적부심사청구서 등이, 공판단계에서의 법문서에 보석허가청구서, 변호인의견서, 변론요지서, 항소장·항소이유서, 상고장·상고이유서 등이 있다. 이 중에서 가장 중요한 법문서는 변론요지서이다. 이는 변호인은 공판절차의 최종단계에서 의견진술을 하는데(협의의 변론; 제303조), 구두변론의 내용을 명확히 하고 이를 보충하는 의미에서 구두변론에 앞서 제출하는 서면이다. 변론요지서는 구두변론 내용이 전부 공판조서에 기재되지 않은 경우 또는 공판기일에서 진술이 제한된 경우(규칙 제145조) 변호인의 주장이나 의견을 기록에 남길 수 있는 필수적인 문서이므로 아주 중요하다.[113] 구속적부심사청구서나 보석허가청구서의 경우 석방요건인 증거인멸 또는 도망의 염려가 없다는 점을 나타내는 것 외에는 그 기재내용은 변론요지서의 기재내용과 같다.

---

113) 권오봉/권혁재/김동호/윤태석, 232면.

제4절 구체적 작성방법

Ⅰ. 고소장

1. 고소의 개요

1) 고소는 범죄의 피해자 또는 그와 일정한 관계에 있는 고소권자가 수사기관에 범죄사실을 신고하여 범인의 처벌을 구하는 의사표시이다.[114] 통상 고소장은 피고소인의 주거지 관할 경찰서 또는 검찰청에 제출한다. 고소인의 주거지 관할 수사관서에 고소장을 제출하는 경우 고소인 조사 후 피고소인의 주거지 관할 수사관서로 이송한다.

2) 고소기간은 친고죄의 경우 범인을 알게 된 날로부터 6월이고, 성범죄는 1년이다. 그 외에는 공소시효기간 내이면 고소할 수 있다.

3) 고소는 제1심 판결선고 전까지 취소할 수 있다. 고소취소의 효력은 다른 공범자에 대해서도 미친다.[115] 공소제기 후 고소의 취소는 법원에 한다.[116] 고소를 취소한 자는 다시 고소하지 못한다. 친고죄나 반의사불벌죄의 경우 고소의 취소가 있으면 검사는 공소권없음, 판사는 공소기각 판결을 한다. 항소심에서는 취소하더라도 양형결정의 요인으로만 작용한다.

4) 고소권자는 피해자가 무능력자인 경우는 법정대리인이고, 피해자가 사망한 경우 배우자, 직계친족, 형제, 자매인데 이 경우에

---

114) 이러한 점에서 단순한 '피해신고'와는 다르다.
115) 다만 공범자에 대한 제1심 판결선고 후의 고소취소는 인정되지 않는다 (대법원 1985. 11. 12. 선고 85도1940 판결).
116) 대법원 2012. 2. 23. 선고 2011도17264 판결.

는 피해자의 명시한 의사에 반하여 고소할 수 없다. 또한 자기 또는 배우자의 직계존속은 고소할 수 없다(제224조: 성폭력범죄의 처벌 및 피해자보호 등에 관한 법률에는 친족관계에 의한 강간 등은 친고죄에 해당되지 아니할 뿐만 아니라 직계존속에 대하여 고소할 수 있다).

5) 대검찰청에서 고소장 표준서식을 개발하여 홍보하고 있으나, 번잡스러워 실제로는 많이 사용되고 있지 아니한 듯하다. 피고소인이 수사결과 혐의없음의 불기소처분을 받게 되면 검사는 자동으로 무고판단을 하게 되어 도리어 고소인이 무고죄로 입건되는 수가 있으므로 고소대리를 하는 경우에는 매우 신중하여야 한다.

6) 고소와 달리, 고발이란 고소권자와 범인 이외의 제3자가 수사기관에 대하여 범죄사실을 신고하여 처벌을 구하는 의사표시이다. 고발은 일반적으로 공공기관이 하는 경우가 많고, 취소 후 재고발이 가능하다.

> * 고소장을 작성할 범죄유형이 엄청나게 많고 고소가 많이 이뤄지고 있지만, 고소는 피해자가 하는 것이므로 변호사가 '고소대리'를 한다는 것은 형사변호인이 피의자, 피고인의 방어권을 보충하는 기본취지에 맞지 않아, 현실에서는 고소장의 작성은 법무사가 하고 제출은 피해자 등 고소권자가 하는 것이 대부분이다. 성범죄 등의 피해자 국선변호사제도도 활발히 활용되는 만큼 앞으로 고소사건에서도 변호사가 적극적으로 참여하는 것이 필요하다.

2. 서식례

1) 표준서식(대검찰청)

고　소　장

(고소장 기재사항 중 * 표시된 항목은 반드시 기재하여야 합니다.)

1. 고소인*

성　명 (상호·대표자)		주민등록번호 (법인등록번호)	－
주　소 (주사무소 소재지)	(현 거주지)		
직　업		사무실주소	
전　화	(휴대폰)　　　　　　　(자택) (사무실)		
이메일			
대리인에 의한 고소	☐ 법정대리인 (성명 :　　　　　, 연락처　　　　　) ☐ 고소대리인 (성명 : 변호사　, 연락처　　　　　)		

※ 고소인이 법인 또는 단체인 경우에는 상호 또는 단체명, 대표자, 법인등록번호(또는 사업자등록번호), 주된 사무소의 소재지, 전화 등 연락처를 기재해야 하며, 법인의 경우에는 법인등기부 등본이 첨부되어야 합니다.

※ 미성년자의 친권자 등 법정대리인이 고소하는 경우 및 변호사에 의한 고소대리의 경우 법정대리인 관계, 변호사 선임을 증명할 수 있는 서류를 첨부하시기 바랍니다.

2. 피고소인*

성 명		주민등록번호	-
주 소		(현 거주지)	
직 업	사무실 주소		
전 화	(휴대폰)	(자택)	(사무실)
이메일			
기타사항			

※ 기타사항에는 고소인과의 관계 및 피고소인의 인적사항과 연락처를 정확히 알 수 없을 경우 피고소인의 성별, 특징적 외모, 인상착의 등을 구체적으로 기재하시기 바랍니다.

3. 고소취지*

(죄명 및 피고소인에 대한 처벌의사 기재)

고소인은 피고소인을 ○○죄로 고소하오니 처벌하여 주시기 바랍니다.*

4. 범죄사실*

※ 범죄사실은 형법 등 처벌법규에 해당하는 사실에 대하여 일시, 장소, 범행방법, 결과 등을 구체적으로 특정하여 기재해야 하며, 고소인이 알고 있는 지식과 경험, 증거에 의해 사실로 인정되는 내용을 기재하여야 합니다.

5. 고소이유

※ 고소이유에는 피고소인의 범행 경위 및 정황, 고소를 하게 된 동기와 사유 등 범죄사실을 뒷받침하는 내용을 간략, 명료하게 기재해야 합니다.

6. 증거자료

(■ 해당란에 체크하여 주시기 바랍니다)

□ 고소인은 고소인의 진술 외에 제출할 증거가 없습니다.

□ 고소인은 고소인의 진술 외에 제출할 증거가 있습니다.

☞ **제출할 증거의 세부내역은 별지를 작성하여 첨부합니다.**

7. 관련사건의 수사 및 재판 여부*

(■ 해당란에 체크하여 주시기 바랍니다)

① 중복고소 여부	본 고소장과 같은 내용의 고소장을 다른 검찰청 또는 경찰서에 제출하거나 제출하였던 사실이 있습니다 □ / 없습니다 □
② 관련 형사사건 수사유무	본 고소장에 기재된 범죄사실과 관련된 사건 또는 공범에 대하여 검찰청이나 경찰서에서 수사 중에 있습니다 □ / 수사 중에 있지 않습니다 □
③ 관련 민사소송 유무	본 고소장에 기재된 범죄사실과 관련된 사건에 대하여 법원에서 민사소송 중에 있습니다 □ / 민사소송 중에 있지 않습니다 □

기타사항

※ ①, ②항은 반드시 표시하여야 하며, 만일 본 고소내용과 동일한 사건 또는 관련 형사사건이 수사·재판 중이라면 어느 검찰청, 경찰서에서 수사 중인지, 어느 법원에서 재판 중인지 아는 범위에서 기타사항 난에 기재하여야 합니다.

8. 기타

(고소내용에 대한 진실확약)

　본 고소장에 기재한 내용은 고소인이 알고 있는 지식과 경험을 바탕으로 모두 사실대로 작성하였으며, 만일 허위사실을 고소하였을 때에는 형법 제156조 무고죄로 처벌받을 것임을 서약합니다.

　　　　　　2006년　　　월　　　일*
　　　　　　　　고소인 ＿＿＿＿＿＿ (인)*
　　　　　　　　제출인 ＿＿＿＿＿＿ (인)

※ 고소장 제출일을 기재하여야 하며, 고소인 난에는 고소인이 직접 자필로 서명 날(무)인 해야 합니다. 또한 법정대리인이나 변호사에 의한 고소대리의 경우에는 제출인을 기재하여야 합니다.

○○지방검찰청 귀중

※ 고소장은 가까운 경찰서에 제출하셔도 되며, 경찰서 제출시에는 '○○경찰서 귀중'으로 작성하시기 바랍니다.

별지 : 증거자료 세부 목록

(범죄사실 입증을 위해 제출하려는 증거에 대하여 아래 각
증거별로 해당 난을 구체적으로 작성해 주시기 바랍니다)

1. 인적증거 (목격자, 기타 참고인 등)

성 명		주민등록번호		-
주 소	자택 : 직장 :		직업	
전 화	(휴대폰)	(자택)		(사무실)
입증하려는 내용				

※ 참고인의 인적사항과 연락처를 정확히 알 수 없으면 참고인
을 특정할 수 있도록 성별, 외모 등을 '입증하려는 내용'란에
아는 대로 기재하시기 바랍니다.

2. 증거서류 (진술서, 차용증, 각서, 금융거래내역서, 진단서 등)

순번	증거	작성자	제출 유무
1			□ 접수시 제출 □ 수사 중 제출
2			□ 접수시 제출 □ 수사 중 제출
3			□ 접수시 제출 □ 수사 중 제출
4			□ 접수시 제출 □ 수사 중 제출
5			□ 접수시 제출 □ 수사 중 제출

※ 증거란에 각 증거서류를 개별적으로 기재하고, 제출 유무란에는 고소장 접수시 제출하는지 또는 수사 중 제출할 예정인지 표시하시기 바랍니다.

3. 증거물

순번	증거	소유자	제출 유무
1			□ 접수시 제출 □ 수사 중 제출
2			□ 접수시 제출 □ 수사 중 제출
3			□ 접수시 제출 □ 수사 중 제출
4			□ 접수시 제출 □ 수사 중 제출
5			□ 접수시 제출 □ 수사 중 제출

※ 증거란에 각 증거물을 개별적으로 기재하고, 소유자란에는 고소장 제출시 누가 소유하고 있는지, 제출 유무란에는 고소장 접수시 제출하는지 또는 수사 중 제출할 예정인지 표시하시기 바랍니다.

4. 기타 증거

2) 일반서식

고 소 장

고소인 : 김00(711111-1234567)

　　　　부천시 소사구 00동 100의 00 00빌라 101호

　　　　전화번호

피고소인 : 1. 정00(611111-1233333)

　　　　　　서울 노원구 00동 600 00아파트 130동 10호

　　　　　2. 최 0 (660000-1111117)

　　　　　　서울 강서구 00동 100 00아파트 100동 600호

강제집행면탈 고소의 건

고소인은 다음과 같은 사유로 피고소인들을 강제집행면탈 혐의로
고소합니다.

- 다 음 -

1. 범죄사실

　피고소인들은 성남시 중원구 00동 4000, 동 4001 대지 1,000.7
제곱미터 소재 00상가의 시행 및 시공을 맡아 건축 중인 건설
업체인 주식회사 00건설의 공동대표이사였던 자들인바, 고소인
들은 2013. 9. 15.경 위 00건설과 위 건물 6층 점포 2개를 각
85,000,000원(부가가치세 각 4,760,000원 별도)에 분양계약을

체결하고 같은 날 계약금 각 30,000,000원씩 도합 60,000,000 원을 지급하였으나 위 회사가 분양계약상의 의무를 다 하지 아니하여 위 00건설을 상대로 계약금반환소송을 제기하였던바, 2015. 5. 31.경 서울고등법원에서 위 회사는 고소인들에게 각 금 60,000,000원을 지급하라는 결정을 받게 되자, 피고소인들은 자신들의 위 회사 재산에 강제집행을 당할 것을 우려하여 이를 면탈할 목적으로, 공모하여, 2015. 12. 16.경 수원지방법원 성남지원 등기과에서, 사실은 위 각 대지와 건물을 고소외 00주식회사(대표이사 피고소인 최 0)에 양도한 사실이 없음에도 마치 이를 양도한 것처럼 그 소유권 이전등기를 경료하여 허위 양도하였다.

2. 본건 고소에 이르게 된 경위

가. 주식회사 00건설(당시 대표이사 전00)은 위 회사의 전 대표이사인 김00로부터 위임받아 동인 소유의 위 대지에 건물을 증축하면서 분양광고를 하여 고소인들은 위 광고를 보고 2013. 9. 15.경 위 회사와 위 건물 6층에 있는 점포 2개를 각 금 85,000,000원에 분양계약을 체결하면서, 계약금 각 30,000,000 원은 계약당일, 1차 중도금 각 17,520,000원은 위 회사에서 임차인을 확보하여 그 보증금으로 충당하고, 2차 중도금 및 잔금 각 42,240,000원은 각 분양된 점포를 담보로 은행대출을 받아 처리해주기로 하였으며, 고소인들은 당일 계약금으로 각 30,000,000원을 위 회사에 지급하였습니다(00분양계약서, 주식회사 00건설 법인등기부등본, 서울고등법원 결정문 참조).

나. 이에 고소인들은 1차 중도금 지급기일인 2013. 10. 20.경 상가임차인이 확보되었는지 여부를 위 회사에 확인한바, 동

회사에서는 아직 공사가 제대로 이루어지지 않아 확보된 임차인이 없다고 하면서 중도금 지급기일을 연기하여 주었습니다. 그러나 그 후에도 위 공사진척이 지지부진하자, 고소인들과 같은 지위에 있던 수분양자들은 계약자협의회를 조직하여 그 대표로 피고소인들을 선임하였고 2004. 8. 20.경 위 토지 및 건물에 대하여 가압류를 하는 등 법적인 분쟁상태가 발생하였으며, 결국 피고소인들은 2005. 1. 26.경 전 대표이사 전00로부터 위 회사를 넘겨받아 공동대표이사가 되었습니다(00건설의 법인등기부등본 및 위 대지와 건물의 각 부동산등기부등본 참조).

다. 고소인들은 위 수분양자들이 조직한 계약자협의회에 가입하지 않고 별도로 위 회사의 계약위반을 이유로 본건 분양계약을 해지하면서 수원지방법원 성남지원에 위 회사를 피고로 계약금반환소송을 제기하였고(2014가단177857), 위 소송은 2014. 8. 26. 선고되었으며, 고소인들이 승소하였습니다. 이에 위 피고 회사는 항소를 하였으나(2014나67280), 2015. 5. 31. 항소심인 서울고등법원은 위 회사는 2016. 5. 27.까지 고소인들에게 각 금 30,000,000원을 지급하라는 결정을 하였습니다(위 결정문 참조).

라. 이에 고소인들은 위 변제기한이 도과한 후 위 재판을 통해 인용된 금전의 지급을 요구하기 위하여 공사현장인 위 주식회사 00건설 사무실로 찾아갔으나, 회사 사무실이 없어졌으며 위 대지 및 건물에 대한 분양 등 모든 권한은 00주식회사라는 업체로 넘어갔으니 거기 가서 해결하라는 말을 듣게 되었습니다.

마. 그리하여 고소인들이 위 00사무실로 찾아갔더니 거기에서
도 자신들은 주식회사 00건설과는 무관하므로 위 돈을 변
제할 수 없으니 마음대로 하라는 말을 하였습니다. 졸지에
돈을 받을 길이 없어진 고소인들은 놀라 위 00와 00건설
의 법인등기부등본과 본건 대지 및 건물의 등기부등본을
발급받아 보니 아니나 다를까 주식회사 00건설의 공동대표
이사였던 피고소인 최0이 위 00의 대표이사로 되어 있고,
사무실도 없는 위 00건설은 피고소인인 정00이 단독 대표
이사로 바뀌어 있었으며, 위 대지 및 건물은 2015. 12.
16. 00 주식회사 명의로 소유권 이전등기가 경료된 것이
확인되었습니다((00건설 및 00주식회사의 법인등기부등본
참조, 위 대지 및 건물등기부등본 참조).

바. 고소인은 망연자실하여 강제집행할만한 위 00건설의 재산이
있는지 확인하였으나, 사무실도 폐쇄된 회사가 재산이 있을
리 만무하였습니다. 위 00건설의 재산이자 고소인들이 변제
받기 위하여 강제집행할 유일한 재산인 위 대지 및 건물을
이미 00 주식회사로 이전해 버린 이상 어디에도 강제집행할
수 있는 위 00건설의 재산은 전혀 없었던 것입니다.

사. 이는 필시 고소인들로부터 강제집행을 당할 위기에 처하자
피고소인들은 그 채무를 면탈할 목적으로 공모하여 위 재산
을 00 주식회사 명의로 이전해 놓은 것입니다. 이는 위 대
지 및 건물을 양도한 회사와 양수받은 회사의 대표이사가
모두 피고소인들인 점을 생각해 보면 너무도 명백합니다.

아. 위와 같이 엄청난 대지와 건물, 분양권이라는 총체적 재산권의 양도가 허위가 아니라 매매 등의 사유로 실제로 양도된 것이라면 주식회사 00건설은 당연히 00 주식회사로부터 그에 상당한 매도대금 등의 재산권이 있어야 할 것입니다. 그런데, 위 주식회사 00건설은 사무실조차 폐쇄될 정도로 법인의 존재 자체가 없어진 것을 보면 고소인들의 강제집행을 면탈할 목적으로 재산을 위 00로 **빼돌린** 것이 분명합니다.

자. 위 부동산의 소유명의가 00 주식회사로 이전되지 않았더라면 시행사이자 시공사인 00건설로부터 본건 건물의 점포를 분양받은 고소인으로서는 당연히 위 위 대지와 건물에 강제집행 할 권한이 있었는데, 위와 같은 피고소인들의 재산의 허위양도로 인하여 더 이상 강제집행 할 수 있는 재산이 없어진 상황이 된 것입니다(위에서도 살펴본 바와 같이 고소인과 동일한 지위의 수분양자들이 위 00건설을 상대로 한 분양대금반환을 이유로 위 대지와 건물에 가압류한 것을 보더라도 고소인들이 위 건물에 강제집행할 권한이 있음이 명백합니다).

3. 결론

위에서 살펴본 바와 같이 피고소인들은 공모하여 자신들이 대표이사로 있는 주식회사 00건설에서 00 주식회사로 재산을 허위양도함으로써 강제집행을 면탈하였으니 철저히 조사하여 엄벌에 처해 주시기 바랍니다.

참고자료

1. 분양계약서   1부
2. 결정문(2004나67280)   1부
3. 주식회사 00건설 법인등기부등본   1부
4. 00 주식회사 법인등기부등본   1부
5. 광고물   2부
6. 각 통지서   6부
7. 토지 및 건물 등기부등본   각 1부

2016. 6. .

위 고소인   김00 (인)

서울남부지방검찰청 검사장 귀하

Ⅱ. 검찰항고장, 재정신청서

1. 검찰항고 · 재항고 개요

가. 검사의 불기소 처분에 불복이 있는 고소인 또는 고발인은 처분 결과의 통지를 받은 날부터 30일 내에 그 검사가 속하는 지방검찰청 또는 지청을 거쳐 서면으로 관할 고등검찰청 검사장에게 항고할 수 있다. 이 경우 당해 지방검찰청 또는 지청의 검사는 항고가 이유 있다고 인정하는 때에는 그 처분을 경정하여야 한다(검찰청법 제10조 제1항). 고등검찰청 검사장은 항고가 이유 있다고 인정하는 때에는 소속 검사로 하여금 지방검찰청 또는 지청검사의 불기소 처분을 경정하게 하거나(재기수사명령 등), 직접 공소제기를 할 수 있다.

나. 항고를 한 자(제260조에 따라 재정신청을 할 수 있는 자를 제외한다)는 항고를 기각하는 처분에 불복한 경우는 항고기각 결정을 통지받은 날로부터 30일 내, 항고를 한 날로부터 항고에 대한 처분이 행하여지지 아니하고 3개월이 경과한 때에는 그때부터 30일 내에 그 검사가 속하는 고등검찰청을 거쳐 서면으로 검찰총장에게 재항고할 수 있다. 이 경우 당해 고등검찰청 검사는 재항고가 이유 있다고 인정하는 때에는 그 처분을 경정하여야 한다(검찰청법 제10조 제3항). 즉, 현행형사소송법의 시행 후에 재항고는 상당히 제한되었으며, 대부분 재정신청을 하게 된다.

항 고 장

항 고 인(고소인)   ○ ○ ○ (전화번호 ○○○ - ○○○○)
                    ○○시 ○○구 ○○동 ○○번지

피고소인   △ △ △ (전화번호 ○○○ - ○○○○)
            ○○시 ○○구 ○○동 ○○번지

  위 피고소인에 대한 ○○지방검찰청 ○○지청 20○○형제 ○
○○호 횡령사건에 관하여 동 검찰청 지청 검사 이□□은 20○
○. ○. ○. 자로 혐의가 없다는 이유로 불기소처분결정을 하였
으나, 그 결정은 아래와 같은 이유로 부당하므로 이에 불복하여
항고를 제기합니다.
(고소인은 위 불기소처분결정통지를 20○○. ○. ○. 수령하였습
니다.)

- 아   래 -

1. 검사의 불기소이유의 요지는 "피의자는 20○○. ○. ○. 고소
   인의 실소유물인 19톤 트럭(서울 ○○다 ○○○○호) 1대를
   강제집행 목적으로 회수하여 피의자가 ☆☆보증보험(주)를 퇴
   사하기 전까지는 위 차량을 회사의 주차장에 보관하고 있었고
   그 후 20○○. ○월경 위 회사의 성명불상 직원들이 위 차량
   을 매각이나 경매하지 않고 등록원부상 소유자로 되어 있는
   ◎◎중기에 반환하여 주었던 것이므로 피의자가 위 차량을 임
   의로 운용하였다고 단정할 자료가 없다"는 것으로 파악됩니다.

2. 그러나 위와 같은 사실은 피고소인의 진술을 그대로 받아들인 것으로서 피고소인의 진술을 뒷받침하는 증거로는 ◎◎중기(주) 대표이사의 동생인 김□□의 진술 및 피의자가 퇴사하기 전에 위 덤프트럭을 위 ☆☆보증보험(주)의 주차장에 주차하여 관리하고 있음을 입증하는 차량관리대장과 주차비용지급 기안용지 뿐인바, 위 김□□은 소유자도 아닌데 위 덤프트럭을 인수하여 이익을 본 입장일 수도 있어 그 진술에 신빙성이 없습니다.

3. 그리고 20○○. ○월경 ☆☆보증보험(주) 직원들이 위 덤프트럭을 ◎◎중기(주)에 반환하였다면 ☆☆보증보험(주)에 그 근거서류가 남아 있거나 그 사실을 누군가 알고 있어야 하는데, 불기소이유에 의하면 ☆☆보증보험(주)의 직원인 박□□은 자신도 위 사실을 알지 못하고 그 사실을 아는 사람이 누구인지도 모른다고 진술한 것으로 되어 있습니다.
따라서 20○○. ○월이면 피의자가 퇴사한지 2년이나 지난 후인데, 회사직원 그 누구도 모르는 사실을 어떻게 2년전에 퇴사한 피고소인만 알고 있는지 도저히 이치에 맞지 않습니다.

4. 또한 피의자가 위 회사를 퇴사하기 전에 위 덤프트럭을 회사의 주차장에 주차하여 관리하고 있었다는 사실이 위 회사의 차량관리대장과 회수중기 보관에 따른 주차비용지급이라는 제목의 기안용지에 의해 입증될 수 있는 것이라면 위 회사가 위 덤프트럭을 20○○. ○월경 ◎◎중기(주)에 반환하기 전까지 주차하여 관리했던 사실 및 위 트럭을 ◎◎중기(주)에 반환하였다는 사실도 위 차량관리대장과 같은 문서에 의해 근거가 남겨져 있어야만 합니다. 위 박□□이 위 사실에 대해 모르는 것으로 미루어 서류상 그러한 근거가 남아 있지 않음이 분명한바, 그렇다면 피의자의 진술은 거짓임이 분명합니다.

5. 그 뿐만 아니라 위 ☆☆보증보험(주) 직원들이 위 덤프트럭을 반납하였다는 ◎◎중기(주)는 위 덤프트럭의 지입회사이지 소유자가 아니며, 20○○. ○월경 당시 이미 부도처리된 회사이므로 부도난 회사에 위 덤프트럭을 반환하였다는 것도 이해가 가지 않습니다.

그리고 고소인은 고소인의 처인 고소외 김□□ 명의로 위 덤프트럭을 고소외 현대자동차 (주)로부터 대금 76,000,000원에 36개월 할부로 구입하면서 그 담보로 위 ☆☆보증보험 (주)과 할부판매보증보험계약을 체결하였고 그 후 고소인이 위 할부금 중 38,000,000원을 납부하고 나머지 대금을 연체하자 ☆☆보증보험(주)이 위 보증보험계약에 따라 그 잔금 34,742,547원을 위 현대자동차 (주)에 대신 지급하고 주채무자인 위 김□□와 연대보증인인 고소인에게 구상금 청구를 하고 있던 상황에서 피의자가 채권 회수 목적으로 위 덤프트럭을 가져갔던 것이며 지금도 위 ☆☆보증보험에서는 고소인 및 고소인의 처에게 위 구상금 변제 독촉장을 보내고 있습니다.

위와 같은 경위에 비추어 볼 때, ☆☆보증보험(주)의 직원들로서는 위 덤프트럭이 지입회사인 ◎◎중기(주)의 소유가 아니라 고소인 및 고소인 처의 소유라는 사실을 명백히 알고 있었다고 하므로 위 덤프트럭을 고소인측이 아닌 ◎◎중기(주)에 반환하였다는 진술은 이치에 맞지 않습니다.

6. 또한 피의자가 위 덤프트럭을 회수해 간 후 한 동안은 위 ☆☆보증보험(주)으로부터 위 구상금을 변제하라는 독촉장이 오지 않다가 언제부터인가 다시 독촉장이 오기 시작하여 20○○. 말 경 고소인이 위 ☆☆보증보험(주)으로 찾아가니 위 회사 담당직원이 "피고소인은 이미 퇴사하였고 회사로서는 위 덤프트럭이 어디 있는지 몰라 경매도 못한다"고 말한 사실이 있습니다. 이 건 불기소이유에서 인정한 사실관계에 의하면 위 덤프트럭은 계속 위 ☆☆보증보험(주) 주차장에

보관되어 있다가 20○○. ○월경 위 ◎◎중기(주)에 반환되었다는 것이므로, 당시 위 회사 담당직원이 고소인에게 한 말과 일치하지 않습니다.

뿐만 아니라 위 ☆☆보증보험(주) 직원들이 20○○. ○월경 위 덤프트럭을 ◎◎중기(주)에 반환하였다면 그 뒤에라도 고소인에게 이를 알려 주었을 텐데 고소인은 위 회사 직원으로부터 그런 통보를 받은 사실이 없습니다.

7. 위와 같은 사유로 항고하오니 고소인의 주장을 면밀히 검토하여 재수사를 명해주시기를 간절히 바랍니다.

첨 부 서 류

   1. 불기소처분 통지서   1통
   1. 공소부제기이유고지서   1통

20○○. ○. ○.

위 고소인 (항고인) ○ ○ ○ (인)

○ ○ 고 등 검 찰 청   귀 중

2. 재정신청 개요

가. 고소권자로서 고소를 한 자(및 형법 123조 내지 126조의 죄에 대하여는 고발을 한 자 포함, 그 외의 고발인은 포함되지 않음)가 검사로부터 공소를 제기하지 아니한다는 통지를 받은 때에는 그 검사 소속의 지방검찰청 소재지를 관할하는 고등법원에 그 당부에 관한 재정을 신청할 수 있는 제도를 말한다.

나. 검사의 불기소처분에는 협의의 불기소처분(혐의없음, 공소권없음, 죄가 안됨) 뿐만 아니라 기소유예처분도 포함한다. 그러나 기소 중지, 참고인중지처분은 재정신청의 대상이 아니다(판례). 진정사건에 대한 내사종결처리는 고소 또는 고발사건에 대한 불기소처분이 아니므로 재정신청의 대상이 아니다.

다. 재정신청을 하기 위해서는 먼저 항고를 거쳐야 한다. 다만 ① 항고 이후 재기수사가 이루어진 다음에 다시 공소를 제기하지 아니한다는 통지를 받은 경우에는 다시 항고할 필요가 없으며 (통지받고 10일 이내 재정신청), ② 항고 신청 후 항고에 대한 처분이 행하여지지 아니하고 3개월이 경과한 경우에는 항고진행 중이더라도 재정신청을 할 수 있고(3개월이 지난 후 10일 이내 재정신청), ③ 검사가 공소시효만료일 30일 전까지 공소를 제기하지 아니하는 경우(공소시효만료일 전날까지 재정신청)에는 항고 없이 재정신청을 할 수 있다.

라. 재정신청서는 지방검찰청 또는 지청에 접수해야 한다(고등법원에 제출하면 지방법원 또는 지청으로 송부된다). 지방검사장 또는 지청장은 재정신청서를 제출받은 날부터 7일 이내에 재정신

청서·의견서·수사 관계서류 및 증거물을 관할 고등검찰청을 경유하여 관할 고등법원에 송부하여야 한다. 다만 항고전치주의가 적용되지 않는 경우에는 지방검사장 또는 지청장은 ① 신청이 이유 있는 것으로 인정하는 때에는 즉시 공소를 제기하고 그 취지를 관할 고등법원과 재정신청인에게 통지하고, ② 신청이 이유 없는 것으로 인정하는 때에는 30일 이내에 관할 고등법원에 송부한다.(제261조)

마. 재정신청에 대한 고등법원의 심리는 항고에 준하므로 통상 공개하지 아니한다. 고등법원이 기각결정을 한 경우에는 재정신청권자는 대법원에 재항고할 수 있다. 공소제기결정을 하면 검사는 불복할 수 없다(제262조).

재 정 신 청 서

신 청 인(고소인)   ○ ○ ○
　　　　　　　　○○시 ○구 ○○동 ○○아파트 ○○동 ○○호
피신청인(피의자)   △ △ △
　　　　　　　　○○시 ○구 ○○동 ○○아파트 ○○동 ○○호

신 청 취 지

위 피고소인에 대한 200○형제○○○○호 ○○사건에 대하여 ○○지방검찰청 검사○○○은 200○. ○○. ○.자로 증거불충분 등의 이유로 불기소처분 결정을 하였고 이에 불복하여 항고(200○불항○○○호)하였으나 ○○고등검찰청 검사○○○은 200○. ○○. ○○.자로 항고기각 처분하였습니다. 그러나 다음과 같은 이유로 부당하여 재정신청을 하오니 위 사건을 관할 ○○지방검찰청에서 공소제기하도록 하는 결정을 하여주시기 바랍니다.

신청인이 검사로부터 항고기각결정통지를 수령한 날 : 200○. ○. ○.

신 청 이 유

1. 피의자 △△△의 범죄사실

2. 피의자의 범죄에 관한 증거설명

3. 검사의 불기소 이유의 요지는 피의사실에 대한 증거가 없어

결국 범죄혐의가 없다는 것인 바, 참고인 진술과 압수한 증거물 기타 제반사정을 종합검토하면 본 건 피의사실에 대한 증거는 충분하여 그 증명이 명백함에도 불구하고 증거가 불충분하다는 이유로 불기소처분 한 것은 부당하고 검사의 기소독점주의를 남용한 것이라 아니할 수 없으므로 재정신청에 이른 것입니다.

첨 부 서 류

1. 불기소처분통지서   1통
2. 항고기각결정통지서   1통
3. 기타 증거서류 사본   2통

20○○년　○월　○일
재정신청인(고소인)　○　○　○ (인)

○ ○ 고 등 법 원 　 귀 중

Ⅲ. 구속적부심사청구서

구속적부심사청구서에는 구속된 피의자의 성명, 주민등록번호 등, 주거, 구속된 일자, 청구의 취지 및 이유, 청구인의 성명 및 구속된 피의자와의 관계 사항을 기재하여야 한다(형사소송규칙 제102조).[117]

[체포·구속적부심사제도]

1. 의의 및 성격

가. 의의

체포·구속적부심사제도란 체포 또는 구속된 피의자에 대하여 법원이 체포 또는 구속의 적법여부와 그 계속의 필요성여부를 심사하여 피의자를 석방하는 제도를 말한다.

나. 근거 : 헌법 제12조 제6항, 형사소송법 제214조의2

다. 성격

이 제도는 기본적으로 수사기관의 불법신체구속에 대한 견제장치로서의 의미를 가지나, 영장에 의한 체포 및 구속의 경우에는 법관이 발부한 영장에 대한 항고심적 성격도 가진다.

2. 체포·구속적부심사의 청구

가. 청구권자: 피의자·변호인·법정대리인·배우자·직계친족·형제자매나 가족·동거인 또는 고용주

  -검사와 사법경찰관은 피의자와 청구권자 중에서 피의자가 지정한 자에게

---

117) 이하 규칙이라고 표시한다.

청구할 수 있음을 통지하여야 하며(제214조의2 제2항), 변호인이 없는 때에는 국선변호인을 선정하여야 한다(제10항).

나. 청구사유: 불법·부당하게 모든 체포·구속된 자(대법원 1997. 8. 27. 자 97모21 결정)

1) 불법한 체포·구속

① 체포·구속이 적법한 요건을 구비하지 못한 경우

구속사유가 없는데도 체포영장 또는 구속영장이 발부된 경우, 긴급체포 또는 현행범인 체포의 요건이 구비되지 않은 상태에서 체포된 경우, 재구속의 제한(제208조)에 위반하여 구속영장이 발부된 경우, 체포된 자에 대하여 구속영장청구기간이 경과한 후에 구속영장이 청구되어 발부된 경우, 경미한 사건으로 주거가 일정한 피의자에게 구속영장이 발부된 경우 등을 말한다.

② 체포·구속 자체는 적법하지만 체포 또는 구속기간이 경과 후에도 계속 체포·구속한 경우

2) 부당한 체포·구속

체포·구속이 적법하였으나 그 이후의 사정변경으로 체포·구속을 계속할 필요성이 없어진 경우를 말한다. 예를 들면 피해변상, 합의, 고소취소 등의 사유가 있는 경우이다. 체포·구속의 계속 필요성에 대한 판단은 적부심사시를 기준으로 한다.

다. 청구의 제한: 제214조의2 제3항(*수사방해 목적)

라. 청구법원: 관할법원(피의자를 수사하고 있는 검사소속의 검찰청에 대응하는 지법·지원)

마. 청구의 방식(구속적부심사청구서): 규칙 제102조

 1) 피의자 인적 사항 ; 성명, 주민등록번호, 주거

  - 사건(명)을 필요적 기재사항으로 열거하고 있지 않으나, 법원에 제출하는 서류에는 사건명과 당사자의 성명을 기재하는 것이 필수적이다.

  - 법원에 계속(係屬)된 전제사건이 없으므로 사건번호가 없다.

  - 주민등록지와 실제 거주지가 다를 경우에는 원칙적으로 실제 거주지를 기재한다.

  - 구금장소는 청구서의 기재사항으로 되어 있지는 않으나, 심문기일통지(규칙 제104조 제1항)를 위하여 기재하여야 한다.

    # 청구인: 필요적 기재사항(규칙 제102조)

    청구인이 피의자 이외의 사람인 경우에는 청구서에 청구권을 소명하는 서류(변호인선임서, 주민등록표등본, 가족관계증명서, 고용주임을 증명하는 자료 등)를 첨부하여야 한다.

 2) 체포·구속일자 ; 체포·구속이 실제 집행된 일자(불법체포 된 경우에는 실제로 체포·구속된 일자)

 3) 청구취지 ; 피의자의 석방을 명한다.
                  라는 결정을 구합니다.

  - 청구인이 원하는 결정 주문을 기재한다. 청구취지는 재판서의 주문에, 청구이유는 재판서의 이유에 각 해당한다.

  - 재판의 성질이 '결정'이므로 위와 같이 기재한다. 다만, 결정은 법원의 재판중의 하나이므로 "재판을 구합니다."라고 기재하여도 관계는 없으나 "명령을 구합니다."라는 기재는 재판의 성질이 '명령'이 아닌 '결정'이므로 이는 잘못된 표현이다(결정은 재판부가, 명령은 수명법관이 한다).

  - 제214조의2 제5항에서 보증금납입조건부석방결정(기소 전 보석)을 규

정하고 있어, 이를 청구취지에 기재하여야 한다는 견해도 있으나, 기소 전 보석과 구속적부심사의 법률적 성격이 다른 점, 기소 전 보석은 법원의 재량사항이지 피의자에게 청구권이 인정되지 않는다는 점 등에서 뒤의 청구이유에 기재할 뿐 청구취지에는 기재하지 않는 것이 좋다.

> *** 체포적부심사를 청구한 피의자에 대해서는 기소 전 보석이 허용되지 않는다(대법원 1997. 8. 27. 자 97모21 결정).**

4) 청구이유 : 피의자의 구속이 불법·부당하다는 것 *사정변경 인정 - 구속 후 합의 등

가) 범죄사실의 요지[118]

필요적 기재사항은 아니지만 무죄를 다투는 경우 또는 쟁점이 복잡한 사건의 경우에는 피의자의 혐의내용을 특정하여 변론을 진행시킬 필요가 있고, 사건의 경위 설명을 위해서도 필요하므로 기재하는 것이 좋다. 구속영장의 범죄사실의 요지를 기재하는 것이 좋다.

나) 구속사유의 불비

구속이 적절하지 않다는 전제에서 청구를 하고 있는 만큼, 제70조 제1항에서 규정한 구속사유가 없다는 것을 주장하여야 한다. 위 조항 소정의 구속사유가 있으면 기소 전 보석의 허용여부는 별론(別論)으로 하고, 적부심 자체는 기각되므로 이는 필요적 기재사항이다.

주거가 일정하다는 것은 주민등록표 등본 등의 자료로 소명하여야 하고, 동거가족이 있을 경우에 구체적으로 적시한다.

직업의 경우에는 재직증명서 등 소명자료를 거시하여야 한다.

---

118) 피의자이므로 '범죄사실'이라고 표기하고, 보석청구의 경우에는 피고인이므로 '공소사실'이라고 표기한다.

증거인멸 및 도망의 염려는 사건 전체를 통해 본다.

제70조 제2항은 제1항의 구속사유를 심사함에 있어서 범죄의 중대성, 재범의 위험성, 피해자 및 중요참고인 등에 대한 위해 우려 등을 고려하여야 한다고 하고 있으므로, 이 건 범죄에 위와 같은 요소가 없음을 설명하여야 한다. 다만 이러한 점은 뒤에서 진술할 정상사유와 중복되므로 간략히 요점만 기재하면 된다.

다) 이 사건의 경위

피의자의 입장에서 본 범죄사실의 발생경위를 기재한다. 자백을 하더라도 범행의 동기나 목적, 수단과 방법 등에 관한 사실은 범죄의 경중 판단 등에 중요한 자료가 되고, 나아가 증거인멸 염려 등에 관한 판단에 대하여도 영향을 미칠 수 있으므로 기재하는 것이 좋다.

경위 설명은 변호인이 피의자를 접견하여 얻은 자료와 수사기관의 진술 또는 다른 관련자들의 진술 등을 토대로 하여 피의자의 입장에서 사건의 발생순서(사건 순)에 따라 간략하고 '객관적'으로 기재하여야 한다.

라) 문제점

법률상 문제점(어느 법에 위반)이나 판례 적시

마) 정상관계

범행의 동기(우발성/상대방유발)·목적·수단·방법, 합의여부(고소취소), 전과관계, 생계곤란, 건강(본인의 병이나 부양가족의 병 등) 등 피의자의 석방을 위하여 피의자에게 유리한 정상을 최대한 나타내야 한다.

바) 보증금납입조건부석방결정(기소 전 보석)

법원은 위 기재와 관계없이 기소 전 보석 여부를 결정할 수 있으므로 따로 기재하지 않더라도 위법은 아니지만, 피의자의 이익을 위한 것인 만큼 이를 누락하면 의무해태가 된다.

보석보증보험증권부 보증서를 납입할 사람의 인적 사항을 정확히 기재하여야 한다. 왜냐하면 재판장이 기소 전 보석을 선택할 경우에 결정문에 기재될 주문의 내용이이 때문이다.

***<예시> 피의자는 원만히 합의하였고, 이 사건 범행을 저질렀다 하더라도 피의자가 피해자, 참고인 또는 그 친족의 생명 · 신체 · 재산에 해를 끼칠 염려가 전혀 없습니다. 따라서 피의자에게 구속 사유가 인정되어 구속적부심사에 따른 석방을 할 수 없더라도 위와 같은 사정을 감안(참작)하여 보증금의 납입을 조건으로 피의자의 석방을 명하여 주시되, 위 보증금은 피의자의 처 이미인 (620202-2123456, 주소: 서울 서초구 사평대로 11길 123)이 제출하는 보석보증보험증권이 첨부된 보증서로써 갈음할 수 있도록 하는 결정을 내려 주시기 바랍니다.**

사) 결론

앞에 적시한 모든 내용을 참작하여 간략하게 정리하여 기재한다.

- 위와 같은 모든 사정을 종합(고려)하여(하면) .... 불구속상태에서 재판에 임하도록(재판을 받도록) 하는 것이 온당(타당/마땅)하다 하겠습니다(할 것입니다).

아) 첨부서류

변호인선임신고서 ; 수사기관에 제출하였으면 별도로 첨부하지 않는다.

구속영장사본 ; 필요에 따라 법원사무관 등이 사본을 첨부하므로 별도로 첨부하지 않는다.

재산관계진술서 ; 기소 전 보석은 보석허가절차를 준용하므로 보석과 마찬가지로 이를 제출하여야 한다.

기타 ; 주민등록표등본, 합의서, 탄원서 등

5) 청구인의 성명 및 구속된 자와의 관계

3. 담당 재판부

체포영장 또는 구속영장을 발부한 법관은 체포·구속적부심사의 재판에 관여하지 못한다(제214조의2 제12항).

체포적부심사청구사건은 단독판사가 담당하고, 구속적부심사청구사건은 사건의 특성이나 각 법원의 사정에 따라 재정합의결정을 거쳐 합의부가 담당할 수 있다(보석예규).

4. 심사

가. 심문기일의 지정과 통지

적부심사청구를 받은 법원은 청구서가 접수된 때부터 48시간 이내에 피의자를 심문하여야 하는데(제214조의2 제4항), 실무상 구속적부심사청구의 경우 ①오전에 접수된 사건은 그 날 15:00, ②오후에 접수된 사건은 다음날 11:00, ③금요일 오후나 주말, 공휴일에 접수된 사건은 청구 시로부터 48시간을 지나지 않는 범위 내에서 적절히 지정하고, 체포적부심사청구의 경우 즉시 심문기일을 지정하고 접수 후 3시간 이내에 청구인에게 알려주도록 한다.

나. 국선변호인의 선정

체포 또는 구속적부심사가 청구된 피의자에게 변호인이 없는 때에는 법원 또는 지방법원판사는 지체 없이 국선변호인을 선정하고 피의자와 변호인에게 그 뜻을 고지하여야 한다(제214조의2 제10항, 제33조 제1항 제1호, 규칙 제16조 제1항).

다. 수사관계 서류 등의 접수

심문기일의 통지를 받은 검사 또는 사법경찰관은 지정된 심문기일까지 수사관계 서류와 증거물을 법원에 제출하여야 하고, 피의자를 구금하고 있는 관서의 장은 심문기일에 피의자를 출석시켜야 한다(규칙 제104조 제2항).

라. 심문절차

- 심문절차는 비공개가 원칙이고, 공판절차가 아니므로 반드시 법정에서 행할 필요가 없고 심문실이나 판사실 그 밖에 적당한 장소에서 할 수도 있다.
- 검사, 변호인, 청구인은 심문기일에 출석하여 의견을 진술할 수 있다.
- 피의자는 판사의 심문 도중에도 변호인의 조력을 구할 수 있다.
- 피의자, 변호인, 청구인은 피의자에게 유리한 자료를 제출할 수 있다.
  * **심문은 피의자만 출석하면 검사나 변호인 기타 청구인의 출석 없이 행할 수 있다.**

마. 특례 ; 구속기간 미산입(제214조의2 제13항)

바. (체포)·구속심문조서

- 제315조 제3호가 정한 '기타 특히 신용할 만한 정황에 의하여 작성된 문서'에 해당하여 당연히 증거능력이 인정되므로(대판 2004.1.16. 2003도5693) 신중하게 작성하도록 요구하고 있다.
- 영장심문조서와는 달리 피의자의 간인이나 서명날인이 필요 없다.

5. 재판

가. 결정의 시기와 구분

결정은 심문종료 시부터 24시간 이내에 하여야 하며, 심사 시까지 변경된 사정도 고려한다.

나. 기각결정(제214조의2 제3·4항)

다. 석방결정(제4항)

석방결정서는 명령장의 성질을 가지며, 석방결정은 그 결정서가 검찰청에 송달된 때로부터 효력이 발생한다(제42조).

*검찰청 송달 전 공소제기(제214조의2 제4항 제2문 참조)

라. 보증금납입조건부석방결정(기소 전 보석)

1) 의의

보석청구가 아닌 구속적부심사청구에서 보증금납입만을 조건으로 법원의 직권결정으로, 잠정적인 구속의 집행정지에 해당한다.

2) 내용

가) 대상자 ; 구속적부심사를 청구한 피의자

> 법원은 직권(재량)에 의하므로 피의자는 기소 전 보석을 직접 청구할 수는 없고 구속적부심사를 청구할 수 있을 뿐이며, 구속적부심사청구 시 이를 청구하지 않더라도 법원은 석방결정을 할 수 있다.119)

나) 제외사유(제214조의2 제5항 단서)

---

119) 그렇다하더라도 변호인은 구속적부심사청구 시 반드시 이를 기재하여야 한다.

다) 보증금과 조건 ; 보석에 관한 규정 준용, 지정장소에 출석할
　　의무 등 조건부가 가능

　　　법원은 구속적부심사 청구인 이외의 사람에게 보증금의 납입을 허가할
　　수 있고, 유가증권 또는 피의자 이외의 사람이 제출한 보증서로써 보증
　　금에 갈음함을 허가할 수 있다.

6. 불복

기각결정이나 석방결정에 대한 항고는 허용되지 않는다.

기소 전 보석의 경우에는 검사나 피의자 모두 항고가 가능하다.[120)]

7. 관련문제

가. 체포적부심 결정 전 구속영장 청구시의 처리

체포적부심 담당재판부는 구속영장청구사건 담당판사에게 체포적부
심사건을 송부하여 구속영장청구사건 담당판사가 함께 결정하게 한
다(보석예규).

나. 적부심청구 후에 공소가 제기된 경우(전격기소) ; 제214조의2 제4
　　항 재2문 및 제5항.

　　# 본안재판이 아니므로, 상세한 법리 다툼 등은 지양해야 한다.

---

120) 대법원 1997. 8. 27. 자 97모21 결정.

구 속 적 부 심 사 청 구 서

사　건　　폭력행위등처벌에관한법률위반 등[121]
피의자　　홍길동(551122-1234567)
　　　　　서울 서초구 사평대로11길, 123
　　　　　현재 서울동부구치소 수감 중
청구인　　변호인 변호사 명변호
　　　　　서울 서초구 법원로 123, 303호(서초동, 정의빌딩)
구속일자　2018. 4. 4.

위 사건에 관하여 피의자의 변호인은 다음(아래)과 같이 구속적
부심사를 청구합니다.

청 구 취 지

피의자의 석방을 명한다.[122]
라는 결정을 구합니다.

청 구 이 유

1. 범죄사실의 요지
피의자는 2018. 4. 2. 21:30경 서울 성북구 정릉4동 소재 환희
단란주점 앞길에서 술값문제로 위 주점주인과 시비하여 소란을
피우던 중, 출동하여 이를 말리는 경찰관들을 폭행하여 상해를
가함과 동시에 경찰관들의 정당한 공무집행을 방해하였다는 사실
로 구속되었습니다.

2. 구속사유의 불비
피의자에게는 아래에서 보는 바와 같이 형사소송법 제70조 제1
항이 정한 구속의 사유가 없습니다.
가. 피의자는 주소지에서 76세 된 병든 어머니와 함께 거주하고

있고, 택배사원으로 직업이 확실하므로 주거가 일정할 뿐만 아니라 도망할 염려도 없습니다.

나. 피의자가 비록 경찰관들을 폭행한 점을 부인하고 있으나, 경찰관의 언행에 저항한 사실은 인정하고 있고, 피해자인 경찰관들의 진술과 목격자 등이 확보되어 있는 등 이 사건 범죄사실에 대하여 충분히 조사가 이루어졌으며, 피해자가 경찰관이어서 피의자가 석방되더라도 진술이 번복될 염려가 없어 피의자가 증거를 인멸할 염려도 없습니다.

다. 한편 이 사건은 아래에서 보는 것처럼, 피의자가 주점주인과 시비 중 홧김에 경찰관들을 폭행했다는 사안으로서 폭행의 정도나 상해의 정도로 볼 때 범죄가 중하지 아니하고, 재범의 위험성도 크다고 할 수 없으며, 피해자가 경찰관들이어서 그들에게 위해를 가할 우려가 없습니다.

3. 이 사건의 경위
(생략)

4. 문제점
가. 체포의 문제점
나. 피의사실의 문제점

5. 정상관계
 피의자에 대한 구속이 적법하다고 하더라도 피의자에게는 아래와 같은 정상사유가 있으므로 이를 참작하여 주시기 바랍니다.
(범행동기, 합의, 전과사실, 반성 등 정상사유 기재)

6. 보증금납입조건부 석방결정[123]
 피의자가 이 사건 범행을 저질렀다 하더라도 그 범행동기 등을 참작할 때 피의자가 피해자, 참고인 또는 그 친족의 생명, 신체, 재산에 해를 끼칠 염려가 전혀 없다 할 것입니다.

따라서 비록 피의자에게 구속의 사유가 있어 구속적부심사에 따른 석방을 할 수 없더라도 위와 같은 사정을 감안하여 보증금의 납입을 조건으로 피의자의 석방을 명하여 주시되, 위 보증금은 피의자의 여동생 홍길숙(580505-2143567, 주소: 서울 종로구 창경원로123)이 제출하는 보석보증보험증권을 첨부한 보증서로 갈음하도록 하는 결정을 내려 주시기 바랍니다.

7. 결론
  이상과 같은 모든 사정을 참작하여 이번에 한하여 피의자가 불구속 상태에서 재판을 받을 수 있도록 석방하여 주시기 바랍니다.

첨 부 서 류

1. 청구서부본		1통
2. 재산관계진술서		1통
3. 변호인선임신고서[124]		1통
4. 주민등록등본		2통
5. 확인서		2통
6. 탄원서		1통

2018. 4. 17.

피의자의 변호인
변호사 000 (인)

서울북부지방법원 귀중

---

121) 죄명이 여러 개일 경우에는 가장 무거운 죄명이나 쟁점이 된 죄명을 기재한다.
122) 피의자가 여러 명일 경우에는 '피의자 000에 대하여 석방을 명한다.'라고 기재한다.
123) 이를 실무상 '기소 전 보석'이라고 한다.
124) 실무상 '선임계'라는 말을 사용하고 있는데, 이는 일본식 용어이므로 사용해서는 안 된다.

Ⅳ. 보석허가청구서

보석허가청구서에는 사건번호, 구속된 피고인의 성명, 주민등록번호 등, 주거, 청구의 취지와 이유, 청구인의 성명 및 구속된 피고인과의 관계를 기재하여야 한다(규칙 제53조 제1항).

[보석]

1. 의의

보석이란 법원이 보증금의 납입 등을 조건으로 구속의 집행을 정지하여 피고인을 석방하는 제도를 말한다.

2. 종류

가. 필요적 보석(권리보석: 제95조): 청구보석

1) 필요적 보석의 원칙

집행유예결격자도 보석이 가능하다(대결 1990.4.18. 90모22).

2) 제(예)외 사유: 제95조 각 호의 사유

가) 피고인이 사형·무기 또는 장기 10년이 넘는 징역이나 금고에 해당하는 죄를 범한 때(제1호)

- 여기서 형은 법정형을 의미하고, 공소장변경이 있는 때에는 변경된 공소사실이 기준이 되며, 공소사실과 죄명이 예비적·택일적으로 기재된 때에는 그 중 1죄가 여기에 해당하면 족하다.

나) 피고인이 누범에 해당하거나 상습범인 죄를 범한 때(제2호)

- 이 규정의 취지가 재범의 위험성으로부터 사회를 보호하기 위한 것이라는 견해와 실형선고의 개연성 때문에 도망의 염려가 현저한 경우를 규정하는 것이라는 견해(다수설)가 있는데, 이를 모두 종합하여 판단하여야 할 것이다.

다) 피고인이 죄증을 인멸하거나 인멸할 염려가 있다고 믿을 만한
   충분한 이유가 있는 때(제3호)

- 죄증을 인멸할 염려란 제70조 제1항 제2호의 증거인멸의 염려와 같은
  뜻이다.

- 보석을 청구하는 시점에서 죄증인멸의 염려가 있다고 믿을 만한 충분
  한 이유가 없다는 것을 소명한다. 즉 구속영장발부시보다 죄증인멸의
  염려에 대한 검사의 소명정도가 높아야 한다.

- 당해 범죄의 객관적 사정, 소송과정, 피고인의 지위와 활동 등을 고려
  하여 구체적으로 결정해야 한다.

- 죄증인멸의 대상이 되는 사실은 범죄구성요건사실에 한하지 않고 널리
  범죄의 배후사정이나 양형사실도 포함한다.

라) 피고인이 도망하거나 도망할 염려가 있다고 믿을 만한 충분한
   이유가 있는 때(제4호)

- 보증금에 의하여도 피고인의 출석을 담보할 수 없을 때를 말한다.

마) 피고인의 주거가 분명하지 아니한 때(제5호)

- 법원이 피고인의 주거를 알 수 없는 경우를 말한다. 피고인이 주거에
  대하여 진술거부권을 행사하여도 법원이 주거를 알고 있는 때에는 여
  기에 해당하지 않는다.

바) 피고인이 피해자, 당해 사건의 재판에 필요한 사실을 알고 있
   다고 인정되는 자 또는 그 친족의 생명·신체나 재산에 해를
   가하거나 가할 염려가 있다고 믿을 만한 충분한 이유가 있는
   때(제6호)

- 피해자와 증인을 보호하기 위한 규정이다.

나. 임의적 보석(재량보석: 제96조): 직권보석+청구보석

피고인의 건강을 이유로 보석을 허가하는 경우(이른바 병보석)가 여기에 해당한다.

3. 절차

가. 보석의 청구: 공소가 제기된 후면 공판개시전후를 불문하며, 재판확정 전까지는 심급을 불문하므로 상소심에서도 청구가 가능하다(제105조, 규칙 제57조).

1) 청구권자(제94조): 피고인, 피고인의 변호인·법정대리인·배우자·직계친족·형제자매와 가족·동거인 또는 고용주로서,체포·구속적부심사 청구권자와 동일하다.

보석청구사건은 본안사건과는 독립된 별개의 사건이므로 변론요지서와는 달리 인적사항의 기재가 구체적이어야 한다.

2) 청구의 방법(규칙 제53조, 제53조의2): 보석(허가)청구서

가) 사건

(1) 사건번호: 보석청구사건은 접수 시에 본안사건과 별도의 고유번호(2018초보123)가 부여되지만, 청구서작성 시에는 그 고유번호를 알 수 없으므로 본안사건번호를 기재한다.

– 2018고단345 도로교통법위반(음주운전) 등

(2) 죄명: 가장 중한 죄 하나를 대표로 기재한다.

나) 구속된 피고인의 성명, 주민등록번호 등, 주거·(등록기준지)[125]

---

125) 구속일자는 기재하지 않는다.

다) 청구인의 성명 및 구속된 피고인과의 관계

 # 위 사건에 관하여 피고인은 현재 서울구치소에 수감 중인바, 피고인의 변호인은 다음(아래)과 같이 피고인에 대한 보석을 청구합니다.

라) 청구취지

피고인의[126] 보석을 허가한다.[127]

라는 결정[128]을 구합니다.

- '보증금은 피고인의 처.... 보증서로 갈음할 수 있다.'라는 부가조건을 기재하면 잘못이다. 형사소송법은 보석조건이 다양화되었고, 보석 시 어떤 조건을 붙일 것인가는 법원의 재량에 속하므로, 보석에 어떤 조건을 붙일 것인가에 관한 변호인의 의견은 청구이유 중에서 설시하는 것이 타당하다.

마) 청구이유

(1) 공소사실의 요지[129]

- 복잡한 사건이나 부인사건의 경우에는 사안의 정리 또는 쟁점의 정리 등을 위하여 이를 기재하는 것이 필수적이다.
- 간단한 자백사건의 경우에는 그 기재를 생략하거나, '이 사건 공소장기재를 원용합니다.'라는 식으로 간략하게 기재하기도 한다.
- 요지의 기재는 피고인의 관점에서 공소사실을 재정리하되 사안을 정리하거나 쟁점을 정리하는데 필요한 전제사실을 빠뜨려서는 아니 된다.

---

126) 피고인이 여러 명일 때에는 '피고인 000에 대한'으로 기재한다.
127) '명한다' 등의 표현은 잘못이다.
128) "'명령'을 구합니다."라는 표현도 잘못이다.
129) 구속적부심사청구서에는 아직 공소가 제기되지 않았으므로 '범죄사실'이라고 기재하는 반면 보석허가청구서에는 '공소사실'이라고 기재한다.

(2) 보석사유의 존재

 # 피고인에게는 형사소송법 제95조에서 규정한 필요적 보석사유가 있습니다.

- 제70조 제1항의 구속사유 중 '죄를 범하였다고 의심할 상당한 이유'가 없음을 근거로 무죄주장을 해서는 아니 된다. 보석은 공판절차가 아니어서 유·무죄를 판단하는 절차가 아니다. 따라서 공소사실 자체로 보아 명백히 무죄가 아닌 한 무죄주장은 별도로 항목을 설정하여 하고, '보석사유의 존재'의 항에서는 제95조 각 호에 규정한 사유만을 들어 보석사유가 있음을 주장한다.
- 각 호의 제외사유에 해당하지 않음을 적시전과의 경우 증거기록 중에 범죄경력조회서의 해당 쪽수를 기재하는 것이 좋다(증거기록 제00쪽 참조).
- 주거분명을 나타내기 위하여 주민등록표등본이 증거기록에 있으면 해당 쪽수를 기재하고, 증거기록에 없으면 보석허가청구서에 첨부하면서 별첨 자료로 표시하는 것이 좋다.

(3) 이 사건의 경위

- 피고인의 입장에서 본 공소사실의 발생경위를 기재한다. 자백을 하더라도 범행의 동기나 목적, 수단과 방법 등에 관한 사실은 범죄의 경중 판단에 중요한 자료가 되고, 나아가 증거인멸 염려 등에 관한 판단에 대하여도 영향을 미칠 수 있으므로 기재하는 것이 좋다.
- 경위 설명은 변호인이 피고인을 접견하여 얻은 자료와 수사기관의 진술 또는 다른 관련자들의 진술 등을 토대로 피고인의 입장에서 사건의 발생순서(시간 순)에 따라 간략하고 '객관적'으로 기재하여야 한다.

(4) 피고인의 변명(주장)

- 변호인은 피고인의 주장이나 진술에만 의존하여서는 아니 되고, 사건의 전후 경위를 면밀히 살펴 피고인에게 억울한 점이 있으면 이를 확인하

여 해소하도록 노력하여야 한다.

(예) 피고인은 이 사건 공소사실 중 폭행의 점에 관하여는 (이 사건의 경위 '어디'에서 밝힌 것처럼) 오히려 싸움을 말렸을 뿐이라고 하면서 이를 부인하고 있고, 나머지 공소사실은 모두 인정하고 있습니다. 따라서 피고인이 폭행에 가담하였는지 여부가 이 사건의 쟁점이라고 할 것입니다.

(5) 사실관계(이 사건 폭행 당시 피고인이 가담하였는지 여부)

(6) 법률관계(문제점)

(예) ; 긴급체포의 위법성, ○○○진술의 신빙성, 공소사실에 대한 증거의 검토

- 공소사실에 대한 입증책임은 검사에게 있으므로 검사가 제출한 증거를 먼저 검토한다.
- 증거를 판단할 때 가장 먼저 보아야 할 것은 그 증거가 공소사실 중 어느 부분을 증명하려고 하는가를 살피는 일이다. 즉 그 증거가 공소사실의 특정부분만을 대상으로 하는 경우에는 그 이외의 부분에 관하여는 증명력이 없다.
- 대부분의 사건에서 피해자는 사건을 체험한 직접 당사자이기 때문에 피해자 진술이 중요한 증거이다. 그런데 피해자 진술 이외에 다른 정황 증거들이 다수 존재하는 것이 보통이므로 다른 증거에 앞서 피해자 진술을 직접 검토하는 것보다는 증거가치가 없는 다른 증거들을 먼저 살펴보고 배제시킨 후 피해자 진술을 따지는 것이 법관에게 공소사실에 대한 입증이 없다는 것을 인식시키는데 유리하다.

(7) 정상관계

- 변호인으로서는 피고인을 석방시키기 위하여 피고인에게 유리한 정상을

최대한 부각시켜야 한다. 이를 위하여 사건을 다각도로 조망하면서 수사기록, 피고인이나 사건관련자들로부터 청취한 진술, 그 밖에 피고인에게 유리한 자료들의 내용을 종합적으로 면밀하게 검토하여 피고인에게 유리한 정상을 최대한 발굴한 후 피고인의 입장에서 사건을 재구성하는 것이 필요하다. 다만 객관적인 자료나 근거 없이 '말'로만 정상관계를 적시하면 역효과가 날 수 있다.

- 피고인의 반성, 전과관계, 범행의 동기(우발성/상대방유발)·수단·방법·경위, 합의(공탁), 생계곤란, 건강(본인, 가족), 기타

(8) 보석조건(제98조)에 관한 의견

<예시> 피고인은 평소 채소가게의 종업원으로 일하면서 매월 200만 원 정도의 박봉으로 4인 가족의 생계를 근근이 꾸려왔으나 위에서 밝힌 바와 같이 최근에 처의 병이 악화되어 적지 않은 치료비를 지출하는 바람에 경제적으로 어려운 처지에 있습니다(별첨 6 재산관계진술서 참조). 따라서 피고인의 보석을 허가할 경우 피고인에게 경제적 부담이 없도록 피고인의 출석서약서나 제3자의 출석보증서의 제출만으로 보석을 허가하여 주시기 바라며, 만약 보증금의 납입을 명하더라도 그 보증금은 피고인의 처 ○○○(주민등록번호, 주소; ×××)이 제출하는 보석보증보험증권을 첨부한 보증서로 갈음할 수 있도록 허가하여 주시기 바랍니다.

- 종전에는 보석조건이 단순하여 보석보증보험증권이 첨부된 보증서 제출인의 인적 사항정도만 기재하면 되었으나, 현행 형사소송법에서는 보석조건이 다양화되어 변호인으로서는 적합한 보석조건을 찾아 이에 관한 의견을 적극적으로 밝힐 필요가 있다.
- 보증서를 제출할 수 있는 사람은 청구권자의 범위와 같다.
- 적합한 보석조건에 관한 의견을 밝히고 이에 관한 소명자료를 낼 수 있다(규칙 제53조의2 제1항).

(9) 결어(결론)

위와 같은(이상의) 모든 사정을 살펴(감안/참작하여) 피고인으로 하여금 불구속상태에서 재판을 받을 수 있도록 보석허가를(청구취지와 같은 결정을) 하여 주시기 바랍니다.

바) 첨부서류

- 필요적 첨부서류: 청구서부본(규칙 제53조 제2항), 재산관계진술서(규칙 제53조의2 제2항; 피고인이 미성년자인 경우에는 그 법정대리인 등)

- 기타: 주민등록표등본, 탄원서, 합의서, 진단서 등 유리한 자료제출(규칙 제54조의2 제4항)

- 변호인선임(신고)서는 이미 법원에 제출하였으면 다시 제출할 필요는 없다.

사) 청구법원: 피고사건이 계속 중인 법원

다만 상소기간 중 또는 상소 중 소송기록이 원심법원에 있는 때에는 원심법원에 청구한다(제105조).

* 보석허가청구사건은 본안사건과 별도로 기록이 편제되고, 보석허가청구 시 제출한 서류는 본안사건기록에는 편철되지 않으므로, 나중에 본안사건 변론 시 참고자료로 다시 제출할 필요가 있을 경우에 대비하여 보석허가청구 시 그 사본을 확보해 두어야 한다.

나. 검사의 의견(제97조, 규칙 제53조 제3항, 제54조)과 필요적 심문원칙

- 검사는 법원으로부터 의견요청이 있을 때에는 의견서 이외에 소송서류와 증거물을 지체 없이 의견요청을 받은 다음날까지 제출하여야 한다. 검사는 보석허가가 상당하지 아니하다는 의견일

때에는 그 사유를 명시하여야 하며, 보석허가가 상당하다는 의견일 때에는 보석조건에 대하여 의견을 나타낼 수 있다. 다만 검사의 의견을 듣지 아니한 채 결정할 수 있다.[130]
- 지체 없이 심문기일을 정하여 피고인을 심문하여야 한다(규칙 제54조의2 제1항).

다. 법원의 결정: 청구일로부터 7일 이내에 결정하도록 규정하고 있으나(규칙 제55조), 이는 훈시규정이다.

1) 보석불허결정

- 보석청구가 부적법하거나 이유 없는 때에는 보석청구를 기각하여야 한다. 다만 필요적 보석의 경우에는 제외사유에 해당하지 않는 한 기각할 수 없으며, 불허결정을 하는 때에는 결정이유에 해당 제외사유를 명시하여야 한다(규칙 제55조의2).

2) 보석허가결정

- 보석을 허가하는 경우에는 필요하고 상당한 범위 안에서 피고인의 출석을 담보할 조건 중 하나 이상의 조건을 정해야 한다.

3) 결정에 대한 항고

- 불허결정이나 허가결정에 대해서 피고인 또는 청구인 및 검사는 즉시항고를 할 수 없고, 보통항고(제403조 제2항)만 가능하다.

라. 보석의 조건(제98조)[131]

① 보증금의 납입 ② 서약서와 출석보증서의 제출 ③ 피해금액의 공탁 ④ 기타 부가적 보석조건 ; 주거제한 및 변경 시 법원의 허가 등 ⑤ 보석조건의 결정 시 고려사항(제99조)

---

130) 대법원 1997. 11. 27. 자 97모88 결정.
131) 각 보석조건이라도 유리한 조건을 활용한다.

마. 보석의 집행

1) 일정한 보석조건의 경우에는 이를 이행한 후가 아니면 보석허가 결정을 집행하지 못 한다(제100조 제1항).

2) 피고인이 정당한 이유 없이 보석조건을 위반한 경우에는 결정으로 1천만 원 이하의 과태료를 부과하거나 20일 이내의 감치에 처할 수 있으며(제102조 제3항), 이 결정에 대하여는 즉시항고를 할 수 있다(제4항).

3) 보석허가결정의 집행은 검사가 집행하며, 보증금의 납입 등 보석조건의 이행에 관한 자료는 검찰청에 제출하여야 한다(제460조).

4. 보석조건의 변경, 보석의 취소·실효와 보증금의 몰취·환부

가. 보석조건의 변경(제102조 제1항)

법원은 보석을 허가한 후에 보석조건을 변경한 경우에는 그 취지를 검사에게 지체 없이 통지하여야 한다(규칙 제55조의4).

나. 보석의 취소와 실효

1) 보석의 취소(제102조 제2항): 직권 또는 검사의 청구 - 보통항고

검사는 취소결정의 등본에 의하여 재구금하여야 하며(규칙 제56조), 보석취소결정의 송달은 요하지 않는다.

보석이 취소되어 재구금된 경우에는 재구금된 날부터 구속기간의 잔여기간이 진행한다.

2) 보석의 실효

보석취소와 구속영장의 실효(무죄·면소·형의 확정 등)에 의하여 효력을 상실한다.

보석 중인 피고인에 대하여 제1심이나 제2심에서 실형이 선고되었다고 하더라도 판결이 최종 확정되지 아니하였으면 보석이 취소되지 않는 한 보석의 효력은 그대로 유지된다.

다. 보증금 등의 몰취(제103조)와 환부(제104조)

 1) 보증금 등의 몰취: 보석취소결정 후 임의적 몰취 허용(대결 2001.5.29. 2000모22[전])

 2) 보증금 등의 환부: 보증금 또는 담보를 납입한 자가 청구한 날로부터 7일 이내에 환부

보 석 허 가 청 구 서

사　건　　2018고단123 공갈 등
피고인　　홍길동(791212-1234567), 일용노동자
　　　　　주거 서울 서초구 효령로 123
　　　　　등록기준지 서울 서초구 사평대로 10길 456
청구인　　변호인 변호사 명변호
　　　　　서울 서초구 법원로 123, 303호(서초동, 정의빌딩)

위 사건에 관하여 피고인은 현재 서울구치소에 수감 중인바, 피고인의 변호인은 다음과 같이 보석을 청구합니다.

청 구 취 지

피고인의 보석을 허가한다.
라는 결정을 구합니다.

청 구 이 유

1. 공소사실의 요지(생략)

2. 보석사유의 존재
피고인에게는 형사소송법 제95조에 정한 필요적 보석사유가 있습니다.
가. 피고인은 사형, 무기 또는 장기 10년이 넘는 징역이나 금고에 해당하는 죄를 범하지 아니하였습니다.
　　피고인에 대하여 공소제기 된 죄명의 법정최고형이 공갈죄는 징역 10년 이하, 절도죄는 징역 6년 이하, 횡령죄는 징역 5년 이하이어서 어느 경우에도 이에 해당하지 않습니다.

나. 피고인은 누범에 해당하거나 상습범인 죄를 범하지 아니하였
    습니다.
    피고인은 초범이고(증거기록 제0쪽의 범죄경력조회 참조), 현
    재 공소제기 된 죄명도 상습범인 죄명에 해당하지 않습니다.

다. 피고인이 죄증을 인멸하거나 인멸할 염려가 있다고 믿을 만
    한 충분한 이유가 없습니다.
    피해자 등이 수사기관에서 모두 진술하였고 제1회 공판기일에
    서 사실관계를 인정하고 검사가 제출한 증거에 대해 모두 동
    의하고 있는 등 이미 충분히 조사 및 재판이 이루어졌으므로
    피고인이 증거를 인멸할 염려가 없습니다.

라. 피고인이 도망하거나 도망할 염려가 있다고 믿을 만한 충분
    한 이유가 없습니다.
    피고인은 초범일 뿐만 아니라 일용노동에 종사하면서 가족들
    과 단란한 가정생활을 하고 있어(증거기록 제0쪽의 주민등록
    표 등본 참조) 도망할 염려가 전혀 없습니다.

마. 피고인은 주거가 일정합니다.
    피고인은 주거지에서 처와 초등학생 아들 1명과 함께 거주하
    고 있어 주거가 분명합니다(위 주민등록표 등본 참조).

바. 피고인이 피해자, 이 사건의 재판에 필요한 사실을 알고 있다
    고 인정되는 자 또는 그 친족의 생명, 신체나 재산에 해를 가하
    거나 가할 염려가 있다고 믿을 만한 충분한 이유가 없습니다.
    피고인은 공소사실과 관련하여 잘못한 행동에 대해 깊이 반성
    하고 있으며, 피해자들과 특별한 원한이 없어 해를 가할 염려
    도 없습니다.

3. 이 사건의 경위(생략)

4. 피고인의 변명
피고인은 공갈죄와 절도죄에 대하여는 우발적으로 범행한 것으로 깊이 반성하고 있으며, 횡령죄에 대하여는 000하여 성립하지 않는다고 주장합니다.

5. 공갈죄에 대한 검토

6. 절도죄에 대한 검토

7. 횡령죄에 대한 검토

8. 정상관계

9. 보석조건에 대한 의견
피고인은 초범으로서 난생처음 구속되는 까닭에 당장 가족들의 생계가 곤란하므로 피고인의 가족들은 피고인의 석방을 애타게 기다리고 있는 실정입니다. 따라서 피고인의 보석을허가하실 경우에 피고인의 출석서약서나 제3자의 출석보증서의 제출만으로 보석을 허가하여 주시기 바라오며, 만약 보증금의 납입을 명하시더라도 그 보증금은 피고인의 처 김정숙(821122-2014533, 주소: 서울 서초구 효령로 123)이 제출하는 보석보증보험증권을 첨부한보증서로 갈음할 수 있도록 허가하여 주시기 바랍니다.

10. 결론
이상과 같은 모든 사정을 참작하여 피고인이 불구속 상태에서 재판을 받을 수 있도록 청구취지와 같은 결정을 하여 주시기 바랍니다.

첨 부 서 류

1. 청구서부본   1통
2. 재산관계진술서   1통
3. 출석보증서(보증인)   1통
4. 인감증명서(보증인)   1통
5. 주민등록표등본   1통
6. 탄원서   1통

2018. 4. 9.

피고인의 변호인

변호사 000 (인)

서울중앙지방법원 형사제1단독 귀중

Ⅴ. 변호인 의견서

1. 피고인 또는 변호인은 공소장 부본을 송달받은 날부터 7일 이내
   에 공소사실에 대한 인정 여부, 공판준비절차에 관한 의견 등을
   기재한 의견서를 법원에 제출하도록 하고 있다(제266조의2 제1
   항). 이는 법원이 공소사실에 대한 피고인의 입장을 조기에 확인
   함으로써 이에 따라 심리계획 수립을 용이하게 하고, 피고인으
   로서도 공소사실에 대응하는 의사표시를 할 수 있게 함으로써
   방어에 도움이 되도록 하기 위한 것이다.

2. 피고인 또는 변호인의 의견서 제출은 의무사항이나 피고인이 진
   술을 거부하는 경우에는 그 취지를 기재한 의견서를 제출할 수
   있으며, 진술거부권이 있으므로 이를 강제하거나 이행하지 않는
   다 하여 불이익을 줄 수는 없다.

3. 의견서의 내용은 공소사실 인정여부에 국한되지 않고 사실관계,
   법률관계, 정상관계, 증거관계, 증거요망사항 등 다양하게 기재
   할 수 있다.

4. 의견서가 제출된 때에 법원은 이를 검사에게 송부하여야 하며,
   의견서 기재 내용을 보고 공판준비절차에 회부할지 여부를 결정
   한다(다만, 국민참여재판의 경우에는 공판준비절차가 필수적 절
   차로 되어 있다).

의 견 서(기본형)

사　건　2018고단(합)　123 호
피고인

이 의견서는 피고인의 진술권 보장과 공판절차의 원활한 진행을 위하여 제출하도록 하는 것입니다. 피고인은 다음 사항을 기재하여 이 양식을 송부 받은 날로부터 7일 이내에 법원에 제출하시기 바랍니다. 진술을 거부하는 경우에는 진술을 거부한다는 내용을 기재하여 제출하시기 바랍니다.

1. 공소사실에 대한 의견
 가. 공소사실의 인정 여부
  (1) 공소사실을 모두 인정함(　)
  (2) 세부적으로 약간 다른 부분은 있지만 전체적으로 잘못을 인정함(　)
  (3) 여러 개의 공소사실 중 일부만 인정함(　)
  (4) 공소사실 전부 인정할 수 없음(　)
  (5) 진술을 거부함(　)

 나. 공소사실을 인정하지 않거나(가.의 (3), (4) 중 어느 하나를 선택한 경우), 사실과 다른 부분이 있다고 하는 경우(가. 의 (2)를 선택한 경우), 그 이유를 구체적으로 밝혀 주시기 바랍니다.

2. 절차 진행에 대한 의견
 가. 이 사건 이외에 현재 재판 진행 중이거나 수사 중인 다른 사건이 있다면 해당 수사기관이나 법원과 그 사건명, 당사자명을 기재하여 주시기 바랍니다.

나. 이 사건을 진행하기 전에 법원에 이야기하고 싶은 특별한 사정이 있습니까?

다. 이 사건 재판의 절차 진행에 있어 법원에서 참작해 주기를 바라는 사항이 있으면 구체적으로 밝혀 주시기 바랍니다.

3. 성행 및 환경에 관한 의견
  가. 가족관계
  (1) 가족사항(사실상의 부부나 자녀도 기재하며, 중한 질병 또는 장애가 있는 등 특별한 사정은 비고란에 기재)

관계	성명	나이	학력	직업	동거 여부	비고

  (2) 주거사항
  자가소유(시가: 원), 전세(보증금: 원), 월세(보증금: 원, 월세   원), 기타(여인숙, 노숙 등)
  (3) 가족의 수입

  나. 피고인의 학력·직업 및 경력
  (1) 피고인의 학력

  (2) 과거의 직업, 경력

  (3) 현재의 직업 및 월수입, 생계유지 방법

  (4) 향후 취직을 하거나 직업을 바꿀 계획 유무 및 그 내용, 자

격증 등 소지 여부

다. 성장과정 및 생활환경(부모나 형제와의 관계, 본인의 결혼, 생활, 학교생활, 교우관계, 성장환경, 취미, 특기, 과거의 선행 등을 기재)

라. 피고인 자신이 생각하는 자기의 성격과 장·단점

4. 정상에 관한 의견(공소사실을 인정하지 않은 경우 기재하지 않아도 됨)
  가. 범행을 한 이유

  나. 피해자와의 관계

  다. 합의 여부(미합의인 경우 합의 전망, 합의를 위한 노력 및 진행상황)

  라. 범행 후의 피고인의 생활

  마. 현재 질병이나 신체장애 여부

  바. 억울하다고 생각되는 사항이나 애로사항

  사. 그 외 형을 정함에 있어 고려할 사항

2018. 8. 10.
피고인   (기명날인 또는 서명)

서울중앙지방법원 00부(단독) 귀중

변 호 인 의 견 서

사　　건　　2018고단 1234 상해
피고인　　　김갑식

위 사건에 관하여 피고인의 변호인은 다음과 같이 의견을 개진합
니다.[132)]

다　　음

1. 공소사실의 요지
　　이 사건 공소사실의 요지는 "피고인이 00음식점에서 발로 피해
　　자의 가슴을 차고 넘어뜨려 그 충격으로 피해자에게 8주간의
　　치료를 요하는 좌3,4번 늑골골절상을 가하였다."는 것입니다.

2. 공소사실에 대한 피고인의 입장
　가. 피고인은 공소사실을 부인합니다.
　나. 사실관계
　　1) 이 사건 당일 피고인, 고소인을 비롯한 계원들 5명이 00음
　　　　식점에서 함께 술을 마시던 중 술에 취한 고소인이 계원
　　　　'갑'이 탈퇴한 것은 피고인 탓이라고 하면서 피고인에게 욕
　　　　설을 하고 어깨를 치고, 손가락으로 피고인의 턱을 걷어 올
　　　　리고 하였습니다.
　　　　이에 피고인은 "왜 그게 내 탓이냐"라고 하면서 말대꾸를
　　　　하였는데, 고소인은 일어서서 피고인의 뺨을 때리고 허벅지
　　　　를 걷어찼습니다. 그래서 피고인도 이에 대항하여 앉은 자
　　　　세로 고소인의 배 부분을 1회 찬 사실은 있습니다. 그러나
　　　　자리에 있던 공소외 '을', '병', '정' 등이 떼어 말려 싸움은
　　　　그것으로 끝났습니다. 그러자 고소인은 자기 성질을 못이겨

옆으로 넘어지면서 가슴을 쥐어뜯고 하였으며, 물을 달라고 하여 공소외 '을'이 물을 한 컵 주었습니다.

2) 피고인은 고소인의 복부를 1회 찬 사실을 인정합니다. 그러나 고소인을 넘어뜨린 사실은 없습니다. 그리고 피고인이 고소인의 복부를 찬 사실로 고소인이 늑골골절상을 입은 사실도 인정할 수 없습니다.

위와 같은 다툼이 있고 난 후 고소인이 당시 술에 많이 취해 술을 마시지 않은 '병'이 고소인을 차에 태워 고소인의 집까지 바래다 주었는데, '병'에 의하면 고소인은 차를 타고 가면서 계속 노래방에 가자고 졸랐다는데, '병'은 고소인이 술에 많이 취해 고소인의 제의를 거절하고 고소인을 집으로 데려다 주었다는 것입니다.

그리고 고소인과 같은 동네에서 치킨집을 운영하는 공소외 A에 의하면, 고소인은 이 사건 다음 날 밤늦게까지 치킨집에서 술을 마셨고 별다른 이상을 느끼지 못하였다고 합니다.

또한 공소외 B에 의하면 고소인은 이 사건 약 1주일 후 아파트 계단(경비실 부근)에서 넘어져서 병원에 갔다고 합니다. 그리고 그 이후 병원에 입원하였다고 합니다. 따라서 피고인은 복부를 1회 찬 사실과 고소인의 상해 사이에 인과관계를 인정할 수 없습니다.

3. 입증계획
 가. 증인신청

증인	연락처	입증취지
'병'	주소:생략 전화:생략	- 사건 발단의 동기, 과정, 피고인의 폭행 여부 - 고소인을 차에 태워다 주는 과정에서, 고소인이 노래방에 가자고 한 사실

| 'A' | 주소:생략
전화:생략 | 사건 다음 날 고소인이 치킨집에서 술을 마신 사실 |
| 'B' | 주소:생략
전화:생략 | 고소인이 아파트 계단에서 넘어진 사실 |

나. 사실조회신청

조회할 곳	연락처	입증취지
00병원	주소:생략 전화:생략	- 고소인의 병명, 내원 일시 - 고소인이 사건 다음 날 엑스선 촬영 결과 늑골골절이 발견되었는지 여부 - 진료기록부 송부
P병원	주소:생략 전화:생략	- 고소인의 병명, 내원 일시 - 고소인의 늑골골절이 발견된 것은 언제 촬영한 결과인지 - 진료기록부 송부

다. 감정 신청

신청할 곳	입증취지
대학병원	고소인은 00병원에서 엑스선 촬영결과 늑골골절이 발견되지 않았다고 하자, 동 병원에서 촬영한 엑스레이를 넘겨받아 P병원에서 판독한 결과 미세한 늑골골절이 있다는 자료를 수사기관에 제출하였는바, 엑스선 판독에 대하여 전문성이 있고 객관적이며 공정한 판독을 위하여 대학병원에 판독을 의뢰하고자 함.

2018. 8. 10.

피고인의 변호인 변호사 000 (인)

00지방법원 형사제0단독 귀중

---

132) '변호인 의견서를 제출합니다.'라고도 표시한다.

Ⅵ. 변호인 모두(의견)진술

1. 공판절차 중 모두절차에서 검사의 공소장 낭독이 이루어진 이후 변호인이 당해사건에 관한 의견을 진술하는 절차이다(제286조). 이는 당사자주의의 견지에서 검사의 공소장 낭독에 대응하여 피고인 측에게 피고사건에 대한 변명, 주장 또는 관련 신청을 할 기회를 주는 것이다. 여기에는 공소사실에 대한 인부, 범죄성립이나 형의 감면사유, 정상 등의 주장뿐만 아니라 관할위반여부, 이송, 소송조건의 유무, 죄명과 적용법조에 관한 의견, 수사과정의 적법성과 양형조건에 관한 진술 등 당해 피고사건에 관한 절차적, 실체적 사항이 포함된다.

2. 이러한 의견진술은 피고인 또는 변호인의 권리이고 의무는 아니다. 따라서 진술여부, 진술할 경우 어느 정도의 진술을 하는가는 자유이다. 다만 대부분의 사건에서 피고인 측의 의견과 주장을 진술하는 것이 유리하므로 이를 적극 활용하여야 한다.

3. 의견진술은 민사사건의 답변에 해당한다고 할 것인데, 공판중심주의의 재판에서는 공판기일에 모든 자료를 드러내어 재판한다는 취지에 따라 쟁점을 선명하게 제시하여야 하고, 이에 따라 공판의 다음단계가 진행된다.

변 호 인 모 두 진 술

사　　건　　2018고단 234　특수상해
피고인　　　이00, 최00

위 사건에 관하여 피고인들의 변호인은 피고인들을 위하여 다음과 같이 모두진술을 합니다.

다　　음

1. 공소사실 중 다투는 부분
   공소사실은 "피고인들이 공동하여 2017. 12. 1. 13:00경 서울 강남구(이하 생략) 00여관에서, 피고인 최00은 손바닥으로 피해자의 뒤통수를 때리고, 동 이00은 옆에 있다가 피해자의 뒤통수를 한 대 때린 후 피해자의 상의를 잡아당겨 찢고, 성명불상자 4명이 피해자에게 달려들어 주먹과 발로 2-3분가량 구타하여 피해자에게 6주간의 치료를 요하는 우측 늑골 7,8번 골절상을 가하였다"고 되어 있는바,
   당시 피고인들이 그곳에 간 적은 있으나, 위 공소사실은 모두 사실이 아닙니다.

2. 피고인의 주장(변명)요지

   가. 피고인 최00은 문00(피해자)에게 2,500만원의 채권이 있는데, 문00가 자취를 감춘 후 그가 잡혔다는 소식을 듣고, 피고인들이 문00가 잡혀 있다는 서울 강남구(이하 생략) 소재 00여관 00호실에 가보았더니, 이미 문00는 당시 박00의 조직원들의 통제를 받고 있었고, 그들로부터 구타당하였는지 꿇어앉은 채로 가슴에 통증을 느낀 듯 가슴을 붙잡고 있었습니다.

나. 피고인 최00은 돈을 갖지 않고 도망간 문00을 보자 화가 나서 그에게 약간의 욕설을 하며 빌려간 돈에 대해 어떻게 할 것인지 추궁을 하였을 뿐 때린 사실은 전혀 없습니다. 당시 피고인 최00은 박00의 조직원들 중 한 사람을 알고 있어 그로부터 연락을 받고 그 자리에 가기는 하였으나 나머지 사람들은 모르는 사람들이고 그들에 비해 수적으로 열세였으며 문00를 만나는 것도 그들의 허락을 받고 통제를 당한 상태에서 만났으므로 문00를 때릴 처지도 아니었습니다.

다. 당시 현장에 있었던 강00의 검찰 진술도 피고인들의 진술과 일치합니다.

라. 피고인들은 서울 강남구 (이하 생략) 00여관에서 문00를 한 번 본 이후에 바로 성남으로 내려왔고, 문00는 그 후로도 수일간 박00 조직원들에 의해 인치되어 있었습니다.

마. 위와 같은 정황으로 볼 때도 피고인들이 문00에게 상해를 입혔다고 보기 어렵습니다.

바. 그런데도 피고인들이 의심을 받는 것은 문00의 진술과 문00를 00병원에 입원시켜 준 사건 때문인 것으로 보이는데, 그것만으로 피고인들을 범인으로 단정하기는 어렵다고 사료됩니다.

사. 문00가 피고인들로부터 상해를 당하였다고 주장하는 것은 허위사실을 주장하여 채무를 면제받으려고 한 것이 아닌가 심히 의심됩니다.

3. 변론 계획

이 사건의 쟁점은 피고인들이 위 공소사실과 같이 문00에게 상해를 가하였는지 여부이므로 이를 중심으로 변론하고자 합니다.

위와 같이 모두진술을 합니다.

2018. 7. 7.
피고인들의 변호인 변호사 000 (인)

00지방법원 형사제0단독 귀중

Ⅶ. 변론 요지서

[변론]

1. 의의 : 최종의견진술(제303조) - 협의의 변론

변론이란 소송활동의 결과를 집약하여 증거에 의하여 인정되는 사실을 밝히고, 이에 대하여 적용되어야 할 법률판단을 전개하여 피고인에게 유리한 판결을 구하는 것을 말한다.

변론은 법정에서 구두로 하여야 한다.

- 변론요지서는 변론내용을 명확히 하고, 상소하여 다툴 경우에 기초자료로서도 필요하다.

- '변호인은 피고인을 위하여 유리한 변론을 하다.'

- 재판장은 변론시간 제한 가능(규칙 제145조) ; 변론요지서로 갈음

- 현행법에는 원칙적으로 변론을 종결한 기일에 판결을 선고하도록 하고 있으므로(즉일선고의 원칙; 제318조의4 제1항), 변호인으로서는 이를 감안하여 변론종결이 예상되는 공판기일에 대비하여 미리 변론요지서를 작성 · 제출하여야 한다.

2. 변론에서 진술할 사항

- 공소사실을 자백(인정)하는 경우에는 사실상의 주장이나 법률상의 주장보다는 정상론이나 양형에 관한 부분이 중점이 되어야 하고, 무죄를 주장하거나 법률상의 문제를 다툴 경우에는 그 주장하고자 하는 대상에 변론의 내용이 집중되어야 한다. 따라서 개개 사건의 특성과 변론의 방향에 맞추어 적절하게 구성하여야 한다.

- 사소한 사실문제나 채택의 여지가 없는 법률적인 주장 등을 단순히 나열할 것이 아니라, 쟁점과 핵심을 중점적으로 파고드는 방식이 바람직하다.

가. 사실에 관한 주장

- 일반적으로 사실에 관한 주장을 함에는 검사가 제출한 증거를 탄핵하여 공소사실을 입증할 증명이 없다는 점에 초점을 두어야 하므로 법정에 제출된 증거를 요약하고 이에 기한 판단을 제시할 필요가 있다. 즉 피고인에게 유리한 증거의 신빙성을 명백히 하고 이에 기한 사실의 구성을 밝히고, 불이익한 증거의 신빙성을 탄핵하고 그 내용에 대하여 합리적인 의심을 갖도록 설시하여야 한다.

- 증거에 대한 가치판단과 증거의 종합판단에 의하여 추인될 수 있는 사실을 주장하여야 하고, 주관적 의견이나 억측을 주장하는 것은 무의미하며, 다른 주장에 대한 신뢰성도 의심받을 수 있으므로 피해야 한다.

  *증거의 개관→증거사실의 요지→증거능력 여부→증명력 판단

나. 법률상의 주장

- 무죄, 정당방위·정당행위·긴급피난, 고의·과실, 심신장애, 미수·방조, 자수 등에 관한 법률론, 전문법칙이나 자백의 임의성 등 증거법상의 제문제 등

- 증거에 의하여 인정되는 구체적 사실을 토대로 엄격한 법적 논리 전개

  *판례숙지

다. 정상에 관한 주장(정상론/정상관계)

- 범죄정상: 범죄의 동기, 범행의 수단·방법·태양, 결과발생의 유무·정도·태양, 공범관계, 피해자 측의 사정이나 행동, 사건의 사회적 배경과 사회에 미친 영향, 범행 후 피고인의 행동

- 일반정상: 피고인의 나이·학력·경력·건강상태, 직업, 전과, 수입과 재산, 가정환경과 성장환경, 생활상황, 가족관계와 보호자의 유무, 개전의 정의 유무와 정도, 합의여부(피해변상 여부와 그 노력 정도, 피해자의

의사), 재범가능성의 유무 등

- 정상에 관한 주장도 사실에 관한 주장과 같은 정도의 엄격한 증거는 아니더라도 적어도 '자유로운 증명'에 의하여 입증될 수 있는 객관적 근거를 갖추어야 한다.
- 양형에 관한 의견; 아주 부당한 검사의 구형 반박, 일정한 형이 피고인에게 중대한 의미

3. 변론요지서 작성방식

- 법원이 해당기록을 찾아 확인·대조하지 않더라도 변론요지서만 보면 변호인이 무엇을 말하는지 이해할 수 있도록 근거를 제시하면서 구체적으로 기술한다.
- 판결서 문체(문투) 사용 엄금; ...라고 주장하므로 살피건대, 위 인정사실에 의하면, ...라는 주장은 받아들일 수 없다 등등

1) 문서의 표제, 사건(사건번호와 사건명), 피고인의 성명, 변호인의 기명·날인, 제출법원

- 소송절차 내에서 제출하는 서류로서 별도로 법원의 재판을 구하지 않는 일반양식
  따라서 사건번호, 사건명(죄명), 피고인의 성명만 기재하여 사건을 특정하면 족하다.
  * 보석청구는 보석허가결정을 구하는 별도의 재판이므로 주민등록번호, 주거, 등록기준지 등을 기재하여야 하는 것과는 다르다.

2) 공소사실의 요지

- 여러 개일 경우에는 공소사실별로 구별하거나 포괄하여 서술 여부를 결정한다.
  * 공소사실 검토 철저 - 공소사실에 없는 내용을 쟁점화해서는 안됨.

3) 피고인의 변명(주장) 요지 ; 이사건(공소사실)에 대한 피고인의 입장 부인 또는 시인(자백)하는 부분과 변명요지를 기재한다.

   * 구체적으로 공소사실에 부합하는 증거 및 신빙성 판단(공소사실에 대한 사실관계/증거관계의 검토)을 할 때는 4)·5)·6)은 중복되지 않게 기술하거나 생략이 가능하다.

4) 이 사건의 경위 ; 피고인의 주장, 피고인측 증인의 진술, 기타 피고인에게 유리한 증거를 주장하여 구성

5) 사실상의 주장(사실론/사실관계)

  일반적으로 법률상의 주장과 나누어 설명하는 것이 좋으나, 위법성조각사유나 책임조각사유의 존재를 주장하는 경우 등과 같이 법률론과 함께 전개하는 편이 효과적일 때가 있다.

  사실관계에 관한 주장을 명확하게 하기 위하여 증거를 인용할 필요가 있을 경우에는 인용하는 부분을 적시한다.(예; 증인 김갑동의 법정에서의 진술(기록 몇 쪽), 검사작성의 피고인에 대한 제1회 피의자신문조서(기록 몇 쪽) 등)

6) 법률상의 주장(법률론/법률관계)

7) 정상에 관한 주장(정상론/정상관계)

8) 예비적 주장: 주위적으로 정당방위, 예비적으로 과잉방위/주위적으로 무죄, 예비적으로 정상관계 설득력이 떨어지는 예비적 주장을 남발하는 것은 변론의 방향성을 잃으므로 지양해야 한다.

  예비적 주장을 명시적으로 할 것인가는 개개의 사건에 따라 신중하게 검토하여야 한다. 주위적 주장에 큰 비중을 두어야 할 경우라면

명시적으로 예비적 주장을 하지 말고, 예비적 주장으로 하고 싶은 부분을 사실상의 주장이나 법률상의 주장 부분에서 적절하게 부가해 두는 것이 좋다.

9) 검사의 의견진술에 대하여는 구체적으로 충분히 변론한다(따로 언급하지 않고, 5)·6)·7)에서 주장하는 것도 가능하다).

10) 결론

변호인이 변론에서 주장하는 요지가 무엇인지 명확히 밝히는 것을 말한다.

양형에 관한 의견이나 예비적 주장이 있을 경우, 결론과 관련하여 언급하는 것이 적절한 경우도 있다.

[변호인의 주장]

Ⅰ. 무죄의 주장

- 범죄로 되지 아니하거나 범죄사실의 증명이 없는 때(제325조)

   * 전단에 의해 무죄를 선고한 원심을 파기하고 후단에 따라 자판한 판례(대판 1999.12.24. 99도3003)가 있으므로 전·후단의 구별은 필요하다. 실무상 전단에 해당하는 것이 명백한 때 이외의 경우에는 모두 후단에 해당하는 것으로 본다.

1. 제325조 전단의 무죄 주장 ; 범죄로 되지 아니하는 때

1) 공소제기 된 사실자체는 인정되지만 이러한 사실이 구성요건에 해당하지 않거나 위법성조각사유 또는 책임조각사유가 있어 위법하지 않거나 책임이 없는 경우를 말한다.

   * '공소장에 기재된 사실이 진실하더라도 범죄가 될 만한 사실이 포함되지 아니하는 때'(공소장 기재사실 자체에 대한 판단만으로는 그 사실이 범죄를 구성하지 아니함이 명백하여 공소장변 경절차에 의하더라도 그 공소가 유지될 수 없는 경우; 대판 1990.4.10. 90도174)에는 공소기각의 결정을 구하여야 한다(제328조 제1항 제4호).

   ① 공소사실 자체에 법리를 적용하여 바로 무죄판결이 나올 수 있는 경우 ; 공소사실의 요지 → 법리 → 공소사실에의 적용결과 → 결론

   ② ①을 변형하여 공소사실은 실제 사실관계와 다르게 유죄판결이 선고될 수 있는 내용으로 기재가 되어 있으나 실제로 기록상 인정되는 사실관계를 정리하고 그 사실관계에 법리를 적용하게 되면 무죄판결이 나오는 경우 ; 공소사실의 요지 → 인정되는 사실관계 → 법리 → 사실관계에의 적용결과 → 결론

③ 위법성 또는 책임의 조각

2) 공소장에 기재된 적용법조가 위헌결정으로 소급하여 무효인 경우 (대판 2013.5.16. 2011도2631[전]; 2013.7.11. 2011도14044)
   *범죄 후 법령개폐로 형이 폐지된 경우에는 면소사유가 된다.

〈예시〉

① 구성요건해당성 흠결

이러한 유형의 판단은 ㉠공소사실의 요지 ㉡법리(판례) ㉢공소사실에 대한 법리의 적용결과 ㉣결론 등으로 구성되며, 공소사실이 진실인지 여부는 쟁점이 아니기 때문에 별다른 사실인정을 하지 않아도 된다. 공소사실의 요지는 법리를 바로 적용할 수 있도록 법리의 핵심에 해당하는 사실관계가 잘 드러나도록 요약하는 것이 좋다.

   * 이 사건 공소사실 중 피고인이 절취하여 가지고 있던 자기앞수표 1장을 자기 소유인 것처럼 교부하여 이에 속은 피해자로부터 ....을 교부받았다는 부분은 인정하지만, 금융기관 발행의 자기앞수표는 그 액면금을 즉시 지급받을 수 있어 현금에 대신하는 기능을 가지므로 절취한 자기앞수표를 현금 대신으로 교부하는 행위는 절도죄에 수반하는 당연한 결과로서 절도행위의 가벌적 평가에 포함되고 별도로 사기죄는 성립하지 않습니다(대판 1993. 11. 23. 93도213). 따라서 위 공소사실은 범죄로 되지 아니하는 때에 해당하여 형사소송법 제325조 전단에 의하여 무죄라고 할 것입니다.

② 위법성 또는 책임조각

이러한 유형의 판단은 ㉠공소사실의 요지 ㉡(정당행위 등의 요건을 충족하기 위한) 증거에 의한 사실인정 ㉢ 정당행위 등의 요건을 충족한다는 판단 ㉣결론 등으로 구성된다. 정당행위 등의 요건에 해당하는 구체적 사실을 인정하기에 충분한 증거를 제시하여야 한다.

*정당행위(위법성조각)

이 사건 공소사실의 요지는 피고인은 언제 어디에서 피해자를 넘어지게 하여 약 2주간의 치료를 요하는 뇌진탕 등의 상해를 가하였다는 것입니다. 피해자가 위와 같은 상해를 입은 사실은 인정하지만, 피해자를 비롯한 여자 10여 명이 피고인을 둘러싸고 피고인의 다리와 옷자락을 잡아 못나가게 하므로 피고인이 빠져 나오기 위하여 위 여자들과 서로 엉켜 밀고 당기고 하던 중에 피해자가 넘어진 것이므로 이는 사회통념상 허용될 만한 정도의 상당성이 있어 형법 제20조의 정당행위에 해당하여 범죄로 되지 아니하므로 형사소송법 제325조 전단에 따라 무죄라고 할 것입니다.

2. 제325조 후단의 무죄 주장 ; 범죄사실의 증명이 없는 때

-통상 증거가 충족되지 않은 경우를 뜻하나 그 진정한 의미는 합리적인 의심의 여지가 없을 정도로 심증을 형성하지 못하여 법관이 유죄의 확신을 갖지 못한 경우를 말한다(의심스러울 때는 피고인의 이익으로; In dubio pro reo).

1) 일정한 사실관계가 인정되고 이에 법리를 적용하면 무죄로 되는데, 추가증거에 의하여 사실관계가 달리 입증됨으로써 유죄가 될 여지가 있는 경우

   공소사실의 요지→인정되는 사실관계→법리→사실관계에의 적용 및 추가증거의 부족(달리 ~점을 입증할 증거가 없으므로)→결론

2) 공소사실에 부합하는 듯한 모든 증거를 따져봤으나 공소사실을 입증할 증거가 부족한 경우-먼저 공소사실에 부합하는 듯한 모든 증

거를 메모해 놓고 살펴보아야 한다.

- 부합하는 듯한 증거는 ① 증거능력이 없어 처음부터 그 내용을 볼 필요가 없는 증거 ② 증거능력이 있으나 신빙성이 없는 증거 ③ 증거능력 및 신빙성을 인정하더라도 그것만으로는 공소사실을 인정하기 어려운 증거로 나뉜다.

①의 경우; 증거능력이 없는 증거들을 그 증거능력이 없는 이유를 설시하여 배척한다.

- 위법수집증거배제법칙(위법수집증거이므로 증거능력이 없다. 위법수집증거에 의하여 발견된 2차 증거이므로 증거능력이 없다.), 자백배제법칙, 전문법칙

②의 경우; 증거능력이 있는지 여부에 관하여 공판정에서 다툼이 된 경우에도 증거능력이 있는 증거로 판명된 경우에는 증거능력이 있는 이유에 대하여는 설시할 필요가 없다. 통상 목격자, 피해자, 공범자의 진술의 신빙성을 배척하여야 하는데, 진술의 신빙성배척은 세 가지 관점에서 생각해 볼 수 있다.

㉠ 진술의 일관성, 즉 그 진술이 일관되지 못하고 오락가락한다는 것이다. 어떤 사실을 경험안 사람이 명백하다면 그 기억도 정확할 것이므로 진술이 오락가락하지 않아야 하는데 진술이 오락가락하여 일관되지 못하다는 것은 실제로 경험자가 아닐 가능성이 많거나 그 진술이 허위일 가능성이 많다는 것이므로 이 점을 근거로 신빙성을 탄핵한다. 진술의 비일관성은 경찰, 검찰, 법정에서의 각 진술을 대조하여 일관되지 못한 부분을 지적하는 방법으로 한다.

㉡ 진술의 객관적 증거와의 불일치 또는 피고인의 변명에 부합하는 객관적인 증거의 존재이다. 공소사실에 부합하는 듯한 진술이 일관되더라도 다른 객관적인 증거, 예를 들어 다른 제3자의 진술이나 다른 증거물,

사실조회자료 등의 증거서류 등과 일치하지 않는다면 역시 그 진술은 믿기 어려울 것이다. 또는 반대로 피고인의 변명이 혼자만의 진술이 아닌 다른 제3자의 진술 등 객관적인 증거에 부합한다면 피고인의 변명을 믿을 수 있게 되어 공소사실을 인정하기 어려울 것이다. *피고인의 변명(주장)은 그 자체로는 믿을 수 없기 때문에 따라서 '~의 진술은 피고인의 ~한 변명(주장)에 비추어 믿을 수 없다.'라는 식의 기재는 잘못이다.

ⓒ 진술이 경험칙에 부합하지 않는다, 합리성이 없다, 상식에 어긋난다는 등의 기재이다. 조작된 허위진술인 경우에는 자신도 모르는 무엇인가 그 자체로 모순되는 측면이 있는데, 바로 이점을 지적하는 것이다. 예를 들어 수억 원의 돈을 피해자로부터 편취한 사람이 바로 다음 날 돈이 없다고 하면서 피해자에게 불과 수백만 원을 빌린다는 것은 경험칙에 부합하지 않는다. 따라서 피고인이 피해자로부터 돈이 없어 수백만 원을 빌린 사실이 인정되는데 그 전날 수억 원을 피고인에게 현금으로 줬다고 공범자가 진술하고 있다면 그 진술은 경험칙에 부합하지 않아 믿을 수 없다. 공범자는 다른 공범자에게 책임을 전가하여 자신의 형사책임을 면하기 위하여 허위진술을 할 가능성이 매우 높으므로 공범자의 진술이 신빙성 탄핵의 대상의 된 경우에는 잘 살펴보아야 한다.

③의 경우 ; 부족증거들을 간략히 거시하고 부족하다는 설시를 한다. '~증거들만으로는 공소사실을 인정하기 부족하고 달리 이를 인정할 증거가 없다.'라고 기재하면 된다.

* 공소사실의 요지/검사 측 증거의 개요→증거의 증거능력 배척→증거의 증명력 배척→피고인에게 유리한 자료, 객관적 정황 등 공소사실에 합리적 의심 제기→결론

3) 자백의 보강법칙이 적용되는 경우
보통 여러 건의 절도나 상해, 도박으로 기소된 경우에 그 중 한

건이 피고인의 자백 외에 보강증거가 없는 경우이다. 이 외에도 보강할 만한 증거가 있으나 그 증거가 위법하게 수집된 증거여서 증거능력이 없거나 또는 전문법칙상 증거능력의 요건을 갖추지 못하여 증거능력이 없어 보강증거가 없게 되는 경우가 있다.

* 물론 이러한 경우에 피고인이 자백하지 않고 다툰다면 증거가 부족하여 후단 무죄에 해당한다.

〈예시〉

① 이 사건 공소사실 중 피고인이 ...을 절취하였다는 부분은 피고인이 공소사실을 자백하고 있으나 위 자백을 보강할 만한 증거가 없어 위 자백은 피고인에게 불리한 유일의 증거에 해당하여 이를 유죄의 증거로 삼을 수 없으므로, 위 공소사실은 범죄의 증명이 없는 때에 해당하여 형사소송법 제325조 후단에 따라 무죄라 할 것입니다.

② 이 사건 공소사실의 요지는 피고인은 ...한 장물을 취득하였다는 것인데, 피고인은 위 공소 사실의 일시·장소에서 갑으로부터 자기앞수표 1장을 교부받은 것은 사실이나 그 자기앞수표가 장물인 정을 알지 못하였습니다. 사법경찰관이 작성한 피고인에 대한 피의자신문조서와 피고인이 작성한 진술서는 피고인이 그 내용을 부인하므로 모두 증거능력이 없고, 사법경찰리가 작성한 을에 대한 진술조서는 피고인이 증거로 함에 동의한 바 없고 원진술자의 진술에 의하여 성립의 진정이 인정되지도 아니하였으므로 증거능력이 없다할 것입니다. 따라서 위 공소사실은 범죄의 증명이 없는 때에 해당하여 형사소송법 제325조 후단에 의하여 무죄라 할 것입니다.

* 강도예비의 경우

1. 강도예비의 점은 무죄입니다.

가. 이 사건 공소사실의 요지는 피고인은 언제 어디에서 무엇을 강취할 목적으로 길이 약 15센티미터 가량의 잭나이프 1자루를 점퍼 주머니 속에 숨긴 채 범행대상을 물색하는 등 강도를 예비하였다는 것으로, 이에 대한 검사 측 증거로는 .... 등이 있습니다.

나. 증거관계 및 법리판단

1) 피고인의 변명 요지와 신빙성

피고인은 경찰 이래 이 법정에 이르기까지 강도를 하기 위하여 잭나이프를 소지한 것이 아니라 절도를 하려는데 혹시 발각되면 위협하고 도망하려고 소지하였던 것이라고 변명합니다(증거기록 00쪽 검사가 작성한 피의자신문조서의 진술기재, 공판기록 00쪽 피고인의 이 법정에서의 진술 등).

피고인이 강도전과가 없는 점이나 공소사실 제1항(000과의 공동범행)에서 보는 바와 같이 피고인은 강도를 기도한 적이 없었던 점을 볼 때 피고인의 변명은 신빙성이 높습니다.

2) 증거관계

압수된 잭나이프(증 제2호)는 경찰관이 피고인을 긴급체포하면서 형사소송법 제216조 제1항 제2호에 따라 압수한 것입니다(증거기록 00쪽 압수조서의 기재). 그런데 형사소송법 제217조 제2항에 의하면 '검사 또는 사법경찰관은 제1항 또는 제216조 제1항 제2호에 따라 압수한 물건을 계속 압수할 필요가 있는 경우에는 지체 없이 압수수색영장을 청구하여야 한다.'라고 규정하고 있습니다. 그런데 기록상 위 잭나이프에 대하여는 사후 압수수색영장이 청구된 사실이 없습니다.

결국 위 잭나이프는 영장주의에 위반되어 수집된 위법수집증거이고 압수조서 또한 이로부터 파생된 2차적 증거로서 모두 증거능력을 인정받을 수 없으므로 피고인의 범행을 인정할 자료로 쓸 수 없습니다.

나아가 검사작성의 甲경찰에 대한 진술조서의 기재나 증인 甲경찰의 이 법정에서의 진술도 피고인으로부터 위 잭나이프를 압수하였다는 것에 불과하여 피고인의 변명을 뒤집고 피고인이 강도목적으로 위 잭나이프를 소지하였다는 사실을 인정할 자료로는 부족합니다.

3) 강도예비죄의 법리

따라서 이 사건에서 피고인이 강도할 목적으로 잭나이프를 소지하였다고 인정할 수 없고, 기껏해야 준강도를 할 목적으로 소지하였다고 볼 수 있을 것입니다.

한편, 판례는 "강도예비·음모죄가 성립하기 위해서는 예비·음모 행위자에게 미필적으로라도 '강도'할 목적이 있음이 인정되어야 하고 그에 이르지 않고 단순히 '준강도'할 목적이 있음에 그치는 경우에는 강도예비·음모죄로 처벌할 수 없다고 봄이 상당하다."고 판시한 바 있으므로(대법원 2006. 9. 14. 선고 2004도6432 판결) 피고인에게는 강도예비죄의 죄책을 물을 수 없습니다.

다. 결론

따라서 피고인의 강도예비의 점은 범죄사실의 증명이 없는 때에 해당하므로 형사소송법 제325조 후단에 따라 무죄가 선고되어야 할 것입니다.

* 절도의 경우

1. 신용카드로 현금인출한 점은 무죄입니다.

가. 이 사건 공소사실 중 피고인 갑에 대한 절도의 점의 요지는, '피고인 갑은 을과 … 하기로 공모하여 …절취하였다.'는 것으로, 이에 대한 검사 측 증거로는 … 등이 있습니다.

나. 피고인 갑의 변명

　피고인 갑은 피고인 을이 피해자의 집에 들어가 피해자의 신용카드 등을 절취할 때 망을 본 것은 사실이나, 을이 절취품을 다 가지고 갔으며, 그 후 을이 위 절취한 신용카드로 현금을 인출한 사실에 대해서는 공모한 사실이 없다고 경찰 이래 이 법정에 이르기까지 부인하고 있습니다.

다. 증거관계

1) 사법경찰관이 작성한 피고인 갑에 대한 피의자신문조서는 피고인 갑이 이 법정에서 그 내용을 부인하므로 증거능력이 없고, 사법경찰리가 작성한 피고인 을에 대한 제1회 피의자신문조서는 피고인 갑이 법정에서 그 내용을 부인하는 취지로 증거로 함에 동의하지 아니하였으므로 역시 증거능력이 없다 할 것입니다.

2) 증인 병이 이 법정에서 한 진술과 사법경찰관이 작성한 병에 대한 진술조서는 그 내용이 모두 피고인 을로부터 그가 피고인 갑과 공모하여 위 범행을 하였다는 취지로 이야기하는 것을 들었다는 것으로서 피고인 아닌 자가 피고인 아닌 타인의 진술을 내용으로 하는 전문진술 또는 그 전문진술이 기재된 조서라 할 것인데, 피고인 갑이 이를 증거로 함에 동의한 바 없을 뿐만 아니라 피고인 을이 법정에서 피고인 갑과 공모하여 위 범행을 한

사실을 부인하고 있으므로 원진술자가 형사소송법 제316조 제2
항에 규정한 공판기일에 진술할 수 없는 경우에 해당하지도 않
음이 분명하여 또한 각 증거능력이 없다 할 것입니다.

라. 결론

따라서 위 공소사실은 범죄의 증명이 없는 때에 해당하므로 형
사소송법 제325조 후단에 의하여 무죄를 선고하여 주시기 바랍
니다.

Ⅱ. 면소의 주장

1. 면소의 의의

면소란 일단 발생한 형벌권이 사후의 일정한 사유로 소멸한 경우에 선
고하는 판결이다. 면소의 법적 성질에 대해서는 견해가 나뉘나 형식재
판이라는 견해가 다수설, 판례(대판 1964.3.31. 64도64; 2005.9.29.
2005도4738)이며, 일사부재리의 효력을 인정한다.

2. 면소의 주장

공소사실의 요지를 기재한 다음 형사소송법 제326조 각 호의 면소
사유에 해당함을 간명하게 밝힌다.

면소사유
1) 제1호(확정판결) - 당해사건의 유죄·무죄의 확정판결이 있은 때

① 확정판결의 의미
- 협의의 판결뿐만 아니라 유죄의 확정판결과 동일한 효력이 있는 약식
  명령, 즉결심판도 이에 해당한다. 도로교통법이나 조세범처벌법 또는 경

범죄처벌법에 의한 일정한 범칙사건에 대한 범칙금납부도 확정판결에 포함된다(대판1986.2.25. 85도2664; 2016.9.26. 2014도10748; 2011.4.28. 2009도12249).

* 일사부재리의 효력을 인정하지 않는 판례(대판 2007.4.12. 2006도4322 – 안전운전의무위반죄로 범칙금을 납부한 자를 교통사고처리특례법위반죄나 특가법위반(도주차량)죄로 처벌하여도 범죄사실의 동일성이 인정되지 않는 별개의 범죄행위라고 보아야 하므로 이중처벌에 해당하지 않아 면소사유에 해당하지 않는다는 사례; 대판2012.9.13. 2012도6612 – 피고인이 경범죄처벌법상 음주소란으로 범칙금을 납부하였는데, 이와 근접한 일시·장소에서 과도를 들고 협박한 행위는 기본적 사실관계가 같지 않아 범칙금납부효력이 공소사실에 미치지 않는다는 사례)

- 면소의 확정판결도 이에 해당하나, 공소기각의 재판, 관할위반의 판결, 행정벌에 지나지 않는 과태료의 부과처분(대판 1992.2.11. 91도2536) 및 외국의 확정판결(대판 1983.10.25. 83도2366)은 이에 해당하지 않는다.

- 소년에 대한 보호처분이 확정된 경우에 다시 동일한 사건에 대하여 공소를 제기한 경우에 다수설은 면소판결을 선고하여야 한다고 보지만 판례는 공소기각판결을 하여야 한다는 입장을 취하고 있다(대판 1996.2.23. 96도47).

② 기판력이 미치는 범위

㉠ 주관적 효력범위 ; 검사가 피고인으로 지정하여 확정판결을 받은 사람

양벌규정위반의 경우에 법인 피고인에 대한 확정판결의 효력은 자연인 피고인에 대하여 효력이 미치지 않는다(대판 2006.9.22. 2004도4751).

ⓒ 객관적 효력범위 ; 확정판결의 범죄사실과 동일성이 인정되는 경우

  * 절도죄와 장물취득죄(O) / 강도상해죄와 장물취득죄(x); 대판
    1994.3.22. 93도2080[전]

- 포괄일죄나 상상적 경합범의 경우, 수개의 범죄사실 중 확정판결이 있은 범죄사실과 그 확정판결의 사실심 선고 전에 행하여진 모든 범죄사실에 대하여 기판력이 미쳐 면소판결의 대상이 된다. 따라서 확정판결의 판결선고일과 판결확정 사이에 범하여진 범행이 공소제기 된 경우에는 확정판결의 효력이 미치지 아니하므로 면소주장을 해서는 안 된다.

- 다만, 상습범의 경우에는 전의 확정판결에서 상습으로 기소되어 처단되었을 경우에만 기판력이 미치고, 상습 아닌 기본구성요건의 범죄로 처단되는데 그친 경우에는 기판력이 그 판결선고 전의 다른 범죄에는 미치지 않는다는 것이 판례(대판 2004.9.16. 2001도3206[전])의 입장임을 유의하여야 한다.

ⓒ 시간적 효력범위 ; 사실심의 판결선고시(대판 2014.1.16. 2013도11649)

- 제1심 판결에 대하여 항소가 제기된 경우에는 항소심판결선고시(항소이유서 미제출로 항소기각결정이 된 경우에는 항소기각결정시)이고, 약식명령의 경우에는 송달시가 아닌 발령시를 기준으로 한다(대판 1984.7.24. 84도1129).

〈예시〉

이 사건 공소사실의 요지는, 피고인은 ..... 절취하였다는 것입니다. 그런데 피고인의 이 법정에서의 진술과 서울중앙지방법원 2012고단123 사건의 판결 등본의 기재에 의하면, 피고인은 위 사실에 관하여 2012. 11. 1. 서울중앙지방법원에서 절도죄로 징역 1년을 선고받고 그 판결은 2012. 11. 9. 확정되었음이 명백하므로 위 공소사실은 확정판결이 있은 때에 해당하여 형사소송법 제326조 제1호에 의하여 면소를 선고하여

주시기 바랍니다.

* 포괄일죄의 관계에 있는 경우(대판 2004.9.16. 2001도3206 [전])... 확정판결이 있었던 특정범죄가중처벌등에관한법률위반(절도)의 범죄사실과 그 판결선고 전의 이 사건 특수절도의 공소사실은 실체법상 일죄인 특정범죄가중처벌등에관한법률위반(절도)죄의 포괄일죄의 관계에 있다 할 것입니다. 따라서 위 확정판결의 효력은 그와 포괄일죄의 관계에 있는 이 사건 특수절도의 공소사실에 미치므로 이 부분 공소사실은 확정판결이 있는 때에 해당하여 형사소송법 제326조 제1호에 의하여 면소를 선고하여 주시기 바랍니다.

* 상상적 경합의 관계에 있는 경우(대판 1991.12.10. 91도2642) - 약식명령

이 사건 공소사실의 요지는, 피고인은 ... 업무상의 과실로 피해자에게 ... 등의 상해를 입게 하였다는 것입니다. 그런데 OO경찰서장이 작성한 피고인에 대한 범죄경력자료조회 및 서울중앙지방법원 2013고약123호 사건의 약식명령 등본 등에 의하면, 피고인이 ...도로교통법위반죄로 약식명령을 발령받아 2013. 4. 10. 그 약식명령이 확정되었는데, 그 범죄사실은 피고인이 ...를 손괴하였다는 내용으로 이 사건 공소는 동일한 교통사고로 그 택시에 타고 있던 승객에게 상해를 입힌 사실에 관하여 제기된 것입니다. 이처럼 약식명령이 확정된 위 도로교통법위반죄와 이 사건으로 공소제기 된 교통사고처리특례법위반죄는 모두 피고인의 동일한 업무상 과실로 발생한 수개의 결과로서 형법 제40조에 정해진 상상적 경합관계에 있다 할 것이어서, 이미 확정된 위 약식명령의 효력은 이 사건 공소사실에도 미친다 할 것입니다. 따라서 위 공소사실은 확정판결이 있는 때에 해당하여 형사소송법 제326조 제1호에 의하여 면소를 선고하여 주시기 바랍니다.

2) 사면이 있은 때(제2호)

면소의 대상은 일반사면에 한한다(대판 2015.5.14. 2014도2946). 일반사면은 죄의 종류를 정하여 행하는 사면으로서(사면법 제8조 제2항), 형의 선고를 받은 자에 대해서는 형의 선고의 효력을 상실시키고 형의 선고를 받지 않은 자에 대해서는 공소권을 상실시킨다. 사면은 사면법에 따라 대통령이 명하며, 일반사면은 국회의 동의를 얻어야 한다(헌법 제79조 제1·2항).

〈예시〉

이 사건 공소사실의 요지는 '피고인은 .... 하였다'는 것입니다. 그런데 위 죄는 2015. 5. 5. 대통령령 제0000호 일반사면령에 의하여 사면되었으므로 형사소송법 제326조 제2호에 따라 면소를 선고하여 주시기 바랍니다.

3) 공소시효의 완성(제3호)

- 공소장변경이 된 경우 공소시효기간은 변경된 공소사실의 법정형을 기준으로 산정하되 그 완성여부는 공소장변경시가 아니라 공소제기시를 기준으로 판단하여야 한다(대법원 2002. 10. 11. 선고 2002도2939 판결).
- 범죄 후 법률의 개정에 의하여 법정형이 가벼워진 경우에는 가벼운 신법이 공소시효기간의 기준이 되고, 공소제기 후에 법률의 개정으로 공소시효기간이 변경되었다 하더라도 공소시효기간은 공소제기 당시의 법률에 따라야 한다.
- 공소시효의 기산점이 되는 형사소송법 제252조 제1항 규정의 '범죄행위'에는 당해 범죄의 결과까지 포함되므로, 업무상과실치사상죄의 공소시효는 피해자들의 사상에 이른 결과가 발생함으로써 그 범죄행위가 종료한 때부터 진행한다. 포괄일죄의 공소시효는 최종 범죄행위가 종료한 때부터 진행한다. 부정수표단속법 제

2조 제2항 위반의 범죄는 예금부족으로 인하여 제시일에 지급되지 아니할 것이라는 결과발생을 예견하고 발행인이 수표를 발행한 때부터 진행한다(대법원 1986. 3. 11. 선고 85도2640 판결).

〈예시〉

이 사건 공소사실의 요지는, 피고인은 ...한 범죄를 저질렀다는 것입니다. 그런데 위 죄는 ...법 제..조에 의하여 공소시효가 5년이고, 이 사건 공소는 5년이 지난 2012. 11. 11.에 제기되었음이 기록상 명백하여 공소시효가 완성되었으므로 형사소송법 제326조 제3호에 의하여 면소를 선고하여 주시기 바랍니다.

4) 범죄 후 법령개폐로 형이 폐지되었을 때(제4호)
- 범죄 전 형이 폐지된 경우에는 무죄(형소법 제325조 전단)가 된다.
- 결과범의 경우에 행위 후 형의 폐지가 결과발생 이전에 이루어지면 무죄, 이후에 이루어지면 면소(결과발생시설)
- 법률이념의 변경에 따라 종래의 처벌자체가 부당하였거나 과형이 지나쳤다는 반성적 고려에서 법령을 개폐한 경우를 말하며(대법원 2009. 9. 24. 선고 2009도6443 판결), 헌법재판소의 위헌결정으로 형벌조항이 소급하여 효력을 상실한 경우에는 면소가 아니라 무죄의 사유가 된다(대법원 2013.5.16. 선고 2011도2631 전원합의체 판결).

〈예시〉

이 사건 공소사실의 요지는 '피고인은 ... 하였다'라고 하여 000법을 위반하였다고 함에 있습니다.

그런데, 위 법률은 2015 .3. 3.자로 폐지되었으므로 형사소송법 제326조 제4호에 따라 면소를 선고하여 주시기 바랍니다.

Ⅲ. 공소기각 재판의 주장

[총설]

① 공소기각의 재판은 소송조건의 흠결이라는 절차상의 하자를 이유로 공소가 부적법하다고 하여 재판하는 형식적 종국재판으로, 판결로 하는 경우와 결정으로 하는 경우로 나뉜다.

판결로 하는 경우는 소송조건의 흠결이 비교적 중대하지 않고 그 흠결의 발견이 비교적 쉽지 아니하여 변론을 열 필요가 있다고 인정되는 때이고, 결정으로 하는 경우는 소송조건의 성질상 그 존부를 판단하는데 변론을 열 필요조차 없다고 인정되는 때이다.

② 소송조건은 실체판결을 하기 위한 공소의 유효조건이다. 따라서 이는 공소제기 시부터 판결선고 시까지 계속 구비되어야 한다. 소송조건의 존부는 법원의 직권조사사항이다.

③ 공소제기 시에 흠결한 소송조건을 그 후에 보완하는 소송조건의 추완은 허용되지 않음이 원칙이다(대법원 1997. 5. 23. 선고 95도477 판결 등). 다만 공소사실이 불특정, 불명확하더라도(제327조 제2호 사유에 해당) 석명 등에 따라 명확히 특정될 수 있는 경우라면 공소장변경을 허용하여 공소기각을 면할 수 있다.

④ 공소기각의 사유가 있는 때에는 공소기각의 판결 또는 결정을 하여야 하고, 실체에 대하여 판단할 수 없다(대법원 2004. 11. 26. 선고 2004도4693 판결).

⑤ 공소기각의 재판을 할 것이 명백한 경우에는 피고인의 출석을 요하지 않으며(제277조 제2호), 공판절차의 정지사유가 있는 경우에도 피고인의 출석 없이 공소기각의 재판을 할 수 있다(제362조 제4항).

⑥ 과형상 일죄(상상적 경합) 또는 포괄일죄의 일부에 공소기각의 사유가 있고 나머지 부분에 대하여 유죄·무죄의 실체판결을 하는 경우에 판결주문에서는 유죄·무죄의 판단만 표시하고 일부에 대한 공소기각은 판결이유에 기재하면 족하다(대법원 1988. 10. 11. 선고 88도4 판결).

1. 공소기각의 판결 : 제327조 각 호

가. 피고인에 대하여 재판권이 없을 때(제1호)

- '재판권이 없을 때'는 공소제기 전후를 불문한다.
- 외교면책특권자(외교관 등), SOFA(한미행정협정)해당자, 대통령(헌법 제84조), 외국인의 국외범(예외-형법 제5·6조; 보호주의, 제296조의2; 세계주의) 등

    * 군인 · 군무원은 군사법원에 재판권; 이송(형소법 제16조의2)

    * 이 사건 공소사실의 요지는 '피고인은 …하였다는 것입니다.'

    그런데, 미합중국군대의 구성원에 대한 대한민국 법원의 제1차적 재판권을 부여한 '대한민국과 아메리카합중국 간의 상호방위조약 제4조에 의한 시설과 구역 및 대한민국에서의 합중국군대의 지위에 관한 협정' 제22조 제1항 (나)호의 규정은 같은 협정 합의의사록에 의하여 …에는 그 적용이 정지되는바, …사실을 인정할 수 있습니다.

    따라서 이 사건은 대한민국 법원이 미합중국군대의 구성원에 대하여 재판권이 없는 때에 해당하여 형사소송법 제327조 제1호에 의하여 공소기각의 판결을 선고하여 주시기 바랍니다.

나. 공소제기의 절차가 법률의 규정에 위반하여 무효인 때(제2호) *제한적 열거/일반조항

1) 공소장기재방식 위배

(1) 공소사실의 불특정

① 피고인이 범죄행위를 한 것이 증거에 의하여 인정되지만, 그 일시·장소·방법 등을 명백히 밝힐 수 없는 경우에는 범죄의 성격에 따라 어느 정도 개괄적 표시도 허용된다(대법원 1997. 8. 22. 선고 97도1211 판결).

② 실체적 경합범의 경우에는 수개의 범죄사실이 모두 특정되도록 공소사실을 기재하여야 한다. - 폭행죄(대법원 1995. 3. 24. 선고 95도22 판결), 사기죄(대법원 2004. 7. 22. 선고 2004도2390 판결)

　* 이 사건 공소사실은 피고인은 2016. 11. 경부터 2016. 12. 말경까지 사이에 서울 서초구 사평대로 11길 123에 있는 사랑노래방 등지에서 강제로 갑에게 수회 추행하였다는 것입니다. 그런데 강제추행죄는 각 추행행위마다 1개의 죄를 구성하는 것이고(대법원 1982. 12. 14. 선고 82도2442 판결), 한편 형사소송법 제254조 제4항에 의하면 공소사실의 기재는 범죄의 시일, 장소와 방법을 명시하여 사실을 특정할 수 있도록 하여야 한다고 규정하고 있으므로, 구체적인 범죄사실의 기재가 없는 공소장은 그 효력이 없는 것인바, 위 공소사실은 강제추행죄로서의 구체적인 범죄사실의 기재가 없어 공소제기의 절차가 법률의 규정에 위반하여 무효인 때에 해당하므로 형사소송법 제327조 제2호에 의하여 공소기각의 판결을 하여 주시기 바랍니다.

③ 포괄적 일죄의 경우에는 개개의 행위에 대하여 구체적으로 특정하지 아니하더라도 그 전체범행의 시기와 종기, 범행방법과 횟수, 피해액의 합계, 상대방 등을 명시하면 특정되었다고 본다

(대법원 2008. 12. 24. 선고 2008도9414 판결).

④ 양벌규정에 의하여 법인이 처벌되는 경우, 그 공소사실에 법인의 업무에 관하여 종업원의 법률위반행위를 방지하지 못한 귀책사유가 있는지를 판단할 수 있는 내용이 기재될 것을 요하지 않는다(대법원 2012. 9. 13. 선고 2010도16001 판결).

(2) 적용법조의 중대한 누락(대법원 2009. 8. 20. 선고 2009도9 판결)
- 피고인의 방어권행사에 실질적인 불이익이 없으면 공소제기의 효력에는 영향이 없다(대법원 2006. 4. 28. 선고 2005도4085 판결).

2) 성명모용의 경우 ; 통설, 판례(모용자 → 피고인표시정정, 피모용자 → 공소기각판결)

3) 고소·처벌의사 등의 결여
- 고소는 어떠한 범죄사실을 지정하여 범인의 처벌을 구하고 있는 것인가를 특정할 수 있는 정도이면 되고, 반드시 범죄의 일시, 장소, 태양 등까지 구체적으로 지적할 필요는 없다(대법원 2000. 2. 11. 선고 99도4123 판결).
- 공소제기 시까지 친고죄의 경우 고소가 없거나, 고소가 취소(취하)되었을 때 또는 반의사불벌죄의 경우 처벌불원의 의사표시가 있거나 처벌희망의 의사표시가 철회되었을 때 등이 이에 해당한다.

<고소 없음>

이 사건 공소사실의 요지는 '피고인은 … 모욕하였다'는 것입니다. 그런데, 모욕죄는 형법 제312조 제1항에 의하여 피해자의 고소가 있어야 공소를 제기할 수 있는 범죄인바, 위 피해자가 고소한 사실이 있음을 인정할 아무런 자료가 없어 위 공소는 공소제기의 절차가 법률의 규정에 위반하여 무효인 때에 해당하므로 형사소송법 제327조 제2호에 의하여 공소기각의 판결을 선고하여 주시기 바랍니다.

<고발 없음>

이 사건 공소사실의 요지는 '피고인은 … 함으로써 00세금 XX원을 포탈하였다.'는 것입니다.

그런데, 이는 조세범처벌법 제9조 제1항 제3호에 해당하는 죄로서 같은 법 제6조에 의하여 세무공무원의 고발이 있어야 공소를 제기할 수 있는 사건인바, 기록을 살펴보아도 피고인에 대하여 세무공무원의 고발이 있었음을 인정할 만한 아무런 자료가 없으므로 위 공소는 고발 없이 공소가 제기된 것이어서 공소제기의 절차가 법률의 규정에 위반되어 무효인 때에 해당하므로 형사소송법 제327조 제2호에 의하여 공소기각의 판결을 선고하여 주시기 바랍니다.

<처벌불원>

이 사건 공소사실의 요지는 '피고인은 … 협박하였다.'는 것입니다.

그런데, 협박죄는 형법 제283조 제1항에 해당하는 죄로서 같은 조 제3항에 의하여 피해자의 명시한 의사에 반하여 공소를 제기할 수 없는 범죄인바, 피해자 000가 작성한 진술서의 기재에 의하면 피해자 000는 이 사건 공소제기 전인 2016. 5. 12. 이미 피고인의 처벌을 바라지 않는다는 의사를 명시적으로 표시하고 있음을 인정할 수 있습니다.

따라서 위 공소는 공소제기의 절차가 법률의 규정에 위반되어 무효인 때에 해당하므로 형사소송법 제327조 제2호에 의하여 공소기각의 판결을 선고하여 주시기 바랍니다.

<고소취소>

이 사건 공소사실의 요지는 '피고인은 … 모욕하였다.'는 것입니다.
그런데, 모욕죄는 형법 제311조에 해당하는 죄로서 형법 제312조 제1항에 의하여 피해자의 고소가 있어야 공소를 제기할 수 있는 범죄인바, …에 의하면 피해자 000는 이 사건 공소제기 전인 2016. 5. 3. 이미 피고인에 대한 고소를 취소한 사실을 인정할 수 있어, 이 사건은 공소제기의 절차가 법률의 규정에 위반되어 무효인 때에 해당하므로 형사소송법 제327조 제2호에 의하여 공소기각의 판결을 선고하여 주시기 바랍니다.

<고소의 추완>

이 사건 공소사실의 요지는 '피고인은 … 모욕하였다.'는 것입니다.
그런데 모욕죄는 형법 제311조에 해당하는 죄로서 형법 제312조 제1항에 의하여 피해자의 고소가 있어야 공소를 제기할 수 있고 공소제기 후에는 고소의 추완은 허용되지 않습니다. 이 사건 기록에 편철되어 있는 공소장변경허가신청서 및 피해자 000가 작성한 고소장의 기재에 의하면 처음에 명예훼손죄로 공소가 제기되었던 위 사실이 2016. 5. 3. 모욕죄로 변경되었고, 모욕죄에 대하여는 공소제기 후인 같은 달 11.에야 비로소 피해자로부터 고소가 제기되었음을 알 수 있습니다.
그렇다면 위 변경된 공소사실에 대한 공소는 피해자의 고소 없이 제기된 것으로서 공소제기의 절차가 법률의 규정에 위반되어 무효인 때에 해당하므로 형사소송법 제327조 제2호에 의하여 (이 부분에 대한) 공소기각의 판결을 선고하여 주시기 바랍니다.

4) 공소장일본주의에 위반한 공소제기(대법원 2009. 10. 22. 선고 2009도7436 전원합의체 판결)

5) 위법한 함정수사에 의한 공소제기(대법원 2005. 10. 28. 선고 2005도1247 판결)

6) 조세범에 대한 고발 등

조세범처벌법상 일부 범칙행위는 고발이 있어야 공소를 제기할 수 있으므로(제21조) 고발 없이 공소가 제기된 경우에는 공소기각의 판결을 한다.

7) 보호처분

소년법상의 보호처분(같은 법 제32조) 또는 가정폭력범죄의 처벌 등에 관한 특례법상의 보호처분(같은 법 제40조)을 받은 사건과 동일한 사건에 대하여 다시 공소가 제기된 경우, 위 보호처분은 확정판결이 아니어서 기판력이 없으므로 이에 대하여는 면소판결이 아닌 본 호에 의한 공소기각판결을 하여야 한다(대법원 1985. 5. 28. 선고 85도21 판결; 대법원 1996. 2. 23. 96도47 판결).

8) 국회의원의 면책특권에 속하는 행위에 대하여 공소가 제기된 경우 (대법원 1996. 11. 8. 선고 96도1742 판결)

다. 공소가 제기된 사건에 대하여 다시 공소가 제기되었을 때; 이중기소(제3호)

- 여기의 이중기소란 토지관할 및 사물관할을 같이 하는 동일법원에 기소되었음을 말하며, 반드시 전후 기소의 죄명이 같을 필요는 없다. 다른 법원에 이중기소 된 경우에는 제12조와 제13조

에 의하여 심판할 법원이 정해지며, 그 밖의 법원은 공소기각결
정을 하여야 한다(제328조 제3호).
- 이중기소 해당여부는 범죄사실의 동일성을 기준으로 판단한다.
- 기소당시에는 이중기소의 위법이 있었으나 그 후 공소사실과
  적용법조가 적법하게 변경되어 새로운 사실의 소송계속상태가
  있게 된 때에는 이중기소에 해당하지 아니한다(대법원 1989. 2.
  14. 선고 85도1435 판결).
- 포괄일죄의 행위의 일부에 관하여 추가기소하는 것은 일죄를
  구성하는 행위 중 누락된 부분을 추가로 보충하는 취지라고 보
  아(대법원 1996. 10. 11. 선고 96도1698 판결), 석명절차를 거
  치지 아니하였다 하더라도 전후에 기소된 범죄사실 전부에 대하
  여 실체판단을 할 수 있다(대법원 2007. 8. 23. 선고 2007도
  2595 판결).
- 먼저 기소된 사건을 심판하여야 하고 뒤에 기소된 사건은 공소
  기각판결을 하여야 한다. 설사 뒤에 기소된 사건에 대해 판결선
  고가 있었다 하더라도 확정되기 전에는 먼저 기소된 사건에 대
  해 심판하여야 하며, 뒤에 기소된 사건에 대해 공소기각판결을
  하여야 한다(대법원 1969. 6. 24. 선고 68도858 판결). 그러나
  뒤에 기소된 사건에 대하여 판결이 확정되었다면 이때는 먼저
  기소된 사건에 대해 공소기각판결을 해야 한다.
  * 이 사건 공소사실의 요지는, 피고인은 ....절취하였다는 것입니다.
    그런데 피고인은 서울중앙지방검찰청 검사에 의하여 2018. 12.
    23. 특정범죄가중처벌등에관한법률위반(절도)죄로 공소가 제기되어
    그 사건이 귀 법원 2018고단123호로 계속 중이고, 한편 2019.
    1. 20. 공소가 제기된 이 사건 공소사실은 ...을 종합하여 볼 때
    이미 공소가 제기되어 계속 중인 위 특정범죄가중처벌등에관한법률
    위반(절도)죄의 공소사실과 동일하다고 할 것입니다. 따라서 이
    사건 공소는 공소가 제기된 사건에 대하여 다시 공소가 제기되었

을 때에 해당하여 형사소송법 제327조 제3호에 의하여 공소기각
의 판결을 선고하여 주시기 바랍니다.

라. 공소취소 후 다른 중요한 증거가 발견되지 않음에도 다시 공소가
제기되었을 때(제4호)

- 중요한 증거가 발견된 때란 공소취소 전의 증거만으로는 증거
불충분으로 무죄가 될 가능성이 있으나, 새로 발견된 증거를 추
가하면 유죄의 확신을 가지게 될 정도의 증거가 있는 경우를 말
한다(대법원 1977. 12. 27. 선고 77도1308 판결).

- 단순일죄인 범죄사실에 대해 공소취소로 공소기각결정이 확정
된 후에 종전의 범죄사실을 변경하여 재기소하려면 변경된 범죄
사실에 대해 다른 중요한 증거가 발견되어야 한다(대법원 2009.
8. 20. 선고 2008도9634 판결).

    * 이 사건 공소사실의 요지는 '피고인은 ... 하였다.'는 것입니다.
    그런데, 기록에 의하면 이 사건 공소가 제기되기 전인 2016. 6.
    1. 이 사건과 동일한 사실에 관하여 서울중앙지방법원 2016고단
    888 사건으로서 공소가 제기된 바 있었으나 같은 해 8. 1. 공소
    가 취소되어 같은 달 7. 공소기각결정이 있었고 그 때쯤 위 결정
    은 확정되었으며, 이 사건에 대한 증거로서는 처음 공소가 제기될
    당시의 그것과 동일한 ...만이 있음이 명백합니다. 형사소송법 제
    329조는 공소취소에 의한 공소기각의 결정이 확정된 때에는 공소
    취소 후 그 범죄사실에 대한 다른 중요한 증거를 발견한 경우에
    한하여 다시 공소를 제기할 수 있다고 규정하고 있으므로, 이 사
    건은 위 제329조의 규정을 위반하여 공소가 제기되었을 때에 해
    당하여 형사소송법 제327조 제4호에 의하여 공소기각의 판결을
    선고하여 주시기 바랍니다.

마. 친고죄에 대하여 공소제기 후 고소가 취소되었을 때(제5호) *합의
    서/탄원서

　공소제기 전의 고소취소는 제2호의 사유에 해당하므로, 본 호는
　공소제기 이후 제1심판결선고 전까지 사이에 고소의 취소가 있
　은 때를 뜻한다. 고소취소로 간주되는 경우(제229조 제2항)도 여
　기에 해당한다.

바. 반의사불벌죄에서 처벌희망의 의사표시의 철회(제6호)

－ 위 의사표시는 제5호와 같이 공소제기 후 제1심판결선고 전까
　지 사이에 이루어진 것임을 요한다(제232조 제3항, 제1항).

　　＊ 이 사건 공소사실의 요지는, '피고인은 .... 폭행을 가하였다'는 것
　　입니다. 이는 형법 제260조 제1항에 해당하는 범죄로서 같은 조
　　제3항에 의하여 피해자의 명시한 의사에 반하여 공소를 제기할
　　수 없는 사건입니다. 그런데 ...에 의하면 피해자는 이 사건 공소
　　가 제기된 후인 2013. 4. 11. 피고인에 대한 처벌을 희망하는 의
　　사표시를 철회한 사실을 알 수 있으므로 형사소송법 제327조 제6
　　호에 의하여 공소기각의 판결을 선고하여 주시기 바랍니다.

　　＊ 이 사건 교통사고는 교통사고처리특례법 제3조 제2항 단서의 예
　　외사유(중앙선 침범 등), 제4조 제1항 단서의 예외사유(불구 등
　　중상해)에 해당하지 않고 자동차종합보험에 가입(또는 자동차공
　　제조합 가입, 합의)되어 있으므로 형사소송법 제327조 제6호에
　　의하여 공소기각의 판결을 하여 주시기 바랍니다.

2. 공소기각의 결정 ; 제328조 제1항 각 호

가. 공소가 취소되었을 때(제1호) ; 제255조의 공소취소를 말한다.

　　＊ 재심소송절차에서 공소취소를 할 수 없다(대법원 1976. 12. 28.
　　선고 76도3203 판결).

나. 피고인이 사망하거나 법인이 존속하지 아니하게 되었을 때(제2호)

- 피고인이 사망한 때란 소송계속 도중에 피고인이 사망한 경우는 물론 소송계속 이전에 사망한 경우를 포함한다. 유죄판결이 확정된 자가 사망한 경우에 그 배우자 등이 재심을 청구하는 경우(제424조 제4호), 재심사건의 공판절차에서는 사망자에 대한 공소기각결정은 인정되지 않는다(제438조 제2항).

  * **재심청구인이 재심청구를 한 후 청구에 대한 결정이 확정되기 전에 사망한 경우에는 재심청구절차는 당연이 종료한다(대법원 2014. 5. 30. 자 2014모739 결정).**

- 법인이 존속하지 아니하게 되었을 때란 공소제기 이후에 이러한 사유가 발생한 경우(합병, 해산)를 말한다.

다. 제12조 또는 제13조 규정에 의하여 어느 한 법원이 재판할 수 없는 때; 중복기소(제3호)

- 이는 동일사건이 수개의 다른 법원에 계속된 때를 말하는데, 동일사건이 사물관할을 달리하는 수개의 법원에 계속된 때에는 법원합의부가 심판하여야 하며(제12조), 사물관할을 같이 하는 수개의 법원에 계속된 때에는 원칙적으로 먼저 공소를 받은 법원이 심판한다(제13조). 이 때 심판을 할 수 없게 된 법원은 공소기각결정을 하여야 한다.

라. 공소장에 기재된 사실이 진실하다 하더라도 범죄가 될 만한 사실이 포함되지 아니한 때(제4호)

- 이는 공소장기재사실 자체에 대한 판단으로 그 사실 자체가 죄가 되지 아니함이 명백하여 공소장변경 등의 절차에 의하더라도 그 공소가 유지될 여지가 없는 형식적 소송요건의 흠결이라고 볼 수 있는 경우를 뜻하는 것으로서(대판 1977.9.28. 77도2603;

2014.5.16. 2013도929), 공소사실이 범죄를 구성하는가에 대하여 의문이 있으나 공소사실 또는 증명된 사실이 법령해석상 구성요 건에 해당하지 아니하는 제325조 전단의 무죄사유(범죄로 되지 아니하는 때)와는 구별하여야 한다.

> * 이 사건 공소사실의 요지는 피고인은 ...발행일자 2018. 11.8. 액 면 ...원의 당좌수표 1장(수표번호 326780)을 발행하였으나 소지 인이 2018. 12. 22. 지급제시 할 때에 무거래로 인하여 지급되지 아니하게 하였다는 것입니다. 그런데 위 수표가 그 제시일인 10일 이내에 제시되지 아니한 사실이 공소사실 자체에 의하여 명백하므 로 이는 공소장에 기재된 사실이 진실하다 하더라도 범죄가 될 만 한 사실이 포함되지 아니하는 때에 해당하므로 형사소송법 제328 조 제1항 제4호에 의하여 공소를 기각하여 주시기 바랍니다.

Ⅳ. 관할위반의 판결

1. 의의

피고사건이 수소법원의 관할에 속하지 아니할 때에는 판결로써 관할위반의 선고를 하여야 한다(제319조 본문). 재판권이 없는 경우에는 공소기각판결을 선고한다(제327조 제1호). 관할위반의 판결은 형식재판에 속하는 종국재판이므로 당해 심급에서의 소송계속을 종결시키는 효력을 가지나 일사부재리의 효력은 발생하지 않는다.

2. 관할위반의 사유

관할은 법원의 직권조사사항이므로(제1조), 사물관할, 심급관할 등을 법원이 조사하여 사물관할, 심급관할이 없으면 관할위반의 판결을 하고, 토지관할이 없으면 피고인이 피고사건에 대하여 진술하기 전에 관할위반의 신청을 한 때에 한하여 관할위반의 판결을 한다(제320조).

실제로 심급관할과 토지관할은 문제가 없고, 사물관할의 위반이 문제가 되는데, 이 경우도 동일법원(조직법상 의미) 내의 합의부와 단독판사 사이라면 사건배당을 잘못한 것에 불과하므로 재배당에 의해서 시정하면 되고 관할위반의 판결을 할 경우는 아니다.

사물관할의 유무에 대한 판단은 공소장에 기재된 공소사실을 기준으로 하며, 공소장이 변경된 경우에는 변경된 공소사실을 기준으로 한다(대법원 1987. 12. 22. 선고 87도2196 판결). 단독판사의 관할사건이 공소장변경에 의하여 합의부관할로 변경된 경우(예를 들면, 상해에서 상해치사로, 과실치사에서 살인으로 변경한 경우)에는 단독판사는 합의부로 이송결정을 하여야 한다(제8조 제2항). 항소심에서 공소장변경에 의하여 단독판사관할사건이 합의부관할사건으로 된 경우에도 고등법원으로 이송하여야 한다(대법원 1997. 12. 12. 선고 97도2463 판결).

한편 합의부관할사건이 공소장변경에 의해 단독판사관할사건으로 변경된 경우에, 아무런 규정이 없으나 피고사건은 공소제기 당시부터 합의부관할사건이었고, 설령 합의부가 공소장변경을 허가하는 결정을 하였다고 하더라도 그러한 사정은 합의부의 관할에 아무런 영향을 미치지 않는다. 따라서 합의부에서 피고사건에 관하여 심판하여야 한다(대법원 2013. 4. 25. 선고 2013도1658 판결).

3. 관할위반의 효력

관할위반이 인정되는 경우에도 소송행위의 효력에는 영향이 없다(제2조). 따라서 관할위반의 판결을 선고한 법원의 공판절차에서 작성된 공판조서·검증조서·증인신문조서 등은 당해사건에 대하여 다시 공소가 제기되었다가 관할권 있는 법원으로 사건이 이송된 경우에 이를 이후의 법원의 공판절차에서 증거로 사용할 수 있다.

관할위반의 판결에는 면소 또는 공소기각의 재판과는 달리 구속영장의 효력이 상실되지 않는다(제331조 참조). 그러나 관할위반의 판결이 확정되면 공소기각의 재판이 확정된 경우처럼 공소제기에 의하여 정지되었던 공소시효가 다시 진행한다(제253조 제1항).

> * 법원은 공소제기 된 사건에 대하여 군사법원이 재판권을 가지게 되었거나 가졌음이 판명된 때에는 결정으로 사건을 재판권이 있는 같은 심급의 군사법원으로 이송한다. 이 경우에 이송 전에 행한 소송행위는 이송 후에도 그 효력에 영향이 없다(제16조의2).

> * 이 사건 공소사실의 요지는 '피고인은 ....하였다는 것입니다.' 그런데 이는 형법 제○○○조에 의하면 1년 이상의 징역에 해당하는 사건으로서 법원조직법 제32조 제1항 제3호에 의하여 합의부에서 심판하여야 할 사건이고 귀 법원의 관할에 속하지 아니한다고 볼 것이므로 관할위반의 판결을 선고하여 주시기를 바랍니다.

V. 법률상 범죄의 성립을 조각하는 이유로 되는 사실의 주장

1. 의의 ; 범죄구성요건에 해당하는 사실 이외의 사실로서 그것이 있기 때문에 법률상 범죄의성립이 조각되는 사실을 주장하는 것.

   * 구성요건이 되는 사실에 관한 주장은 제323조 제1항에서 규정한 '범죄 될 사실'을 적시할 때 이미 그 주장의 판단이 포함되었기 때문에 범죄사실을 부인하거나 그와 상반된 주장을 한 경우에는 이에 대하여 다시 판단할 필요가 없다.

2. 범죄성립 조각사유

   가. 위법성조각사유

   1) 정당행위(형법 제20조)

   (1) 법령에 의한 행위

   ① 공무원의 직무집행행위; 법령에 의한 직무집행행위, 상관의 명령에 의한 행위

   ② 징계행위; 친권자(대법원 1986. 7. 8. 선고 84도2922 판결), 학교의 장(초중등교육법 제18조; 대법원 1976. 4. 27. 선고 75도115 판결)

   *교사의 체벌도 인정(대법원 2004. 6. 10. 선고 2001도5380 판결)

   ③ 현행범인의 체포(형소법 제212조)

   ④ 노동쟁의행위(헌법 제33조, 노동조합 및 노동관계조정법 제37조, 제42조)

   ⑤ 연명의료의 중단(호스피스·완화의료 및 임종과정에 있는 환자의 연명의료결정에 관한 법률 제15조); 임종에 임박한 환자가 '사전의료연명의향서'를 작성하고 임종단계에 진입한 후의 연명의료중단절차

(2) 업무로 인한 행위

① 의사의 치료행위

② 안락사

③ 변호사 또는 성직자의 업무행위

(3) 사회상규에 위배되지 않는 행위

* 사회상규; 법질서 전체의 정신이나 배후에 있는 사회윤리 내지 사회통념에 비추어 용인되는 것(대판 2009.12.24. 2007도6243)

2) 정당방위(형법 제21조 제1항, 제3항)

(1) 성립요건

① 현재의 부당한 침해가 있을 것 *예방적 정당방위(x)

② 자기 또는 타인의 법익을 방위하기 위한 행위일 것

* 법익의 범위; 형법상의 법익은 물론 가족관계·애정관계와 같이 형법상의 구성요건에 해당하지 않는 법익에 대한 정당방위도 가능하다. 다만 국가적·사회적 법익은 원칙적으로 안 된다.

③ 상당한 이유가 있을 것

(2) 정당방위의 제한

① 책임 없는 자의 침해에 대한 방위

② 보증관계에 있는 자의 침해에 대한 방위

③ 아주 경미한 침해에 대한 방위

④ 도발된 침해에 대한 방위

(3) 과잉방위와 오상방위, 오상과잉방위

3) 긴급피난(형법 제22조 제1항, 제3항)

(1) 자기 또는 타인의 법익에 대한 현재의 위난

　*법익의 범위; 국가적 · 사회적 법익에 대한 긴급피난도 가능하다.

　*자초위난; 상당성이 인정되면 긴급피난 가능(통설)

(2) 상당한 이유; 보충성, 균형성, 적합성

(3) 특칙; 위난을 피하지 못할 책임이 있는 자에게는 긴급피난 불허(형법 제22조 제2항)

(4) 과잉피난과 오상피난

(5) 의무의 충돌; 긴급피난의 특수한 경우(다수설), 정당행위로서 독립된 위법성조각사유

4) 자구행위(형법 제23조 제1항)

(1) 법정절차에 의하여 청구권을 보전하는 것이 불가능한 경우

　　*정당방위와의 한계

　　① 절도범인을 현장에서 추적하여 재물을 탈환하는 행위

　　② 부작위에 의한 침해-퇴거불응자에 대한 강제퇴거행위

(2) 청구권의 실행불능 또는 현저한 실행곤란을 피하기 위한 행위

5) 피해자의 승낙(형법 제24조) *양해

(1) 승낙의 요건; ① 법익주체의 승낙　② 처분할 수 있는 법익에 대한 승낙

(2) 추정적 승낙

6) 도박죄에서의 일시오락성(형법 제246조 제1항 단서)

- 도박죄에서 위법성의 한계인 일시오락의 정도인지 여부는 도박의 시간과 장소, 도박자의 사회적 지위 및 재산정도, 재물의 적음, 그 밖에 도박에 이르게 된 경위 등 모든 사정을 참작하여 구체적으로 판단하여야 한다(대판 1985. 11. 12. 85도2096). 형법 제246조 제1항 단서를 같은 항 본문의 구성요건해당성을 조각하는 사유로 보는 견해도 있는바, 이 견해에 의하면 그러한 구성요건해당성 조각사유도 범죄성립의 조각사유가 된다.

7) 명예훼손죄에서의 공익성(형법 제310조)

#대법원 2004. 10. 15. 선고 2004도3912 판결; 대법원 2008. 3. 14. 선고 2006도6049 판결

나. 책임조각사유

1) 형사미성년자(형법 제9조)

2) 심신상실자(형법 제10조 제1항)

3) 법률의 착오(형법 제16조)

- 단순한 법률의 부지의 경우를 말하는 것이 아니고, 일반적으로 범죄가 되는 경우이지만 자기의 특수한 경우에는 법령에 의하여 허용된 행위로서 죄가 되지 아니한다고 그릇 인식하고 그와 같이 그릇 인식함에 정당한 이유가 있는 경우를 말한다(대판 1998. 6. 23. 97도1189).

4) 강요된 행위(형법 제12조) #대판 1994. 9. 9. 94도1436

　　* 위해의 범위; 생명·신체에 대한 위해에 제한되므로, 자유·재산·명예·비밀에 대한 위해는 포함되지 않는다. #정조에 대한 침해

5) 기대가능성 결여　#대법원 1963. 8. 31. 선고 63도165 판결

　　* 기대가능성의 판단기준; ①행위자표준설 ②평균인표준설(통설, 판례; 대법원 2004. 7. 15. 선고 2004도2965 전원합의체 판결 -양심적 병역거부사건)

다. 위 사유에 해당하지 않는 것

1) 범죄구성요건에 해당하는 사실의 전부 또는 일부의 단순한 부인(대법원 1987. 12. 8. 선고87도2068 판결)

2) 범의의 부인(대법원 1983. 10. 11. 선고 83도2281 판결), 단순이 위법성의 인식이 없었다는 주장(대법원 1976. 8. 24. 선고 76도1774 판결) 역시 이와 같다.

3) 과실의 부인

4) 소송조건 결여의 주장

<유의사항>

① 범죄성립 조각사유의 주장에 해당하는지 여부가 분명하지 않은 경우가 있다. 예를 들면, 기대가능성이 없었다는 주장은 위에서 본 바와 같이 판례가 해당하는 것으로 보고 있으나, 사실의 착오 주장은 구성요건 또는 고의(범의)에 관한 착오의 일종이므로 이에 해당하지 않는다.

② 피해자의 승낙이 있는 경우에도 위법성 조각사유로 되는 종류의 범죄(예; 형법 제257조의 상해죄 등)에서는 이에 해당하지만, 피해자의 의사에 반하는 것 자체가 구성요건요소로 되는 범죄(예; 절도죄 등)에서는 피해자의 승낙이 있었다는 주장은 구성요건해당성의 단순한 부인에 불과한 것으로 본다.

Ⅵ. 법률상 형의 감경·면제의 이유로 되는 사실의 주장

1. 해당하는 사유

가. 중지미수(형법 제26조)

1) 주관적 요건 - 자의성

① 객관설 ② 주관설 ③ Frank 공식 ④ 절충설-일반 사회관념 상 범죄수행에 장애가 될 만한 사유가 있는 경우는 장애미수이지만, 그러한 사유가 없는데도 자기의사에 의하여 중지한 경우에 자의성을 인정하는 견해(다수설, 판례; 대법원 1985. 11. 12. 선고 85도2002 판결)

2) 관련문제; ①예비의 중지 ②공범과 중지미수

나. 심신미약자(형법 제10조 제2항)

다. 농아자(형법 제11조)

라. 내란예비·음모죄의 자수(형법 제90조 제1항 단서), 위증죄의 자백·자수(형법 제153조), 무고죄의 자수·자백(형법 제157조), 국가보안법위반죄의 자수·고발 등(같은 법 제16조), 공직선거법위반죄의 자수(같은 법 제262조)

마. 친족상도례(형법 제328조 제1항/제344조, 제354조, 제361조, 제365조 제1항·제2항 본문)

1) 법적 성질; 인적 처벌조각사유(통설)

2) 친족의 범위; 입양된 사실이 있다고 할지라도 생가를 중심으로 한

종전의 친족관계는 소멸하지 않는다(대판 1967.1.31. 66도1483; 민법 제882조의2 제2항). 다만 친양자의 경우 입양전의 친족관계는 친양자 입양이 확정된 때에 종료한다(민법 제908조의3).

3) 적용범위; 특별법도 적용(대법원 2013. 9. 13. 선고 2013도7754 판결-특경가법 제3조 제1항 위반죄 적용)

2. 해당하지 않는 것

가. 형의 감면이 법원의 재량에 맡겨져 있는 경우

- 과잉방위(형법 제21조 제2항), 과잉피난(형법 제23조 제2항), 장애미수(형법 제25조 제2항), 불능범(형법 제27조 단서), 경합범 중 판결을 받지 아니한 죄(형법 제39조 제1항 후문), 자수·자복(형법 제52조) 등

나. 종범(형법 제32조)

- 필요적 감경사유(형법 제32조 제2항)이기는 하나 종범의 주장은 범죄구성요건에 해당하는 사실에 대한 부인의 일종으로 봄.

  * 위와 같은 주장은 공판절차에서의 진술에 한한다. 피고인신문, 변론, 최후진술 등 공판절차의 어느 단계에서 진술한 것이라도 무방하지만, 변론종결 된 후에 제출한 변론요지서나 수사단계에서의 진술은 포함되지 않는다. 진술이 없는 경우에는 법원이 직권으로 심리 · 판단할 필요가 없다(대법원 1987. 2. 10. 선고 86도2530 판결).

[변론사항 개관]

Ⅰ. 형법적 검토

1. 구성요건해당성

1) 주관적 구성요건
- 고의를 인정할 수 없으므로 무죄/과실범이다.
- 결과적 가중범에서 중한 결과에 대한 과실(예견가능성)이 없으므로 기본범죄만 성립한다(예; 상해치사죄→상해죄).

2) 객관적 구성요건
- 공소사실이 범죄를 구성하지 않는다(형사소송법 제325조 전단 무죄; 구성요건해당성 해석).
- 공소사실이 증명되지 못했다(후단 무죄; 검사 제출의 증거의 증거능력 없음과 증명력부족을 주장

2. 위법성
- 피고인의 행위가 정당행위, 정당방위, 긴급피난, 자구행위에 해당하므로, 또는 피해자의 승낙이 있으므로 위법성이 조각된다.
  * **피해자의 의사에 반하는 것 자체가 구성요건요소로 되는 범죄(예; 절도죄 등)에서는 피해자의 승낙이 있다는 주장은 구성요건해당성의 단순한 부인에 지나지 않는다.**

- 단순도박의 일시오락성(제246조 제1항 단서) ; 재물의 정도가 일시오락의 정도에 지나지 않으므로 위법성이 조각된다.
  * **도박죄에서 단순도박이 일시오락의 정도인 경우에는 위법성이 조각된다(통설, 판례; 대법원 2004. 4. 9. 선고 2003도6351 판결). 일시오락의 정도인지의 여부는 도박의 시간과 장소, 도박자의**

사회적 지위 및 재산정도, 재물의 적음, 그 밖에 도박에 이르게 된 경위 등 모든 사정을 참조하여 구체적으로 판단하여야 하는데 (대법원 1985. 11. 12. 선고 85도2096 판결), 일시오락의 목적 이 있는 경우를 의미하는 것이 아니라, 재물의 규모가 일시오락의 정도라는 의미이다.

- 명예훼손죄에서의 공익성(제310조) ; 피고인의 행위는 진실한 사실 로서 오로지 공공의 이익에 관한 것이므로 위법성이 조각된다.

3. 책임

- 책임무능력자, 심신상실자, 강요된 행위(12조)에 해당하므로 책임 이 조각된다.
- 법률의 착오(제16조)로서 오인에 정당한 이유가 있으므로 책임이 조각된다.

  * 법률의 착오란 위법성의 인식 없이 위법한 행위를 하는 경우를 말 하는데, 판례는 단순한 법률의 부지를 말하는 것이 아니고 일반적 으로 범죄가 되는 행위이지만 자기의 특수한 경우에는 법령에 의 하여 허용된 행위로서 죄가 되지 아니한다고 그릇 인식한 것이라 고 한다(대법원 2011. 10. 13. 선고 2010도15260 판결 등).

- 적법행위의 기대가능성이 없으므로 책임이 조각된다(대법원 1963. 8. 31. 선고 63도165 판결).

4. 미수론

- 실행의 착수가 없으므로 예비죄만 성립한다.
- 실행의 착수가 없고 예비죄 처벌규정도 없으므로 무죄다.
- 실행의 착수 후 실행중지 또는 결과방지를 하였고, 자의성이 인정 되므로 장애미수가 아니고 중지미수이다.

- 원시적(사실적·자연과학적)으로 결과발생의 가능성이 없으므로 불능미수다.
- 원시적으로 결과발생의 가능성이 없고 위험성도 없으므로 불능범으로서 무죄다.

5. 공범론

1) 가담형태

- 정범과 공범의 구별에 관하여 행위지배설을 적용하여, 기능적 행위지배가 없으므로 간접정범이 아니고 종범이다.
- 정범과 공범의 구별에 관하여 행위지배설을 적용하여, 의사지배가 없으므로 간접정범이 아니고 교사범이다.
- 교사행위가 없거나 교사의 고의가 없으므로 무죄다.
- 방조행위가 없거나 방조의 고의가 없으므로 무죄다.

2) 책임범위

① 공모자 중 1인이 공동의사의 범위를 초월한 경우 ; 갑과 을이 강도를 공모한 후 을이 강도상해를 실행한 때
- 갑은 을이 저지른 상해에 대하여 고의, 예견가능성이 모두 인정되지 않으므로 공모범위 내인 강도죄만 성립한다.
- 갑은 을이 저지른 상해에 대하여 고의가 없고 예견가능성만 인정되므로 강도치상죄만 성립한다.
  * **공모공동정범의 경우, 범죄의 수단과 태양, 가담하는 인원과 그 성향, 범행시간과 장소의 특성, 범행과정에서 타인과의 접촉가능성과 예상되는 반응 등 제반 상황에 비추어, 공모자들이 그 공모한 범행을 수행하거나 목적달성을 위해 나아가는 도중에 부수적인 다른 범죄가 파생되리라고 예상하거나 충분히 예상할 수 있는데도 그러한 가능성을 외면한 채 이를 방지하기에 족한 합리적인 조치를 취하지 아니하고 공모한 범행에 나아갔다가 결국 그와 같**

이 예상되던 범행들이 발생하였다면, 비록 그 파생적인 범행 하나하나에 대하여 개별적인 의사의 연락이 없었다 하더라도 당초의 공모자들 사이에 그 범행 전부에 대하여 암묵적인 공모는 물론 그에 대한 기능적 행위지배가 존재한다고 보아야 한다(대법원 2010. 12. 23. 선고 2010도7412 판결).

② 피교사자의 실행행위가 질적 초과인 경우
- 질적 초과이므로 교사자는 책임을 지지 않는다.(다만 교사행위 자체가 예비·음모죄가 될 수 있음에 유의)

③ 피교사자의 실행행위가 양적 초과인 경우
- 양적 초과이므로 교사자는 초과부분은 책임을 지지 않는다.

6. 죄수론
- 00죄와 법조경합관계이므로 별도의 범죄가 성립하지 않는다.
- 경합범이 아니고 상상적 경합 또는 포괄일죄이다.

Ⅱ. 형사소송법적 검토

1. 면소 주장 : 제326조 각 호

2. 공소기각판결 주장 : 제327조 각 호

3. 공소기각결정 주장 : 제328조 제1항 각 호

4. 무죄 주장

1) 증거능력이 없다는 주장

(1) 자백배제법칙(제309조)

    - 자백의 임의성을 의심할 만한 사유가 있으므로 증거능력이 없다.

(2) 위법수집증거배제법칙(제308조의2)

    - 위법수집증거이므로 증거능력이 없다.

    - 위법수집증거에 의하여 발견된 제2차 증거(독수의 과실)이므로 증거능력이 없다.

(3) 전문법칙

    - 전문증거인데 전문법칙의 예외에 해당하지 않으므로 증거능력이 없다.

2) 증명력이 없다는 주장

(1) 신빙성(증거 그 자체가 진실일 가능성) 부족

  ① 자백의 신빙성이 없다.

  ② 증인(참고인) 진술의 신빙성이 없다.

    - 증인(참고인) 진술의 자체 모순관계

    - 여러 증인(참고인) 진술 간의 모순관계

    - 증인(참고인)과 피고인과의 적대관계

    - 증인(참고인)의 목격상황, 시력, 청력 등의 문제

    - 사건 전후의 증인의 태도에 공정성을 의심할 만한 사유

③ 범인식별절차(목격자 진술의 신빙성을 검증하는 절차)의 부
   준수

(2) 협의의 증명력(추인력) 부족 ; '부족증거'라는 제목으로 분류
   하여 기재
- 증거물, 감정결과로써 공소사실을 추인하기에 부족하다(논리와
  경험법칙 동원).
- 증인의 증언(참고인의 진술)이 사실이라고 하더라도 공소사실
  을 추인하기에 부족하다(논리와 경험법칙 동원).

(3) 피고인에게 유리한 자료가 있는 경우
- 피고인의 주장을 뒷받침하는 진술이나 자료가 있다.
- 검사 측 증거와 모순되는 진술이나 자료가 있다.
  (피고인에게 유리한 진술이나 자료를 제시하며) '오히려 ~한 사
  실을 인정할 여지가 있다.'

3) 종합 결론
- 공소사실에 대하여 합리적 의심을 배제할 수 없으므로 무죄판
  결을 해야 한다.
  (보강증거가 없는 경우) 자백에 대한 보강증거가 없으므로 무죄
  판결을 해야 한다.

*변론요지서 작성 예시

[사건설명서]

　사건 2018고단 1234, 피고인 김 사 랑(871212-1234765), 회사원
: 불구속

Ⅰ. 공소사실의 요지

　피고인은 2018. 11. 11 23:00경 서울 광진구 대학로 자양사거리
부근 주점 '고독'에서 술을 마시고 술값을 계산하던 중 마침 그 곳
계산대에 놓여 있는 피해자 이피해 소유의 휴대폰과 현금 55만원과
신용카드가 들어 있는 지갑을 넣어 둔 쇼핑백을 들고 가서 절취

Ⅱ. 사건의 경위

　1. 피고인은 평소 사귀던 애인 황당애가 헤어지자고 하여, 2018.11.11.
　　20:00경부터 23:00경 까지 사이에 광진구 자양사거리 부근 술집에
　　서 설득 겸 같이 술을 마셨다.

　2. 평소 주량은 소주 1병인데, 이 날은 마음이 울적하고 어떻게든
　　지 애인을 설득하려고 500밀리리터 양주 2병을 시켜, 피고인이
　　약 1병반을 마시고 황당애가 나머지 반병정도를 마셨다.

　3. 술값을 계산하려고 할 때 황당애가 화장실에 다녀온다고 하면서
　　자리를 뜨자, 황급히 술값을 계산하였는데, 카운터 위에 작은 쇼
　　핑백이 있어 황당애의 것인 줄 알고 들고 나왔다.

　4. 잠시 후 황당애가 밖으로 나오자 같이 근처 모텔로 가서, 취중
　　에 황당애와 1회 성관계를 하고 그대로 곯아 떨어졌다(본인은

이것도 잘 기억하지 못하였고, 황당애의 진술에 의함).

5. 눈을 떠보니 다음 날 11시쯤 되었고 황당애는 그 자리에 없었다. 침대 옆에 왠 쇼핑백이 있어 보니까 그 안에 여자용 지갑과 휴대폰이 있었다.

6. 휴대폰을 열자 "이 핸드폰을 소지하고 있는 분은 연락 바람"이라는 문자가 3개 와 있었다. 당황하여 급히 닫고, 지갑 속을 보니까 신용카드 2장과 1만원짜리 5장이 들어있어 돈만 꺼내고, 핸드폰과 지갑을 그대로 쇼핑백에 담아 놓고 여관을 나왔다.

7. 2018. 11. 13. 쉬는 날이어서 집에서 점심을 먹고 텔레비전을 보고 있는데, 오후 2시쯤 광진경찰서 형사라는 사람에게 뭐 좀 조사할 것이 있는데 광진경찰서 형사계로 나와달라고 하여 뭣 때문에 그러느냐고 하자, 와 보면 안다고 하여 경찰서에 갔더니, 절도죄로 긴급체포한다고 하면서 훔친 사실을 진술하라고 하였다.

8. 한편 여관비를 계산할 때 현금이 없어 10만 원 권 수표로 지불하였는데, 그 때 수표 뒷면에 피고인의 이름과 핸드폰번호를 적었는데, 여관종업원이 경찰에 알려준 것임.

Ⅲ. 전과관계
- 2006. 1. 30. 서울동부지방법원 특수절도 징역1년에 집행유예 2년
- 위 전과는 대학수능시험 후 친구들이 오토바이를 타고 여행을 다니자고 하여 그들과 함께 오토바이를 훔친 전력임.

Ⅳ. 기타사항

- 피해자와 합의하려고 했는데, 피해자는 현금 55만원이 지갑에 있었다고 주장하여, 어쨌든 잘못 했으니 10만원을 주겠다고 하자, 55만원이 아니면 합의해 줄 수 없다고 하였다.
- 피해자의 요구대로 돈을 주고 합의를 할 수도 있었으나, 그러면 범죄를 인정하고 더 처벌을 받을 것 같아 그러지 못했다.
- 검사는 공소사실을 완전히 시인하지 않고 동종 전과가 있으며 합의가 되지 않은 점을 들어 징역 2년을 구형, 변론종결(2018. 12. 15)
- 피고인은 어쨌든 잘못했지만, 처음부터 고의가 없었고 취중에 한 것이므로 선처 부탁
- 피고인의 회사는 집행유예 이상의 형을 선고받으면 해고하도록 되어 있음.

변 론 요 지 서

사　　건　　2018고단1234 절도

피고인　　김사랑

　위 사건에 관하여 피고인의 변호인은 다음과 같이 변론합니다.

다　　음

1. 공소사실의 요지
　이 사건 공소사실의 요지는, 피고인은 2018. 11. 11. 23:00경 서울 광진구 대학로 자양사거리 부근 주점 '고독'에서 술을 마시고 술값을 계산하던 중 그 곳 계산대에 놓여 있는 피해자 이피해 소유의 휴대전화기와 현금 55만 원이 들어 있는 지갑을 넣어 둔 쇼핑백을 들고 가서 절취하였다는 것입니다.

2. 피고인의 변명
　피고인은 돈 5만 원을 절취한 부분에 관하여는 시인하고, 나머지 부분에 관하여는 술에 취하여 기억이 나지 않는다는 것입니다.

3. 이 사건의 경위
　가. 피고인은 평소 사귀던 애인 황당애가 헤어지자고 하여, 2018. 11. 11. 20:00경부터 20:00경까지 사이에 서울 광진구 대학로 자양사거리 부근 술집에서 술을 마셨습니다.

　나. 평소 주량은 소주 1병인데, 이 날을 마음이 울적하고 황당애를 설득하려고 500ml 양주 2병을 시켜, 피고인이 약 1병

반을 마시고 황당애가 나머지 반병 가량을 마셨습니다.

다. 술값을 계산하려고 할 때 황당애가 화장실에 다녀온다고 하면서 자리를 뜨자, 술값을 계산하였는데, 작은 쇼핑백이 있어 황당애의 것인 줄 알고 들고 나왔다는 것입니다(이 부분은 이 사건 조사 시 얼핏 기억이 난다고 진술하였습니다.)

라. 황당애가 밖으로 나오자 같이 근처 모텔로 간 것까지는 기억이 나는데 그 이후는 기억이 나지 않는다는 것입니다(황당애의 진술에 의하면 피고인이 수표로 여관비를 계산하고, 방에 들어와 1회 성관계를 하고는 그대로 곯아 떨어졌다는 것입니다).

마. 눈을 떠보니 다음 날 11시쯤 되었고 황당애는 그 자리에 없었으며, 침대 옆에 웬 쇼핑백이 있어 보니까 그 안에 여자용 지갑과 휴대폰이 있었습니다.

바. 황당애가 놓고 간 것으로 알고 휴대폰을 열자 "이 핸드폰을 소지하고 있는 분은 연락바람"이라는 문자가 3개 와 있어, 당황하여 급히 닫고, 지갑 안을 보니까 신용카드 2장과 1만 원짜리 5장이 들어 있어 돈만 꺼내고, 휴대폰과 지갑을 그대로 둔 채 여관을 나왔던 것입니다.

사. 2018. 11. 13. 쉬는 날이어서 집에서 점심을 먹고 텔레비전을 보고 있는데, 14:00경 광진 경찰서 형사라는 사람에게서 조사할 것이 있다고 위 경찰서 형사계로 나와 달라고 하여 갔더니, 절도죄로 긴급체포한다고 하면서 절취사실을 진술하라고 하였습니다.

아. 조사 받을 때 위와 같은 내용을 진술하였습니다.

4. 법률상의 주장(법률관계)

가. 긴급체포의 위법성

긴급체포는 영장주의원칙에 대한 예외인 만큼 형사소송법 제200조의3 제1항의 요건을 모두 갖춘 경우에 한하여 예외적으로 허용되어야 하고, 요건을 갖추지 못한 긴급체포는 법적 근거에 의하지 아니한 영장 없는 체포로서 위법한 체포에 해당하는 것이고, 여기서 긴급체포의 요건을 갖추었는지 여부는 사후에 밝혀진 사정을 기초로 판단하는 것이 아니라 체포 당시의 상황을 기초로 판단하여야 하고, 이에 관한 검사나 사법경찰관 등 수사주체의 판단에는 상당한 재량의 여지가 있다고 할 것이나, 긴급체포 당시의 상황으로 보아서도 그 요건의 충족여부에 관한 검사나 사법경찰관의 판단이 경험칙에 비추어 현저히 합리성을 잃은 경우에는 그 체포는 위법한 체포라 할 것입니다(대법원 2006. 9. 8. 선고 2006도148 판결). 피고인은 경찰에서 조사할 것이 있다고 하여 자진출석하였는데 조사를 하기 전에 긴급체포를 하고 진술을 하라고 하였으므로 조사 후 영장을 청구하는 사이에 도망할 염려가 있거나 증거를 인멸할 염려가 있는 판단을 할 수 없는 상태이고, 또한 이미 증거가 다 확보된 상태이므로 위와 같은 피고인에 대한 긴급체포는 위법하다고 할 것입니다.133)

나. 심신미약

피고인의 평소 주량은 소주 1병인데 이 사건 당시 피고인은 양주 1병반을 마셔 만취하였고, 이 점은 공소외 황당애의 진술에 의해서도 뒷받침되고 있습니다. 따라서 피고인은 이 사건 당시 심신장애로 인하여 사물을 변별할 능력이나 의사를 결정할 능력이 미약한 상태에 있었다고 할 것이므로 형법 제10조 제2항의 규정에 의하여 형이 감경되어야 할 것입니다.

5. 정상에 관한 주장(정상관계)

가. 피고인의 반성

피고인은 직장을 다니면서 정상적인 생활을 해왔으며, 이 사건도 취중에 빚어진 것으로, 일부 사실을 시인하고 잘못을 뉘우치고 있습니다.

나. 전과관계

피고인에게는 동종 전과가 1회 있으나 그 내용을 살펴보면, 13년 전 고등학생일 때 친구들과 우발적으로 범행한 것으로, 그 후에는 어떠한 전과 없이 직장에 들어가 건전한 사회생활을 해왔습니다.

다. 합의문제(합의에 관하여)

피고인은 잘못을 사과하면서 가져간 돈의 2배인 10만원을 주고 합의하려고 했는데, 피해자는 지갑 안에는 55만원이 있었으므로 55만원이 아니면 합의해 줄 수 없다고 하였습니다. 피해자 요구대로 돈을 주고 합의를 할 수도 있었으나, 그러면 더 큰 범죄를 인정하게 되어 처벌을 더 받을 것 같아 그러지 못했습니다.

라. 피고인의 회사는 집행유예 이상의 형을 선고받으면 해고하도록 되어 있습니다.

마. 피고인의 애인 황당애도 이 사건이 자기 때문에 발생한 것으로 생각하여 괴로워하면서 피고인과 다시 사귀고 결혼까지도 하려고 합니다.

6. 결론

이와 같이 피고인은 이 사건에 관하여 일부 범의가 없었고, 설령 범죄사실 전부가 유죄로 판단하시더라도 모든 사정을 참작하여 회사에 다니면서 사회생활을 할 수 있도록 최대한의 관용을 베풀어 주시기 바랍니다.

2018. 12. 15.
피고인의 변호인
변호사 명변호 (인)

서울동부지방법원(형사제5단독) 귀중

---

133) 자진출석의 경우, 이 밖에도 구체적인 사정을 기초로 하여 피의자가 출석하게 된 경위, 출석횟수, 출석불응사실, 조사기간 및 수사상황 등을 고려하여 긴급체포의 위법여부를 판단한다.

Ⅷ. 항소관련 법문서: 항소장, 항소이유서

1. 항소심의 구조 : 형사소송법의 항소심 구조에 대한 입법례로는 복심, 사후심, 속심이 있는데, 우리나라 판례는[134] 항소심이 파기환송이 아니라 파기자판한다는 이유로 원칙적으로 속심으로 보고 있으나, 항소이유를 별도로 규정하고 있다는 점(제361조의5)에서 사후심적 요소가 있다. 민사소송법은 속심이므로 항소이유서를 제출하지 아니하고 준비서면을 제출하면 되지만, 형사항소에서는 항소이유서를 제출한다. 법령위반 외에 사실오인과 양형부당도 항소이유이다.

2. 항소는 선고일로부터 7일 이내에 항소장을 원심법원에 제출하여야 하며, 항소법원으로부터 소송기록접수의 통지를 받은 날로부터 20일 이내에 항소이유서를 항소법원에 제출하여야 한다(민사소송에서 판결서 정본의 송달일로부터 14일 이내에 항소를 제기하여야 하는 것과 다르다). 항소이유서를 제출하지 아니하면 항소기각 사유로 되므로 제출기간을 넘기지 않도록 신경을 써야 한다. 우편으로 제출하는 경우에는 서류가 법원에 도달한 때를 기준으로 한다.

3. 항소이유서는 제1심 기록과 증거를 면밀하게 검토하고, 새로운 증거의 발굴에 노력하며, 항소이유에 해당하는 사항을 구체적이고 간결하게 명시하여야 한다(규칙 제155조).

4. 항소심의 공판심리는 특별한 규정이 없는 한 제1심 공판에 관한 규정이 준용된다(제370조). 따라서 ① 진술거부권 등의 고지 및

---

134) 대법원 1983. 4. 26. 선고 82도2829 판결.

인정신문, ② 항소인의 항소이유 진술 및 이에 대한 상대방의 답변 진술, ③ 쟁점의 정리, ④ 증거조사, ⑤ 피고인 신문, ⑥ 최종변론, ⑦ 판결의 선고 등의 순서로 진행된다.

5. 증거조사와 관련하여, 제1심 공판중심주의 강화로 인하여 실권효 등의 규정이 적용되므로 새로운 증거의 조사도 엄격히 제한되며, 특히 증인신청의 경우는 ① 제1심에서 조사되지 아니한 데에 대하여 고의나 중대한 과실이 없고, ② 그 신청으로 인하여 소송을 현저하게 지연시키지 아니하는 경우 및 ③ 1심에서 증인으로 신문하였으나 다시 신문하는 것이 부득이한 경우, ④ 항소의 당부에 관한 판단을 위하여 반드시 필요하다고 인정되는 경우 외에는 잘 받아들여지지 않는다.

6. 검사가 항소한 경우에는 검사의 항소이유를 검토하여 법리주장에 잘못이 있거나 사실을 호도할 수 있는 내용이 있으면 답변서를 제출하여 주장한다(민사소송상 답변서의 의미는 아님).

항 소 장

사　　　건　　2016고합0000 강도상해
피 고 인　　　0 0 0

위 사건에 관하여 피고인은 2015. 0. 0. 00지방법원(제0형사부)에서 징역 3년 6월을 선고받았는바, 피고인은 위 판결에 불복이므로, 이에 항소를 제기합니다.

2016. 0. 0.
피고인 000　(인)

00지방법원(제0형사부) 귀중

항 소 이 유 서

사　　　건　　2016노0000 공무집행방해
피 고 인　　０ ０ ０

위 사건에 관하여 피고인의 변호인은 피고인을 위하여 다음과 같
이 항소이유를 개진합니다.

다　　음

원심은 피고인에 대하여 징역 0월에, 집행유예 0년을 선고하였으
나, 원심에는 아래와 같은 이유로 사실오인 및 법리오해의 위법
이 있으므로, 피고인은 다시 정당한 재판을 받기 위하여 이 사건
항소에 이른 것입니다.

1. 현행법의 의미
   형사소송법 제211조가 현행범인으로 규정한 "범죄의 실행의
   즉후인 자"라고 함은, 범죄의 실행행위를 종료한 직후의 범인
   이라는 것이 체포하는 자의 입장에서 볼 때 명백한 경우를 일
   컫는 것으로서, 위 법조가 제1항에서 본래의 의미의 현행범인
   에 관하여 규정하면서 "범죄의 실행의 즉후인 자"를 "범죄의
   실행 중인 자"와 마찬가지로 현행범인으로 보고 있고, 제2항에
   서는 현행범인으로 간주되는 준현행범인에 관하여 별도로 규
   정하고 있는 점 등으로 미루어볼 때, "범죄의 실행행위를 종료
   한 직후"라고 함은, 범죄행위를 실행하여 끝마친 순간 또는 이
   에 아주 접착된 시간적 단계를 의미하는 것으로 해석되므로,
   시간적으로나 장소적으로 보아 체포를 당하는 자가 방금 범죄
   를 실행한 범인이라는 점에 관한 죄증이 명백히 존재하는 것
   으로 인정되는 경우에만 현행범인으로 볼 수 있는 것입니다.

2. 원심 판결의 요지

원심은, 피고인이 00회사 사원으로 근무할 당시 그 회사 사무실에서, 동료 사원인 공소외 1인이 그 회사 사장실에 식칼을 들고 들어가 이를 휘두르면서 사장을 협박한다는 신고를 받고 출동하여 공소외 1을 연행하려는 00경찰서 수사과 소속 경찰관들의 멱살을 잡아당기고, 그 경찰관들이 공소외 1을 운동장에 세워져 있는 자동차에 태워 연행하려고 하자 그 자동차의 출발을 저지하려고 자동차의 문짝을 계속하여 잡아당기는 등 위 경찰관들의 현행범 체포업무를 방해하였다는 이 사건 공무집행방해 공소사실을 유죄로 인정하면서, 범죄의 실행의 즉후인 자도 현행범인이라고 할 것이므로, 공소외 1을 체포한 위 경찰관들의 공무집행은 적법한 것이라는 취지로 판단하였습니다.

3. 사실오인

그러나 공소외 1은 사장실에 들어가 불과 약 5분 정도 식칼을 휘두르며 사장을 협박하는 등의 소란을 피웠는데, 신고를 받고 출동한 경찰관들이 공소외 1을 체포하려고 한 것은, 위와 같은 범죄의 실행행위가 종료된 때로부터 무려 40여분 정도가 지난 후일뿐더러, 경찰관들이 공소외 1을 체포한 장소도 범죄가 실행된 사장실이 아닌 사무실로서, 출동한 경찰관들이 그 회사 부사장과 부장을 만난 다음 사무실에 앉아 있던 공소외 1을 연행하려고 하자 공소외 1이 구속영장의 제시를 요구하면서 동행을 거부하였습니다.

따라서 경찰관들이 공소외1을 체포할 당시 그 회사의 사원으로서 사무실에 앉아 있던 공소외 1이 방금 범죄를 실행한 범인이라는 죄증이 체포자인 경찰관들에게 명백히 인식될만한 상황이 아니었습니다.

4. 심리미진, 법리오해

따라서 원심은 공소외 1의 범죄의 실행과 체포 당시 구체적 상황을 조금 더 세심하게 심리하여 과연 죄증이 현존하는 것으로 판단되는 상황에서 경찰관들이 공소외 1을 체포한 것인지의 여부를 가려보지도 아니한 채, 공소외 1이 범죄의 실행의 즉후인 자로서 현행범인이라고 단정하였음은, 원심판결에는 심리를 제대로 하지 아니하였거나 현행범인에 관한 법리를 오해한 위법이 있다고 하지 않을 수 없습니다.

그리고 공소외 1이 현행범인으로서의 요건을 갖추고 있었다고 인정되지 않는 상황에서 경찰관들이 동행을 거부하는 공소외 1을 체포하거나 강제로 연행하려고 하였다면, 이는 적법한 공무집행이라고 볼 수 없고, 따라서 피고인이 강제연행을 거부하는 공소외 1을 도와 경찰관들에 대하여 폭행을 하는 등의 방법으로 공소외 1의 연행을 방해하였다고 하더라도, 공무집행방해죄는 성립하지 않는다고 보아야 할 것입니다.

5. 결론

따라서 피고인에게 유죄를 인정한 원심판결을 파기하시고 피고인에게 무죄를 선고하여 주시기 바라와, 피고인은 이건 항소에 이른 것입니다.

위와 같이 항소이유를 개진합니다.

2016. 0. 0.
피고인의 변호인 변호사 000 (인)

00지방법원(제0형사부) 귀중

답변서

사　　　건　　2016노0000 장물취득
피 고 인　　０ ０ ０

위 사건에 관하여 피고인의 변호인은 다음과 같이 검사의 항소이유에 대하여 답변합니다.

다　음

1. 원심판결의 요지

원심은 전당포영업자가 돈을 대여하고 물건을 전당잡는 행위(질권설정행위)는 전당잡은 물건에 대하여 사실상의 처분권을 획득하는 행위로서 장물취득죄에 있어서의 취득행위에 해당하므로 장물취득죄에 있어서의 고의 유무는 이때를 기준으로 판단하여야 하는데, 이 사건과 같이 전당포영업자인 피고인이 보석들을 전당잡으면서 인도받을 당시 장물이라는 정을 알았다고 볼 증거가 없다면, 그 후 장물일지도 모른다고 의심하면서 소유권포기각서를 받은 행위가 장물취득죄에 해당한다고 볼 여지가 없고, 또한 기록에 의하면, 피고인에게는 공소외인이 대여금을 변제하면 언제든지 보석들을 반환할 의사가 있었고, 공소외인 역시 소유권포기각서를 써 주었으나 피고인에게 돈을 갚겠다고 약속하면서 담보로 맡긴 보석들을 처분하지 말 것을 부탁하였으며, 전당업주에게 귀금속 등을 담보로 제공하고 돈을 빌릴 때 소유권포기각서를 작성하는 경우도 있음을 알 수 있어, 피고인이 공소외인으로부터 소유권포기각서를 받은 행위는 피고인이 공소외인과 사이에 금전관계를 정산하고 전당물에 대한 소유권을 완전치 취득하기 위한 것이라기보다는 담보를 확실히 하기 위한 것으로 보이므로 이러한 행위를 별개의 취득행위라고 볼 여지도 없으며, 한편 이 사건과 같이 전당포영업자인 피고인이 대여금채권의 담보로 보석들을 전당 잡은 경우에는 이를 점유할 권한이 있는 때에 해당하여 장물 보관죄가 성립할 여지 역시 없다고 판단하여 무죄를 선고하였습니다.

2. 검사의 항소이유

이에 대하여 검사는 피고인이 재물을 인도받은 후에 비로소 장물이 아닌가 하는 의구심을 가졌고 처음에는 장물인 정을 모르고 장물을 보관하였다가 그 후에 장물인 정을 알게 된 경우에는 그 정을 알고서도 이를 계속하여 보관하는 행위는 장물죄를 구성한다고 주장하고 있습니다.

3. 항소이유의 부당성

그러나 대법원 판례에 의하면, 장물취득죄는 취득 당시 장물인 정을 알면서 재물을 취득하여야 성립하는 것이므로 피고인이 재물을 인도받은 후에 비로소 장물이 아닌가 하는 의구심을 가졌다고 하여 그 재물수수행위가 장물취득죄를 구성한다고 할 수 없고(대법원 1971. 4. 20. 선고 71도468 판결), 장물인 정을 모르고 장물을 보관하였다가 그 후에 장물인 정을 알게 된 경우 그 정을 알고서도 이를 계속 보관하는 행위는 장물죄를 구성하는 것이나 이 경우에도 점유할 권한이 있는 때에는 이를 계속하여 보관하더라도 장물보관죄가 성립된다고 할 수 없습니다(대법원 2006. 10. 13. 선고 2004도6084 판결, 대법원 1986. 1. 21. 선고 85도2472 판결).

따라서 검사의 항소는 이유 없으므로 항소를 기각하여 주시기 바랍니다.

위와 같이 답변합니다.

2016. 0. 0.

피고인의 변호인 변호사 000 (인)

서울00지방법원(제0형사부) 귀중

[항소이유서 작성]

(문제)

1. 갑, 을, 병은 합동하여 A의 재물을 절취하였다는 특수절도의 혐의로 경찰에서 조사를 받게 되어, 갑·을·병 모두 범죄사실을 인정하는 진술을 하였다. 한편 병은 조사를 받은 후 감시소홀을 틈타 도주하였다. 경찰은 현장에서 갑·을·병의 범행을 목격하였다는 B에게 사건발생 두 달이 지난 후에 갑·을·병을 대면시킨바 B가 갑·을·병을 범인으로 지목하였고, 갑·을·병이 모두 범행을 시인하였으므로 이들을 특수절도죄로 검찰에 송치하였다.

   검사조사 시, 갑은 절취사실을 시인하였으나, 을은 부인하였다. 검사는 갑과 을을 특수절도죄로 구속기소하고, 병에 대해서는 경찰에 소재수사지휘를 하였는데 소재불명이라는 소재지휘 회답서를 받아 이를 법원에 제출하였다.

   공판절차에서도 갑은 범행을 시인하고, 을은 여전히 부인하고 있다.

   법원은 B의 법정에서의 증언과 병에 대한 사법경찰관이 작성한 피의자신문조서에 대하여 형사소송법 제314조를 적용하여 이를 을에 대한 유죄의 증거로 사용하여, 갑에 대하여는 징역 1년6월에 집행유예 3년을, 을에 대하여는 징역 1년을 각 선고하였다.

   갑은 절도죄로 7년 전에 징역 10월에 집행유예 2년을 선고받은 전과가 있고, 을은 음주운전의 도로교통법위반죄로 1년 전에 벌금 300만원을 선고받은 전과가 있다. 피해품은 전부 회수되어 피해자에게 환부하였다.

   *을의 변호인은 제1심판결에 불복하여 항소를 제기하였다.

2. 피고인 甲은 창원시 완암동 소재 임야 40만㎡(이하 이 사건 임야라고 한다)의 공유자인 망 乙 등 20명으로부터 이 사건 임야

를 매수한 사실이 없음에도 불구하고 을 등이 전원 사망하였고, 피고인 앞으로 이 사건 임야에 대한 종합토지세가 부과되는 점을 기화로 법원에 "원고(피고인 갑)가 피고(을 등 20명)로부터 이 사건 임야를 3,000만 원에 매수하였으니 피고들은 원고에게 이 사건 임야에 대해 매매를 원인으로 한 소유권이전등기절차를 이행하라"는 취지의 소를 제기하면서 피고들의 주소를 허위로 기재한 후 변론기일 소환장 및 선고기일 소환장 중 일부는 피고인이 피고들을 사칭하여 수령하는 등으로 위 법원 담당재판부를 기망하여 승소판결을 받아 피고인 명의로 이 사건 임야에 관한 소유권이전등기를 경료함으로써 망 乙 등의 상속인인 피해자 丙 등 소유의 이 사건 임야 시가 2억 원 상당을 편취하고, 위 법원 등기과에 이 사건 임야에 대한 소유권이전등기신청서류를 작성, 제출하여 부동산등기부에 불실의 사실을 기재하게 한 후 비치하게 하여 이를 행사하고, 한편 허위의 채권을 피보전권리로 삼아 A의 부동산에 가압류를 하였다는 공소사실에 대하여 제1심법원은 갑에게 사기죄, 위계공무집행방해죄, 사기미수죄 등을 인정하여 징역 1년을 선고하였다.

갑은 전과가 없는 55세의 남자로서 소규모의 식당을 10여년 운영하고 있는 사람이다.

   *갑의 변호인은 이에 불복하여 항소하였다.

3. A산업 주식회사는 1987년 4월 경 서○○로부터 충북 소재 전 300㎡를 매수하였다. 그러나 A산업 주식회사는 산업용 플라스틱 일반성형제품 제조업을 하는 법인이어서 농지매매 증명을 받을 수 없게 되자, 위 부동산에 관하여 피고인 갑 명의로 소유권이전등기를 마쳤다.

피고인 갑은 2005. 6. 23. 을에게 위 부동산을 매도한 후

2005. 6. 28. 을 명의로 소유권이전등기를 마쳐 주었다.

또한 갑은 자기 소유의 인쇄기를 병에게 1억 원에 양도하기로 하여 그로부터 1,2차 계약금 및 중도금 명목으로 합계 5,000만 원 상당의 원단을 제공받아 이를 수령하였음에도 불구하고 그 인쇄기를 자신의 채권자인 정에게 기존 채무 9,000만 원의 변제에 갈음하여 양도하였다.(갑은 위 두 가지 사실관계는 모두 인정함)

제1심법원은 위 사실에 관하여 횡령죄와 배임죄를 인정하여 피고인 갑에게 징역 1년을 선고하였다.

*갑의 변호인은 이에 불복하여 항소하였다.

(해설) 설문1

1. 사실오인의 점 : 범인식별절차의 부(미)준수

B는 범죄사실의 목격자로 자처하면서 그 범인으로 피고인들을 지목하고 있으나, 당초 그 지목과정에서 경찰은 범인을 식별함에 있어 지켜야 할 절차를 준수하지 아니하였습니다.

즉 용의자의 인상착의 등에 의한 범인식별절차에 있어 용의자만을 단독으로 목격자와 대질시켜 범인여부를 확인하게 하는 것은 사람의 기억력의 한계 및 부정확성과 구체적인 상황 아래에서 용의자가 범인으로 의심받고 있다는 무의식적 암시를 목격자에게 줄 수 있는 가능성으로 인하여, 그러한 방식에 의한 범인식별절차에서의 목격자의 진술은 그 신빙성이 낮다고 보아야 할 것입니다(대법원 2001. 2. 9. 선고 2000도4946 판결 등 참조).

따라서 이 사건의 경우 경찰이 사건발생 후 두 달이 지난 후에 피고인들만을 B에게 대면시켰을 뿐 다른 조치를 취하지 아니하였으므로, 당초 피고인들을 범인으로 지목한 위 B의 진술은 신빙성이 없다고 할 것입니다.

그럼에도 불구하고 신빙성이 없는 B의 진술을 취하여 유죄로 판단한 원심판결에는 채증법칙을 위배하여 사실을 오인한 위법이 있다고 할 것입니다.

2. 법리오해의 점

당해 피고인과 공범관계에 있는 다른 피의자에 대한 사법경찰관작성의 피의자신문조서는 그 피의자의 법정진술에 의하여 그 성립의 진정이 인정되더라도 당해 피고인이 공판기일에서 그 조서의 내용을 부인하면 증거능력이 부정되므로, 그 당연한 결과로 그 피의자신문조서에 대하여는 형사소송법 제314조가 적용되지 않는다고 할 것입니다(대법원 2004. 7. 15. 선고 2003도7185 전원합의체 판결).

따라서 병에 대한 사법경찰관이 작성한 피의자신문조서는 을에 대한 유죄의 증거가 될 수 없습니다.

그럼에도 불구하고 이를 유죄로 판단한 원심판결에는 이에 관한 법리를 오해한 위법이 있다고 할 것입니다.

3. 양형부당의 점

위와 같은 사실오인과 법리오해는 당연히 이 사건 형의 양정에 영향을 미쳤을 것이므로, 원심의 양형은 부당하여 유지될 수 없다고 할 것입니다.

그리고 이러한 점을 제외하더라도 피고인은 다른 종류의 벌금 전과 밖에 없는 점을 고려하면 피고인에 대한 원심의 양형은 지나치게 무거워 여전히 부당하다고 할 것입니다.

(해설) 설문2

1. 법리오해의 점

가. 사기죄에 관한 법리오해의 점

이른바 소송사기에서 피기망자인 법원의 재판은 피해자의 처분행위에 갈음하는 내용과 효력이 있는 것이어야 하고, 그렇지 아니하는 경우에는 착오에 의한 재물의 교부행위가 있다고 할 수 없어서 사기죄는 성립하지 아니한다고 할 것이므로, 피고인의 제소가 사망한 자를 상대로 한 것이라면 이와 같은 사망한 자에 대한 판결은 그 내용에 따른 효력이 생기지 아니하여 상속인에게 그 효력이 미치지 아니하고 따라서 사기죄를 구성한다고 할 수 없는데(대법원 2002. 1. 11. 선고 2000도1881 판결),

원심판결은 이에 관한 법리를 오해하여 판결에 영향을 미친 위법이 있다고 할 것입니다.

나. 위계공무집행방해죄에 관한 법리오해의 점

민사소송을 제기함에 있어 주소를 허위로 기재하여 법원공무원으로 하여금 변론기일소환장 등을 허위주소로 송달케 하였다는 사실만으로는 이로 인하여 법원공무원의 구체적이고 현실적인 어떤 직무집행이 방해되었다고 할 수 없으므로 이로써 바로 위계에 의한 공무집행방해죄가 성립한다고 볼 수는 없으므로(대법원 1996. 10. 11. 선고 96도312 판결),

원심판결은 이에 관한 법리를 오해하여 판결에 영향을 미친 위법이 있다고 할 것입니다.

다. 사기미수죄에 관한 법리오해의 점

가압류는 강제집행의 보전방법에 불과한 것이어서 허위의 채권을 피보전권리로 삼아 가압류를 하였다고 하더라도 그 채권에 관하여 현실적으로 청구의 의사표시를 한 것이라고는 볼 수 없으므로, 본안소송을 제기하지 아니한 채 가압류를 한 것만으로는 사기죄의 실행에 착수하였다고 할 수 없으므로(대법원 1988. 9. 13. 선고 88도55 판결),

원심판결은 이에 관한 법리를 오해하여 판결에 영향을 미친 위법이 있다고 할 것입니다.

2. 양형부당의 점

위와 같은 법리오해는 당연히 이 사건 형의 양정에 영향을 미쳤을 것이므로, 원심의 양형은 부당하여 유죄될 수 없다고 할 것입니다.

그리고 이러한 점을 제외하더라도 피고인은 전과가 없는 점을 고려하면 원심의 양형은 지나치게 무거워 여전히 부당하다고 할 것입니다.

(해설) 설문3

1. 횡령죄에 관한 법리오해의 점

횡령죄의 주체는 타인의 재물을 보관하는 자이어야 하고, 여기서 보관은 위탁관계에 의하여 재물을 점유하는 것을 의미하므로, 횡령죄가 성립하기 위해서는 그 재물의 보관자와 재물의 소유자(또는 그 밖의 본권자) 사이에 법률상 또는 사실상의 위탁신임관계가 존재하여야 하고, 나아가 부동산의 경우 보관자의 지위는 점유를 기준으로 할 것이 아니라 그 부동산을 제3자에게 유효하게 처분할 수 있는 권능의 유무를 기준으로 결정하여야 하므로, 원인무효인 소유권이전등기의 명의자는 횡령죄의 주체인 타인의 재물을 보관하는 자에 해당한다고 할 수 없습니다(대법원 2010. 6. 24. 선고 2009도9242 판결).

산업용 플라스틱 일반성형제품 제조업을 하는 A산업 주식회사는 이 사건 농지의 소유권을 취득할 수 없어 A산업 주식회사와 서00 사이의 농지매매계약은 무효이므로, A산업 주식회사는 명의신탁을 해지하고 매도인을 대위하는 등으로 피고인에 대하여 이 사건 토지의 반환을 구할 수 없다고 할 것입니다. 따라서 피고인은 처음부터 이른바 '제3자간 명의신탁'에 기한 명의수탁자가 아니라 원인무효인 소유권이전등기의 명의자에 불과하여 이 사건 토지를 제3에게 유효하게 처분할 수 있는 권능을 갖지 아니하며, 나아가 피고인이 서00와는 무관하게 A산업 주식회사로부터 이 사건 토지의 진정한 소유자인 서00와 피고인 사이에 법률상 또는 사실상의 위탁신임관계가 성립한다고 볼 수도 없습니다.

결국 피고인은 이 사건 토지를 보관하는 자의 지위에 있다고 할 수 없고, 피고인이 이 사건 토지를 제3자에게 매도하고 소유권이전등기를 마쳐 준 것이 서00나 A산업 주식회사에 대하여 이 사건 토지를 횡령한 것으로 볼 수 없습니다.

그렇다면 원심판결은 횡령죄에 관한 법리를 오해하여 판결에 영향을 미친 위법이 있다고 할 것입니다.

2. 배임죄에 관한 법리오해의 점

배임죄는 타인의 사무를 처리하는 자가 그 임무에 위배하는 행위로 재산상의 이익을 취득하여 사무의 주체인 타인에게 손해를 가함으로써 성립하는 것이므로, 그 범죄의 주체는 타인의 사무를 처리하는 지위에 있어야 합니다. 여기에서 '타인의 사무를 처리하는 자'라고 하려면 당사자 관계의 본질적 내용이 단순한 채권관계상의 의무를 넘어서 그들 사이의 신임관계에 기초하여 타인의 재산을 보호 내지 관리하는데 있어야 하고, 그 사무가 타인의 사무가 아니고 자기의 사무라면 그 사무의 처리가 타인에게 이익이 되어 타인에 대하여 이를 처리할 의무를 부담하는 경우라도 그는 타인의 사무를 처리하는 자에 해당하지 아니합니다(대법원 2009. 2. 26. 선고 2008도11722 판결 등).

이 사건 매매와 같이 당사자 일방이 재산권을 상대방에게 이전할 것을 약정하고 상대방이 그 대금을 지급할 것을 약정함으로써 그 효력이 생기는 계약의 경우(민법 제563조), 쌍방이 그 계약의 내용에 좇은 이행을 하여야 할 채무는 특별한 사정이 없는 한 '자기의 사무'에 해당하는 것이 원칙이라 할 것입니다.

매매의 목적물이 동산일 경우, 매도인은 매수인에게 계약에 정한 바에 따라 그 목적물인 동산을 인도함으로써 계약의 이행을 완료하게 되고 그 때 매수인은 매매목적물에 대한 권리를 취득하게 되는 것이므로, 매도인에게 자기의 사무인 동산인도채무 외에 별도로 매수인의 재산 보호 내지 관리 행위에 협력할 의무가 있다고 할 수 없을 것입니다. 동산매매계약에서의 매도인은 매수인에 대하여 그의 사무를 처리하는 자의 지위에 있지 아니하므로, 매도인이 목적물을 매수인에게 인도하지 아니하고 이를 타에 처분하였다 하더라도 배임죄는 성립하지 않는다고 할 것입니다(대법원 2011. 1. 20. 선고 2008도10479 전원합의체 판결).

그렇다면 원심판결은 배임죄에 관한 법리를 오해하여 판결에 영향을 미친 위법이 있다고 할 것입니다.

Ⅸ. 상고관련 법문서

1. 형사소송법상 상고심의 구조는 사후심이고 원칙적으로 법률심이다. 따라서 상고심에서는 원칙적으로 증거제출이나 증거조사가 허용되지 않고 공소장변경이 허용되지 않으며, 원판결 당시를 기준으로 원판결의 당부를 판단하여야 하고, 상고심에서 원판결을 파기하는 경우에는 환송 또는 이송한다.

2. 상고이유로는 ① 판결에 영향을 미친 헌법, 법률, 명령 또는 규칙의 위반이 있는 때, ② 판결 후 형의 폐지나 변경 또는 사면이 있는 때, ③ 재심청구의 사유가 있는 때, ④ 사형, 무기 또는 10년 이상의 징역이나 금고가 선고된 사건에 있어서 중대한 사실의 오인이 있어 판결에 영향을 미친 때 또는 형의 양정이 심히 부당하다고 인정할 현저한 사유가 있는 때로 정하고 있다(제383조).

3. 다만 판례는 위의 상고이유에 해당하더라도 ① 상고인이 원심법원에서 주장하지 아니한 하자를 상고이유로 주장하는 경우, ② 항소를 하지 아니하거나, 적법한 기간 내에 항소이유서를 제출하지 아니한 피고인이 상고한 경우, ③ 피고인이 자신에게 불리한 사유를 상고이유로 주장하는 경우에는 심리없이 판결로 상고를 기각한다.

4. 상고장 제출과 상고이유서의 제출은 항소의 경우와 같다. 항소심의 심리는 변론 없이 판결하는 것이 원칙이고, 예외적으로 상고심에서 공판기일을 열어 변론을 하는 경우에도 변호인이 아니면 피고인을 위하여 변론하지 못하며, 또한 변호사 아닌 자를

변호인으로 선임하지 못한다. 그리고 상고심의 공판기일에는 피고인의 소환을 요하지 아니하므로 출석해도 변론능력이 없다. 원심판결을 파기하는 경우에는 자판할 수도 있으나 새로운 증거조사가 필요한 경우가 많아 실무상 주로 환송한다.

상 고 장

사　　건　　2018노0000 강도상해
피 고 인　　0 0 0

위 사건에 관하여 피고인은 2016. 0. 0. 00고등법원에서 징역 3년 6월에 처한다는 판결을 선고받았으나, 피고인은 위 판결에 불복이므로, 이에 상고를 제기합니다.

2018. 0. 0.
피고인　000　(인)

00고등법원(제0형사부) 귀중

상 고 이 유 서

사　　　건　　2018도0000 특정범죄가중처벌등에관한법률위반(절도)
피 고 인　　ㅇㅇㅇ

위 사건에 관하여 피고인의 변호인은 피고인을 위하여 다음과 같
이 상고이유를 개진합니다.

다　　음

원심은 1심에서 0형을 받고 항소한 피고인의 항소를 기각하였으
나, 원심에는 아래와 같은 이유로 채증법칙 위반 및 법리오해의
위법이 있으므로, 피고인은 다시 정당한 재판을 받기 위하여 이
사건 상고에 이른 것입니다.

1. 원심판결

원심은, A가 2017. 10. 7. 16:00경부터 그 다음날 19:00경까
지 사이에 자기앞수표 100만 원짜리와 50만 원짜리 각 1장
및 현금 50만 원 등을 도난당하였고, 피고인이 2017. 11. 16.
그 중 100만 원짜리 수표를 B가 경영하는 식당에서 음식 값으
로 교부한 사실을 인정하고, 이러한 사실에 위 100만 원짜리
수표에 배서인으로 기재되어 있는 사람이 실제로 존재하지 아
니하는 사람이고 또 피고인이 일관되게 위 수표를 B에게 교부
한 사실 자체를 부인하고 있는 점 등을 종합하여 보면, 피고인
이 A 소유의 수표 등을 절취한 것으로 인정함이 상당하다는
이유로, 피고인이 상습으로 2017. 10. 7. 16:00경부터 그 다음

날 19:00경까지 사이에 A의 집 안에 침입하여 위 수표 등을 절취하였다는 이 사건 공소사실을 유죄로 판단한 제1심판결을 유지하였습니다.

2. 채증법칙 위반

그러나 형사재판에서 공소가 제기된 범죄사실에 대한 입증책임은 검사에게 있고, 유죄의 인정은 법관으로 하여금 합리적인 의심을 할 여지가 없을 정도로 공소사실이 진실한 것이라는 확신을 가지게 하는 증명력을 가진 증거에 의하여야 하므로, 그와 같은 증거가 없다면 설령 피고인에게 유죄의 의심이 간다 하더라도 피고인의 이익으로 판단할 수밖에 없습니다(대법원 1991. 8. 13. 선고 91도1385 판결).

이 사건에서 보면, 원심이 인정한 바와 같이 A가 OO시 소재 그의 집에서 수표 등을 도난당하고, 그가 도난당한 100만 원짜리 수표를 피고인이 OO시 소재 식당에서 B에게 음식 값으로 교부한 사실은 인정된다 해도, 피고인이 A로부터 그 수표를 절취하여 소지하고 있다가 B에게 교부하였다고 인정할 수 있는 증거는 전혀 없습니다.

따라서 피고인이 절도죄나 그 동종의 죄로 여러 차례 처벌받은 전력이 있고, 피고인이 위 100만 원짜리 수표를 소지하고 있다가 B에게 음식 값으로 교부한 사실 자체를 부인하는 등 그 진술에 신빙성이 없어, 피고인이 그 수표를 직접 절취한 것이 아닌가 하는 의심이 드는 것은 사실이지만, 피고인이 장물인 수표를 소지하고 있었다는 점 등에 관하여 거짓말을 하고 있고 그 수표에 실제로 존재하지 아니하는 사람의 배서가 있다는 등의 정황만으로는 피고인이 그 수표를 다른 사람으로부터 건네받아 소지하고 있었을 가능성을 배제할 수 없어 합리적인 의심 없이 피고인이 그 수표를 직접 절취한 것이라고 인정할 수 없습니다.

그럼에도 불구하고, 피고인에 대한 이 사건 공소사실을 유죄로 판단한 제1심판결을 유지한 원심은 채증법칙에 위배하여 판결에 영향을 미친 잘못을 저지른 것입니다.

따라서 원심판결은 파기되어야 합니다.

위와 같이 상고이유를 개진합니다.

2018. 0. 0.

피고인의 변호인 변호사 000 (인)

대법원 귀중

제7장
헌법소송 관련 법문서

제7장 헌법소송 관련 법문서

제1절 위헌심판제청신청서

I. 작성방법

1. 헌법재판소의 심판사항은 ① 위헌법률심판, ② 탄핵심판, ③ 정당해산심판, ④ 권한쟁의심판, ⑤ 헌법소원심판의 5가지이다(헌법 제111조 제1항, 헌법재판소법 제2조[135])).

2. 현행법상 헌법재판소가 법률의 위헌여부를 심판하는 위헌법률심판에는 ① 법원의 제청에 의하여 헌법재판소가 법률의 위헌여부를 심판하는 경우(헌법 제107조 제1항, 제111조 제1항 제1호), ② 입법권의 행사와 기본권을 침해받은 자의 헌법소원에 의한 위헌 여부를 심판하는 경우(89헌마220), ③ 공권력의 행사 또는 불행사가 위헌인 법률 또는 법률조항에 기인한 경우 인용결정이 당해 법률 또는 법률조항이 위헌임을 선고하는 경우(91헌마111) 등이다.

3. 위헌법률심판은 개인이 헌법재판소에 직접 청구하는 것이 아니라 계속(係屬) 중인 재판을 담당하고 있는 법원에 위헌심판제청을 신청한 다음 법원이 이를 심사하여 상당한 이유가 있다고 인정할 경우에 한하여 헌법재판소에 위헌심판제청을 청구하는 것이 원칙이다. 법원이 이를 받아들이지 않을 때에는 법원의 기각결정을 받은 날로부터 14일 이내에 비로소 개인은 직접 헌법재판소에 헌법소원심판을 청구할 수 있다. 민사재판에 국한되지 않고 모든 형태의 재판에서 이 신청은 허용된다.

---

135) 이하 조문만 표시한 것은 '헌법재판소법'의 해당조문을 의미한다.

4. 위헌법률심판제청신청을 함에는 구체적인 사건이 재판의 전제가
   되어 있어야 한다.

가. 위헌제청결정 당시는 물론이고 헌법재판소의 결정 시까지 구체적
   사건이 법원에 계속 중이어야 한다.

나. 위헌여부가 문제되는 법률이 당해 소송사건의 재판에 적용되는 것
   이어야 한다. 재판에 직접 적용되는 법률은 물론, 법률의 해석이
   달라져서 당해 사건의 재판에 직접 적용되는 시행령 등의 의미가
   달라짐으로써 재판에 영향을 미치는 등 법률이 간접 적용되는 경우
   를 포함한다.

다. 그 법률이 헌법에 위반되는지의 여부에 따라 당해 사건을 담당하는
   법원이 다른 내용의 재판을 하게 되는 경우일 것을 요한다. 주문이
   달라지는 경우는 물론이고 법률의 위헌여부가 재판의 결론을 이끌
   어내는 이유를 달리하는데 관련되어 있거나, 재판의 내용이나 효력
   중에 어느 하나라도 그에 관한 법률적 의미가 달라지는 경우에는
   재판의 전제성이 있다.

5. 위헌제청절차

가. 당사자의 위헌제청신청

1) 일반법원의 재판계속 중 당해 사건에 적용될 특정의 법률 또는
   법률조항이 헌법에 위반된다고 주장하는 당사자는 당해 사건을
   담당하는 법원에 위헌제청의 신청을 할 수 있다. 이 위헌제청신
   청서에는 인지를 첨부하지 않는다. 당사자에 의한 위헌제청의
   신청은 당해 사건에 관련된 신청사건으로 접수·처리된다.

2) 위헌심판제청신청서의 기재사항으로는, ① 제청법원의 표시,

② 사건 및 당사자의 표시, ③ 위헌이라고 해석되는 법률 또는 법률의 조항, ④ 위헌이라고 해석되는 이유, ⑤ 기타 필요한 사항 등이다(제43조).

3) 당사자의 표시방법 : 단순하게 성명만 표시하는 방법과 소장과 동일하게 표시하는 방법이 있으나, 재판 중인 법원에 대한 신청이고 그 법원의 재판기록에 이미 당사자에 관한 사항이 충분하게 나타나 있으므로 전자의 간략형이 좋다고 본다.

4) 소송대리위임장 : 소송대리권의 범위를 규정한 민사소송법 베90조에서 이 신청을 할 권한이 포함되는지 여부를 명시하지 않아 문제가 있을 수 있으므로 이미 법원의 재판사건에 관하여 소송대리위임장이 제출되어 있다고 하더라도 소송대리위임장을 새로이 제출함이 좋겠다. 물론 장차 헌법재판소에서의 헌법소송 수행을 위해서는 별도의 소송대리위임장이 제출되어야 한다.

나. 법원의 위헌제청결정 및 송부

1) 위헌제청신청을 받은 당해 법원은 위헌주장된 법률의 위헌 여부가 당해 소송의 재판의 전제가 되고 또 합리적인 위헌의 의심이 있는 때에 결정의 형식으로 위헌심판제청을 결정한다. 이 밖에 당해 법원은 직권으로도 위헌심판제청을 결정할 수 있다. 그리고 이들 두 경우 모두 대법원 외의 법원이 위헌심판제청결정을 한 때에는 대법원을 거치도록 되어 있기 때문에 당해 법원은 위헌제청결정서 정본을 법원행정처장에게 법원장 또는 지원장 명의로 송부하게 된다.

2) 이 경우 대법원은 각급법원의 위헌법률심판제청을 심사할 권한을 가지고 있지 않다. 그리하여 법원행정처장은 이 위헌제청결정

서 정본을 그대로 헌법재판소에 송부하게 되고 이로써 위헌법률심판의 제청이 이루어지게 된다. 위헌여부심판의 제청에 관한 결정에는 항고나 재항고할 수 없다(제41조 제4항). 뿐만 아니라 재판의 전제가 되는 어떤 법률이 위헌인지의 여부는 재판을 담당한 법원이 직권으로 심리하여야 하는 것이어서 당사자가 그 본안사건에 대하여 상소를 제기한 때에는 그 법률이 위헌인지 여부는 상소심이 독자적으로 심리·판단하여야 하는 것이므로, 위헌제청신청의 기각결정은 본안에 대한 종국재판과 함께 상소심의 심판을 받는 중간적 재판의 성질을 갖는 것으로서 '특별항고의 대상이 되는 불복을 신청할 수 없는 결정'에도 해당되지 않는다. 이처럼, 법원이 위헌제청신청을 기각한 때에는 그 신청을 한 당사자는 헌법재판소에 헌법소원심판을 청구할 수 있다. 이 경우 그 당사자는 당해 사건의 소송절차에서 동일한 사유를 이유로 다시 위헌여부심판의 제청을 신청할 수 없다(제68조 제2항).

6. 위헌결정 주문례

가. 각하결정 : 요건불비

나. 위헌결정 : 심판의 대상이 된 법률 또는 조항을 폐기하여도 좋은 경우

다. 불합치결정 : 헌법에 합치하지 아니한다는 위헌선언에 그치고 무효선언까지는 이르지 않는 경우

라. 한정합헌결정 : 법률이 다의적으로 해석가능한 경우 특정한 내용으로 해석·적용하는 한 합헌인 경우

마. 헌정위헌결정 : 법률이 다의적으로 해석가능한 경우 특정한 내용으로 해석·적용하는 한 합헌인 경우

Ⅱ. 작성례

위 헌 법 률 심 판 제 청 신 청

사　건 : 2013가합0000　분담금
원　고 : 교통안전공단
피　고 : ○○해운(주)

위 사건에 관하여 피고는 아래와 같이 위헌법률심판제청을 신청합니다.

신 청 취 지

교통안전공단법 제13조 제2항 제1호·제2호, 제17조, 제18조, 제19조 및 제21조의 위헌 여부에 관한 심판을 제청한다.

신 청 이 유

1. 교통안전기금에 관한 교통안전공단법 관련규정의 개요
2. 재판의 전제성
　…… 따라서 위 법률의 위헌 여부는 현재 ○○지방법원 2013가합0000호로 계속 중인 분담금 사건에서 재판의 전제가 된다고 판단됩니다.
3. 교통안전분담금제도의 위헌성에 관하여
　가. 헌법 제11조 제1항의 평등원칙 위배 여부

나. 헌법 제23조 제1항의 재산권 침해 여부

4. 결　어

이상의 이유로 …… 위헌이라고 판단되므로, 신청인의 소송대리인은 귀원에 위헌법률심판을 제청해줄 것을 신청하기에 이르렀습니다.

20 ． ． ．

위 피고 ○ ○ ○ (인)

○○지방법원 귀중

제2절 헌법소원심판청구서

Ⅰ. 작성방법

1. 헌법소원의 의의

헌법소원제도 공권력의 행사 또는 불행사로 인하여 헌법상 보장된 기본권을 침해받은 자가 제기하는 권리구제형 헌법소원(제68조 제1항)과 재판의 당사자가 법원에 위헌법률심판제청신청을 하였으나 기각된 경우에 제기하는 규범통제형(위헌심사형) 헌법소원(같은 조 제2항)으로 나누어 규율하고 있다. 협의로는 전자만을 의미한다.

2. 헌법소원심판청구서의 기재사항[136]

가. 제68조 제1항에 의한 헌법소원의 경우

1) 청구인 및 대리인의 표시

청구인의 표시란 청구인의 성명, 주소, 전화번호 등의 기재를 말하며, 주소와는 별도로 송달을 받고자 하는 곳(송달장소)이 있으면 이를 기재할 수도 있다.

대리인의 표시란, 제25조 제3항에 의하여 선임된 변호사인 대리인의 성명, 주소(사무소)의 기재를 말하며, 대리인의 선임을 증명하는 서류(위임장)를 첨부하여야 한다. 한편 제70조 제1항, 제2항에 의하여 국선대리인이 먼저 선정된 경우에는 국선대리인선정통지서(또는 국선대리인선정결정등본)를 첨부한다. 대리인은 변호사 강제주의를 적용한다.

국선대리인이 먼저 선정된 경우에는 국선대리인선정통지서(또는 국선대리인선정결정정본)를 첨부한다.

---

136) 헌법재판실무제요, 179-181면.

2) 피청구인

피청구인은 공권력행사에 대한 헌법소원의 경우에는 당해 공권력행사를 한 기관을, 공권력불행사에 대한 헌법소원의 경우에는 그 행위의무가 있다고 주장하는 공권력기관을 말한다.[137] 다만, 법령에 대한 헌법소원의 경우에는 피청구인의 기재를 반드시 하여야 하는 것은 아니다(심판규칙 제68조 제1항 단서).

3) 침해된 권리

침해된 권리는 헌법상 보장된 기본권을 의미하므로 청구인은 심판 청구취지나 청구이유에서 침해되었다고 주장하는 헌법상의 기본권을 특정하여야 한다. 예를 들면 '헌법 제15조 직업선택의 자유', '헌법 제23조 재산권'등을 기재하여야 한다.

4) 침해의 원인이 되는 공권력의 행사 또는 불행사

기본권침해의 원인이 되는 공권력기관의 작위 또는 부작위를 구체적으로 특정하여 기재함으로써 헌법소원심판의 대상이 되는 공권력의 행사 또는 불행사를 명확히 한다. 예를 들면 행정처분의 경우, 행정청의 명칭과 처분일시 및 처분내용 등을 기재하여야 한다('서초구청장의 2017. 10. 22. 자 청구인에 대한 지목변경신청반려처분').

5) 청구이유

① 사건의 개요(침해된 권리에 관련된 사실을 설명) ② 규정의 위헌성(심판을 구하는 법조문이 헌법에 위반되는 법리를 설명)

---

137) 피청구인을 잘못 지정한 경우(헌재 2001. 7. 19. 2000헌마546)나 피청구인을 기재하지 아니한 경우(헌재 1993. 5. 13. 91헌마190)에도 직권으로 피청구인을 정정하거나 확정하여야 한다.

③ 심판청구에 이르게 된 경위 ④ 청구기간의 준수여부 등(다른 구제절차가 존재하는지 여부 및 존재한다면 그에 따른 절차를 거쳤는지 여부-제68조 제1항 단서, 심판사유가 있음을 안 날로부터 90일 이내에, 사유가 있는 날로부터 1년 이내에 청구하여야 하며, 다른 법률에 의한 구제절차를 거친 헌법소원의 심판은 그 최종결정을 통지받은 날로부터 30일 이내에 청구하여야 한다.-제69조 제1항).

6) 기타 필요한 사항

실무상 청구인이 헌법소원에 의하여 달성하려는 목적이 무엇인지를 분명이 하기 위해'청구취지'를 기재하도록 하고 있다.[138] 또한 대리인의 선임을 증명하는 서류 또는 국선대리인선정통지서를 첨부하여야 한다.

나. 제68조 제2항에 의한 헌법소원의 경우

1) 청구인 및 대리인의 표시

2) 사건 및 당사자의 표시

3) 위헌이라고 해석되는 법률 또는 법률조항

4) 위헌이라고 해석되는 이유

5) 법률이나 법률조항의 위헌여부가 재판의 전제가 되는 이유

6) 청구기간의 준수에 관한 사항[139]

한편 다음 서류도 함께 제출하여야 한다(심판규칙 제69조 제2항)

① 위헌법률심판제청신청서 사본

② 위헌법률심판제청신청 기각결정서 사본

---

138) 예를 들면, "약사법 제16조 제5항은 헌법 제15조에 의해 보장되는 청구인의 직업선택의 자유를 침해하므로 헌법에 위배된다."
139) 이 심판청구는 위헌법률심판제청신청 기각결정 통지를 받은 날로부터 30일 이내에 하여야 하는 것이므로 그 청구기간을 준수하여야 한다.

③ 위헌법률심판제청신청 기각결정서 송달증명원

④ 당해 사건의 재판서를 송달받은 경우에는 그 재판서 사본

3. 헌법소원의 대상

가. 제68조 제1항에 의한 헌법소원

- 공권력: 입법권, 행정권, 사법권을 행사하는 모든 국가기관, 공공단체 등의 고권적 작용

- 외국이나 국제기관의 공권력작용은 포함되지 않는다(헌재 1997.9.25. 96헌마159).

1) 입법작용

법률자체에 의하여 기본권이 침해되는 경우에는 법원에 법률자체의 효력을 직접 다투는 것은 불가능하고 결국 구제절차가 없은 셈이 되므로 법률조항을 직접 대상으로 하여 헌법소원을 제기할 수 있다(헌재 1989.3.17. 88헌마1: 1990.6.25. 89헌마220 등). 다만 법률의 개폐는 입법기관의 소관사항이므로 이를 요구하는 것은 청구대상이 될 수 없다(헌재 1992.6.26. 89헌마132). 법률의 제정을 청구하는(입법부작위에 대한) 헌법소원은, 헌법에서 기본권보장을 위하여 법률에 명시적인 입법위임을 하였음에도 입법자가 방치하고 있는 경우 또는 국가의 행위의무 내지 보호의무가 발생하였음이 명백함에도 입법조치를 취하지 않고 있는 경우에 한하여 예외적으로 허용된다(헌재 1989.3.17. 88헌마1).

2) 행정작용

행정소송에 의해 구제받을 수 없거나 행정소송으로는 구제받을 기대가능성이 없는 경우에 한하여 허용된다.

〈인정유형〉

  (1) 행정청의 행위

   ① 권력적 사실행위: 경찰서장이 피의자들을 유치장에 수용하는 과정에서 실시한 정밀신체수색 행위(헌재 2002.7.18. 2000헌마327), 교도소장이 수형자에게 소변을 받아 제출하게 하는 행위(헌재 2007.7.27. 2005헌마277) 등

   ② 행정청의 부작위: 공정거래위원회가 독점규제 및 공정거래에 관한 법률위반의 탄원서를 접수하여 심의한 후 시정명령을 발하고 형사고발을 하지 아니한 경우(헌재 1995.7.21. 94헌마136)

  (2) 검사의 처분

   ① 기소처분: 형사재판절차에서 구제가 가능하므로 청구대상이 될 수 없다(헌재 1992.12.24. 90헌마158).

   ② 불기소처분: 피의자가 청구하는 헌법소원을 제외하고는 대상에서 제외되고, 다만 기소유예처분의 경우는 평등권과 행복추구권 침해를 이유로 인정한다(헌재 2013.8.29. 2013헌마208).

나. 제68조 제2항에 의한 헌법소원

원칙적으로 국회가 입법절차에 의거한 의결을 거쳐 제정한 '형식적 의미의 법률'만이 대상이 된다.

Ⅱ. 작성례

1. 법령의 위헌[140]

헌 법 소 원 심 판 청 구

청 구 인   ○ ○ ○
            서울 성북구 ○○로 ○○, ○○○호(○○동)
대리인 변호사 ○ ○ ○
            서울 서초구 ○○로 ○○, ○○○호(○○동)

청 구 취 지

"구 ○○법(2004. 12. 31. 법률 제7291호로 개정되고, 2011. 4. 5. 법률 제10551호로 개정되기 전의 것) 제○○조 제○항 제○호는 헌법에 위반된다."라는 결정을 구합니다.

침 해 된 권 리

헌법 제11조 평등권, 제15조 직업선택의 자유

침 해 의 원 인

구 ○○법 (2004. 12. 31. 법률 제7291호로 개정되고, 2011. 4. 5. 법률 제10551호로 개정되기 전의 것) 제○○조 제○항 제○호

---

140) 이하 양식은 헌법재판소 홈페이지에서 내려 받은 것임.

청 구 이 유

1. 사건개요
2. 위 규정의 위헌성
3. 심판청구에 이르게 된 경위
4. 청구기간의 준수 여부 등

첨 부 서 류

    1. 각종 입증서류
    2. 소송위임장(소속변호사회 경유)

20 .   .   .

청구인 대리인 변호사 ○ ○ ○ (인)

헌법재판소 귀중

2. 기소유예처분에 대한 헌법소원

헌 법 소 원 심 판 청 구

청 구 인 ○ ○ ○
　　　　　서울 성북구 ○○로 ○○, ○○○호(○○동)
대리인 변호사 ○ ○ ○
　　　　　서울 서초구 ○○로 ○○, ○○○호(○○동)
피 청 구 인 ○○지방검찰청 ○○지청 검사

청 구 취 지

"피청구인이 20 ． ． ． ○○지방검찰청 ○○지청 2014년 형제
0000호 사건에 있어서 청구인에 대하여 한 기소유예처분은 청구인
의 평등권 및 행복추구권을 침해한 것이므로 이를 취소한다."라는
결정을 구합니다.

침 해 된 권 리

　헌법 제11조 제1항 평등권
　헌법 제10조 행복추구권

침 해 의 원 인

　피청구인의 20 ． ． ． ○○지방검찰청 ○○지청 2014년 형제
0000호 사건의 청구인에 대한 기소유예처분

청 구 이 유

1. 사건개요
2. 위 불기소처분의 위헌성
3. 심판청구에 이르게 된 경위(기소유예처분 등 약술)
4. 청구기간의 준수 여부 등

첨 부 서 류

1. 각종 입증서류
2. 소송위임장(소속변호사회 경유)

20   .   .   .

청구인 대리인 변호사   ○ ○ ○ (인)

헌법재판소   귀중

3. 행정행위의 위헌

헌 법 소 원 심 판 청 구

청 구 인 ○ ○ ○
　　　　　 서울 성북구 ○○로 ○○, ○○○호(○○동)
대리인 변호사 ○ ○ ○
　　　　　 서울 서초구 ○○로 ○○, ○○○호(○○동)
피 청 구 인 공정거래위원회

청 구 취 지

"피청구인이 20 . . . ○○회사에 대하여 한 무혐의결정은 청구인의 평등권 및 재판절차진술권을 침해한 것이므로 이를 취소한다."라는 결정을 구합니다.

침 해 된 권 리

헌법 제11조 제1항 평등권
헌법 제27조 제5항 재판절차에서의 진술권

침 해 의 원 인

피청구인의 20 . . .자 ○○회사에 대한 무혐의결정

청 구 이 유

1. 사건개요

2. 위 처분의 위헌성

3. 심판청구에 이르게 된 경위

4. 청구기간의 준수 여부 등

첨 부 서 류

1. 각종 입증서류

2. 소송위임장(소속변호사회 경유)

20   .   .   .

청구인 대리인 변호사   ○   ○   ○   (인)

헌법재판소   귀중

4. 부작위의 위헌

헌 법 소 원 심 판 청 구

청 구 인 ○ ○ ○
　　　　　서울 성북구 ○○로 ○○, ○○○호(○○동)
대리인 변호사 ○ ○ ○
　　　　　서울 서초구 ○○로 ○○, ○○○호(○○동)
피 청 구 인 고용노동부장관

청 구 취 지

　"피청구인이 ○○법 제○○조 및 ○○법 시행령 제○○조가 정하는 경우에 관하여 평균임금을 정하여 고시하지 아니한 부작위는 청구인의 재산권을 침해한 것이므로 위헌임을 확인한다."라는 결정을 구합니다.

침 해 된 권 리

　헌법 제23조 재산권

침 해 의 원 인

　피청구인이 ○○법 제○○조 및 ○○법 시행령 제○○조가 정하는 경우에 관하여 평균임금을 정하여 고시하지 아니한 부작위

청 구 이 유

　1. 사건개요
　2. 위 부작위의 위헌성

3. 심판청구에 이르게 된 경위

첨 부 서 류

1. 각종 입증서류
2. 소송위임장(소속변호사회 경유)

20   .   .   .

청구인 대리인 변호사   ○ ○ ○ (인)

헌법재판소   귀중

5. 위헌심사형 헌법소원

헌 법 소 원 심 판 청 구

청 구 인 ○ ○ ○
　　　　　서울 성북구 ○○로 ○○, ○○○호(○○동)

대리인 변호사 ○ ○ ○
　　　　　서울 서초구 ○○로 ○○, ○○○호(○○동)

청 구 취 지

"구 ○○법((2004. 12. 31. 법률 제7291호로 개정되고, 2011. 4. 5. 법률 제10551호로 개정되기 전의 것) 제○○조 제○항 제○호는 헌법에 위반된다."라는 결정을 구합니다.

당 해 사 건

서울고등법원 2006구000호 퇴직처분 무효확인

원고 ○○○,　　피고 ○○○

위헌이라고 판단(해석)되는 법률조항

구 ○○법 (2004. 12. 31. 법률 제7291호로 개정되고, 2011. 4. 5. 법률 제10551호로 개정되기 전의 것) 제○○조 제○항 제○호

청 구 이 유

1. 사건개요
2. 재판의 전제성
3. 위헌이라고 판단(해석)되는 이유
4. 심판청구에 이르게 된 경위(청구기간의 준수 여부 등)

첨 부 서 류

1. 위헌제청신청서
2. 위헌제청신청기각 결정문 및 동 결정의 송달증명서
3. 당해사건의 판결문 등 기타 부속서류
4. 소송위임장(소속변호사회 경유)

20 . . .

청구인 대리인 변호사 ○ ○ ○ (인)

헌법재판소 귀중

제3절 권한쟁의심판청구서

I. 작성방법

1. 권한쟁의심판제도의 의의

헌법은 헌법재판소가 '국가기관 상호간, 국가기관과 지방자치단체 간 및 지방자치단체 상호간의 권한쟁의에 관한 심판'을 관장한다고 규정하고 있다(헌법 제111조 제1항 제4호). 권한쟁의심판제도는 국가기관 사이나, 국가기관과 지방자치단체 등 사이에 권한의 유무 또는 범위에 관하여 다툼이 발생한 경우에, 헌법재판소가 심판하여 그 권한과 의무의 한계를 명확히 함으로써 국가기능의 원활한 수행을 도모하고, 권력 상호간의 견제와 균형을 유지시켜 헌법질서를 보호하려는 데 그 제도적 의의가 있다.[141]

2. 권한쟁의심판 청구서의 기재사항(제64조)

가. 청구인 또는 청구인이 속한 기관 및 심판수행자 또는 대리인의 표시

대리인의 선임을 증명하는 위임장을 첨부하여야 한다.

나. 피청구인의 표시와 피청구인 경정

청구인이 피청구인을 잘못 지정한 때에는 청구인의 신청에 의하여 결정으로써 피청구인의 경정을 허가할 수 있다(행정소송법 제14조).

다. 심판의 대상이 되는 피청구인의 처분 또는 부작위

라. 청구취지

청구인이 달성하려는 목적이 무엇인가를 분명히 하기 위한 청구취

---

141) 헌재 1995. 2. 23. 90헌라1.

지를 기재하여야 한다.

1) 권한의 유무 또는 범위 확인(제66조 제1항)
2) 처분의 취소 또는 무효 확인(제66조 제2항)

마. 청구이유

청구이유에서는 청구인과 피청구인의 권한분배를 다루는 헌법 및 법률의 규정을 들어 권한의 소재 및 범위를 설명하고, 문제되는 권한의 유무 또는 범위에 관한 다툼이 발생하게 된 경위와 피청구인의 처분 또는 부작위에 의해서 헌법 및 법률에 의하여 청구인에게 부여된 특정한 권한이 침해받았거나 침해받을 현저한 위험이 있다는 이유와 함께, 피청구인의 처분 등이 헌법이나 법률에 위배되어 취소 또는 무효의 확인을 구하는 이유를 기재한다.[142]

바. 그 밖에 필요한 사항

청구기간의 준수여부 등을 기재한다.

---

142) 헌법실무제요, 339면.

II. 작성례

권한쟁의심판청구서

청 구 인   서울특별시 ○○구
           대표자 구청장 ○ ○ ○
           대리인 변호사 ○ ○ ○
피청구인   ○ ○ ○부 장관

심판대상이 되는 피청구인의 처분 또는 부작위

피청구인이 20 . . .자 ○○○업무처리지침 중에서 ………라고
규정한 것

침해된 청구인의 권한

헌법 및 국회법에 의하여 부여된 청구인의 예산편성 및 집행권

청 구 취 지

피청구인이 20 . . .자 ○○○업무처리지침 중에서 ………라고
규정한 것은 헌법 및 국회법에 의하여 부여된 청구인의 ○○에 대한
예산편성 및 집행의 권한을 침해한 것이라는 확인을 구하며, 또한
피청구인의 위 행위가 무효임을 확인하여 줄 것을 구합니다.

청 구 이 유

1. 헌법 또는 법률에 의하여 부여된 청구인의 권한의 유무 또는 범위

---

2. 권한다툼이 발생하여 심판청구에 이르게 된 경위

3. 피청구인의 행위에 의한 청구인의 권한의 침해

4. 피청구인의 처분이 무효로 되어야 하는 이유

5. 청구기간의 준수 여부 등

첨 부 서 류

1. 각종 입증서류

   2. 소송위임장

20 .   .   .

청구인 대리인 변호사 ○ ○ ○ (인)

헌법재판소 귀중

제4절 탄핵심판청구서

Ⅰ. 탄핵심판의 청구

1. 소추의결서 정본의 제출

탄핵심판은 국회법제사법위원장이 소추위원이 되어 소추의결서의 정본을 헌법재판소에 제출함으로써 청구된다(제49조). 즉 소추의결서의 정본이 탄핵심판청구서로 갈음되는 것이다.

2. 심판청구의 효과

헌법재판소가 소추의결서를 접수한 때에는 지체 없이 그 등본을 피소추자에게 송달한다(제27조). 송달을 받은 피소추자는 답변서를 제출할 수 있다(제29조).

Ⅱ. 탄핵심판의 절차

1. 탄핵심판절차의 성격

탄핵심판절차는 형사절차나 징계절차와 다른 고유의 헌법재판절차이다. 그러나 형사절차를 통하여 소추사실을 밝히는 것이 피소추자의 절차적 기본권을 충실히 보장하게 된다는 점에서 1차적으로 형사소송에 관한 법리를 적용하는 것이 원칙이라 할 것이다.[143)

2. 구두변론 및 증거조사

가. 탄핵심판의 청구인

청구인 란에 '국회'라고 쓰고 줄을 바꿔 그 밑에 '소추위원 국회법제사법위원회 위원장'이라고 표시한다.

---

143) 헌법실무제요, 361면.

나. 심리의 방식

심판은 구두변론에 의한다(제30조 제1항). 당사자가 변론기일에 출석하지 아니한 때에는 다시 기일을 정하고, 다시 정한 기일에도 출석하지 아니하면 출석 없이 심리할 수 있다(제52조). 재판장은 피청구인에게 소추에 대한 의견을 진술할 기회를 주어야 한다(심판규칙 제61조).

다. 증거조사

직권 또는 당사자의 신청에 의하여 증거조사를 할 수 있다(제31조).

라. 심판절차의 정지

피청구인에 대한 탄핵심판청구와 동일한 사유로 형사소송이 진행되고 있는 경우에는 심판절차를 정지할 수 있다(제51조). 심판절차의 정지기간 및 재개시기 등에 관한 규정은 없으나 재판부의 재량사항으로 볼 수 있다.[144]

Ⅲ. 탄핵심판의 종국결정

1. 각하결정

적법요건을 심사하여 부적법하다고 인정할 때 내리는 결정이다. 주문은 '이 사건 심판청구를 각하한다.'라고 표시한다.

2. 기각결정

심판청구가 이유 없을 때에는 기각한다. 주문은 '이 사건 심판청구를 기각한다.'라고 표시한다.

---

144) 헌법실무제요, 362면.

3. 탄핵결정

가. 탄핵결정의 내용

재판관 6인 이상의 찬성으로 탄핵결정을 할 수 있다(헌법 제113조 제1항, 헌법재판소법 제23조 제2항 제1호). 심판청구가 이유 있는 경우에는 피청구인을 해당 공직에서 파면하는 결정을 선고한다(제53조 제1항). 주문은 '피청구인을 파면한다.'라고 표시한다.

나. 탄핵결정의 효력

탄핵결정의 효력은 탄핵결정 선고 시부터 바로 발생한다.
1) 공직파면(헌법 제65조)
2) 민·형사상의 책임 불면제(헌법 제65조, 헌법재판소법 제54조 제1항)
3) 공직취임의 제한

   탄핵결정의 선고를 받은 날로부터 5년이 지나지 않으면 공무원이 될 수 없다(제54조 제2항).
4) 사면의 금지

   이에 관한 명문규정은 없으나, 탄핵제도의 취지상 사면은 허용되지 않는다고 할 것이다.

다. 탄핵결정에 대한 재심

이에 관한 명문규정은 없으므로 심판의 종류에 따라 개별적으로 판단하여야 할 것이다.

제5절 정당해산심판청구서

Ⅰ. 작성방법

1. 심판의 청구

국무회의가 위헌정당제소를 의결하면 법무부장관이 정부를 대표하여 정당해산심판청구서를 헌법재판소에 제출하여야 한다(제25조 제1항).

헌법재판소가 심판의 청구를 받은 때에는 그 청구서의 등본을 피청구인에게 송달하여야 한다(제27조). 송달받은 피청구인은 답변서를 제출할 수 있다(제29조 제1항).

2. 심판의 심리

심리는 구두변론에 의한다(제30조 제1항). 정부가 청구인이 되고 제소된 정당이 피청구인이 된다. 당사자의 신청 또는 직권으로 증거조사를 할 수 있다(제31조). 심리에 관하여 헌법재판소법에 특별한 규정이 있는 경우를 제외하고는 헌법재판의 성질에 반하지 아니하는 한도 내에서 민사소송에 관한 법령의 규정이 준용된다(제40조).

Ⅱ. 작성례

정당해산심판청구서

청 구 인 : 대한민국 정부
법률상 대표자 법무부장관 ○ ○ ○
피청구인 : ○ ○ 정당
주소(중앙당 소재지) : 서울 영등포구 국회대로 00
대표자 ○ ○ ○

청구취지 : ○ ○ 정당의 해산결정을 구합니다.

청구이유 : 가. 사건개요
          나. 정당의 목적, 활동의 민주적 기본질서 위배 내용
          다. 기타 필요사항

첨부서류 : 각종 입증서류

20　．　．　．
대한민국 정부
법률상 대표자 법무부장관 ○ ○ ○ (인)

헌법재판소 귀중

제8장
행정쟁송 관련 법문서

제8장 행정쟁송 관련 법문서

제1절 행정심판 관련 법문서

Ⅰ. 작성방법

1. 행정심판의 의의

행정심판이란 행정청의 위법·부당한 처분 또는 부작위에 대한 불복에 대하여 행정기관이 심판하는 행정심판법상의 행정쟁송절차를 말한다.

행정심판을 규율하는 법으로는 일반법인 행정심판법이 있고, 각 개별법률에서 행정심판법에 대한 특칙을 규정하고 있다. 각 개별법률에서는 행정심판에 대하여 이의신청, 심사청구 또는 심판청구(국세기본법 등) 또는 재심요구 등의 용어를 사용하고 있다.

헌법은 재판의 전심절차로서 행정심판을 할 수 있고, 그 절차는 법률로 정하되 사법절차가 준용되어야 한다고 규정하여 행정심판이 행정상 분쟁에 관해 재판에 준하는 성질을 가지고 있다.

2. 행정심판의 종류

행정심판법은 행정심판의 종류로서 취소심판, 무효 등 확인심판, 의무이행심판을 규정하고 있다(행정심판법 제5조).

가. 취소심판

취소심판이란 행정청의 위법 또는 부당한 처분의 취소하거나 변경하는 심판을 말한다.

위원회는 취소심판의 청구가 이유 있다고 인정하면 처분을 취소 또는 다른 처분으로 변경하거나 처분을 다른 처분으로 변경할 것을 피청구인에게 명한다(행정심판법 제43조 제3항). 청구기간에 제한이 있고, 집행부정지의 원칙이 적용되며, 사정재결이 적용된다. 인용재결이 있게 되면 원처분은 처음부터 없는 상태로 된다. 즉 그 재결의 형성력에 의하여 해당 처분은 별도의 행정처분을 기다릴 것 없이 당연히 취소되어 소멸된다.

나. 무효 등 확인심판

무효 등 확인심판이란 행정청의 처분의 효력 유무 또는 존재여부를 확인하는 심판을 말한다. 처분의 유효확인심판·무효확인심판·실효확인심판·존재확인심판·부존재확인심판 등이 있으며, 청구기간의 제한을 받지 않고 사정재결을 할 수 없다. 인용이 되기 위해서는 취소사유로는 부족하고 그 하자가 중대·명백한 경우에 한하여 무효로 인정된다. 청구인에게 그 행정처분이 무효인 사유를 주장·입증할 책임이 있다.

다. 의무이행심판

의무이행심판이란 행정청의 위법 또는 부당한 거부처분이나 부작위에 대하여 일정한 처분을 하도록 하는 심판을 말한다. 예를 들면 행정정보공개 이행청구, 개인택시운송사업면허 이행청구 등이 있다. 청구기간의 제한이 없으며 집행정지의 대상도 되지 않는다. 인용재결이 있으면 해당 행정청의 재결의 취지에 따른 처분을 해야 한다. 해당 행정청이 처분을 하지 않는 때에는 행정심판위원회가 당사자의 신청에 따라 기간을 정하여 서면으로 시정을 명하고 그 기간 내에 이행하지 않는 경우에 직접 해당 처분을 할 수 있다.

3. 행정심판기관 – 행정심판위원회(심리 및 재결, 비상설)

가. 일반행정심판위원회

1) 독립기관 등 소송 행정심판위원회 : 감사원, 국정원장, 국회사무총장, 법원행정처장, 헌법재판소사무처장, 중앙선거관리위원회 사무총장, 국가인권위원회, 진실·화해를 위한 과거사정리위원회, 기타 대통령령으로 정하는 행정청의 처분 또는 부작위에 대한 행정심판청구의 경우 그 행정청에 두는 행정심판위원회.

2) 중앙행정심판위원회(구법상 국무총리행정심판위원회) : 전항 행정청 외의 국가행정기관의 장 또는 그 소속 행정청, 특별시장·광역시장·도지사·특별자치도지사 및 이에 대응하는 각 의회, 지방자치단체조합 등 관계 법률에 따라 국가·지방자치단체·공공법인 등이 공동으로 설립한 행정청의 처분 또는 부작위에 대한 심판청구의 경우 국민권익위원회에 두는 중앙행정심판위원회.

3) 시·도행정심판위원회 : 시·도 소속 행정청, 시·도의 관할구역에 있는 시·군·자치구의 장, 소속 행정청 또는 시·군·자치구의 의회, 시·도의 관할구역에 있는 둘 이상의 지방자치단체·공공법인 등이 공동으로 설립한 행정청의 처분 또는 부작위에 대한 심판청구의 경우 시·도지사 소속으로 두는 행정심판위원회.

4) 직근 상급행정기관 소속 행정심판위원회 : 대통령령으로 정하는 국가행정기관(법무부 및 대검찰청 소속 특별지방행정기관) 소속 장의 처분 또는 부작위에 대한 심판청구의 경우 해당 행정청의 직근 상급행정기관에 두는 행정심판위원회.

나. **특별행정심판위원회** : 개별법에 의해 설치되는 특별행정심판을 담당하는 특별행정심판위원회. 소청심사위원회, 조세심판원, 중앙토지

수용위원회 등이 있다.

4. 행정심판의 청구

가. 행정심판청구기간

심판청구기간은 취소심판청구와 거부처분에 대한 의무이행심판청구에만 적용되고, 무효등확인심판청구나 부작위에 대한 의무이행심판청구에는 적용되지 아니한다(행정심판법 제27조 제7항).

1) 원칙적인 심판청구기간

원칙적으로 처분이 있음을 안 날로부터 90일 이내, 처분이 있은 날로부터 180일이다(행정심판법 제27조). 이 두 기간 중 어느 하나라도 도과하면 원칙상 행정심판청구를 할 수 없다. 처분이 있은 날로부터 180일 이내에 처분이 있음을 알았을 때에는 그 때로부터 90일 이내에 행정심판을 제기하여야 한다.

2) 예외적인 심판청구기간

청구인이 천재지변, 전쟁, 사변, 그 밖의 불가항력으로 인하여 90일 내에 심판청구를 할 수 없었을 때에는 그 사유가 소멸한 날로부터 14일 이내에 행정심판을 청구할 수 있다. 다만, 국외에서 행정심판을 청구하는 경우에는 그 기간을 30일로 한다. 정당한 사유가 있는 경우에는 그 처분이 있은 날로부터 180일을 경과하더라도 제기할 수 있다.

나. 심판청구의 방식

심판청구서에는 다음의 사항이 포함되어야 한다. ① 청구인의 이름과 주소 또는 사무소(주소 또는 사무소 외의 장소에서 송달받기를 원하면 송달장소 추가기재), ② 피청구인과 위원회, ③ 심판청구의 대상이 되는 처분의 내용, ④ 처분이 있음을 알게 된 날, ⑤ 심판청구의 취지와 이유, ⑥ 피청구인의 행정심판 고지 유무와 그 내용 (행정심판법 제28조 제2항)

다. 행정심판청구서의 제출기관

심판청구서는 위원회 또는 피청구인인 행정청(처분청 또는 부작위청)에 제출하여야 한다(행정심판법 제23조 제1항).

라. 집행정지

심판청구가 있어도 원칙적으로 처분의 집행이 정지되지 않는다. 행정심판을 제기하면서 동시에 집행정지신청을 할 수 있고, 행정심판위원회는 처분이나 그 집행 또는 절차의 속행으로 생길 회복하기 어려운 손해를 예방하기 위하여 긴급한 필요가 있다고 인정할 때에는 신청 또는 직권으로 집행정지결정을 할 수 있다(행정심판법 제30조).

II. 작성례

1. 취소심판

행 정 심 판 청 구

청 구 인   장 진 영
　　　　　서울 00구 00동 (이하 생략)
　　　　　청구대리인 변호사 김길동
　　　　　서울 00구 00동 (이하 생략)

피청구인   00시 00구청장

영업정지처분취소 심판청구

청 구 취 지

피청구인이 20 . . . 청구인에 대하여 한 20 . . .부터 같
은 해 . .까지(1개월)의 일반음식점 영업정지처분은 이를 취소
한다.
라는 재결을 구합니다.

청 구 원 인

1. 청구인은 00시 00구 00동 00에서 장미레스토랑을 운영하는
　 자입니다.

2. 그런데 20 . . .에 손님 청구 외 박민수가 접대하는 여자가
　 없다고 하면서 스스로 접대부를 전화로 불러(소위 보도) 접대
　 를 하게 되었습니다.

---

3. 마침 이때 피청구인 소속의 공무원 한수광에게 발각되었고, 피청구인은 일반음식점에서 여자 접대부를 고용하였다는 이유로 20 . . .부터 같은 해 . .까지 1개월의 영업정지처분을 하였습니다.

4. 그러나 이러한 처분은 청구인은 모르는 사이 손님이 한 행위로 영업정지처분을 함은 부당하고 또한 이는 너무나 과다한 행정처분이므로 행정심판을 구하고자 이 건 청구에 이른 것입니다.

입 증 방 법

1. 갑 제1호증(영업정지 행정처분)
2. 갑 제2호증(일반음식점 신고증)
3. 갑 제3호증(사업자등록증)

첨 부 서 류

1. 위 입증방법   각 1통
2. 심판청구서 부본   1통
3. 위임장   1통

20 . . .
위 청구대리인 변호사 김길동 (인)

00시 00구청장 귀중

2. 무효등확인심판

행 정 심 판 청 구

청 구 인   김 갑 동
           서울 00구 00동
           청구대리인 변호사 김길동
           서울 00구 00동 (이하 생략)

피청구인   0000경찰서

자동차운전면허취소처분무효확인청구

청 구 취 지

피청구인이 2002. 5. 13. 청구인에게 한 2002. 6. 21.자 제2종 보통운전면허취소처분은 무효임을 확인한다.
라는 재결을 구합니다.

청 구 원 인

1. 사건 개요
   청구인이 수시적성검사 기간이 지나도록 수시적성검사를 받지 않았다는 이유로 피청구인이 2002. 5. 13. 청구인이 운전면허를 취소하였다.

2. 이 건 처분의 위법
  가. 관계법령
      행정심판법 제18조 제3항

구 도로교통법(2002. 12. 18. 법률 제6789호로 개정되기 이전의 것) 제78조 제1항 제3호, 제3항

구 도로교통법 시행규칙(2002. 7. 3. 행정자치부령 제174호로 개정되기 이전의 것) 별표 16중 2. 취소처분 개별기준의 일련번호란 5-1

나. 처분의 위법성

(1) 제출된 자료와 기록에 의하면 다음과 같은 사실을 각각 인정할 수 있다.

(가) 청구인은 1985. 1. 16. 제2종 보통운전면허를 취득하여 1990. 4. 16. 수시적성검사 미필로 운전면허가 취소된 후 1990. 8. 24. 제2종 보통운전면허를 재취득하였다.

(나) 청구외 00구치소장이 발급한 2007. 3. 14.자 수용증명서에 의하면 청구인의 구속일자는 2000. 10. 7.로, 형기종료일은 2002. 10. 14.로 각각 기재되어 있다.

(다) 청구인은 습관성 약물중독을 이유로 수시적성검사 대상자로 분류되어, 00운전면허시험장장이 2001. 6. 1. 및 2001. 10. 5. 2회에 걸쳐 청구인의 주소지인 서울 00구 00동 00아파트 00호로 수시적성검사통지서를 등기우편으로 각각 발송하였으나 "이사감" 및 "수취인 미거주"를 이유로 2001. 6. 4. 및 2001. 10. 11. 각각 반송되어 2002. 2. 9. 강남운전면허시험장 게시판에 14일간 공고함으로써 통지에 갈음했고, 청구인이 정해진 기간 내에 수시적성검사를 받지 않았다는 이유로 피청구인이 2002. 5. 13. 청구인의 운전면허취소결정통지서를 청구인의 주소지인 서울 00구 00동 00아파트로 발송했으나 "수취인 미거주"를 이유로 2002. 5. 23. 반송되자 피청구인의 게시판에 2002. 6. 10.부터 2002. 6. 23.까지 14일간 이를 공고하여 통지에 갈음하였다.

(2) 살펴건대, 위 구 도로교통법 제74조의2 제1항, 같은 법 시

행령(2002. 6. 29. 대통령령 제17260호로 개정되기 이전의 것) 제52조의4 제1항 제1호 및 위 같은 법 시행규칙 제49조에 의하면, 운전면허를 받은 사람은 마약·대마·향정신성의약품 또는 알코올중독자에 해당한다고 인정할만한 상당한 이유가 있는 경우 운전면허시험기관의 장이 실시하는 수시적성검사를 받아야 하며, 운전면허시험장은 수시적성검사를 받아야 하는 사람에게 그 사실을 수시적성검사기간 20일 전까지 통지해야 하고 위 기간 내에 수시적성검사를 받지 않은 사람에게는 다시 수시적성검사기간을 정하여 수시적성검사기간 20일 전까지 통지를 해야 하는 한편, 그 통지를 받을 사람의 주소 등을 통상적인 방법으로 확인할 수 없거나 통지서의 송달이 불가능한 경우에는 수시적성검사를 받아야 할 사람의 운전면허대장에 기재된 주소지를 관할하는 경찰관서의 게시판에 14일간 이를 공고함으로써 통지에 갈음할 수 있다고 규정되어 있는바, 여기서 예외적인 경우 수시적성검사통지서 등의 통지를 공고로써 갈음하도록 하는 것은 운전면허를 받은 사람이 객관적으로 소재불명이라고 볼 수 있을 정도의 사정이 있는 경우에 한하여 제한적으로 인정되어야 할 것이다.

위 인정사실에 의하면, 위 00운전면허시험장장은 수시적성검사통지서를 2001. 6. 1. 및 2001. 10. 5. 등기우편으로 청구인의 주소지에 각각 발송했으나 위 수시적성검사통지서가 "이사감" 및 "수취인 미거주"로 2001. 6. 4. 및 2001. 10. 11. 각각 반송되어 00면허시험장 게시판에 2002. 2. 9.부터 14일간 이를 공고함으로써 통지에 갈음했고, 2002. 5. 13. 피청구인은 청구인이 수시적성검사를 받지 않았다는 이유로 이 건 처분을 했으나, 위 00운전면허시험장장이 수시적성검사통지서를 발송할 당시 청구인은 00교도소에 수감 중이었다.

그러나 수시적성검사를 받지 않은 것이 운전면허의 필요적 취소사유인 점을 고려할 때, 청구인이 습관성약물중독을 이유로 수시적성검사대상자로 판정되었다면 청구인에 대한 수시적성검사통지서가 반송되었을 때에는 당연히 청구인이 구속 중이거나 형을 선고받아 교도소 등에 수감되어 있는지의 여부를 확인했어야 할 것이고, 그러한 확인을 했다면 청구인이 마약류관리에관한법률위반으로 00교도소에 수용 중인 것을 알 수 있었을 것임에도 불구하고 이를 확인하지 않은 채 단지 통지서가 2회 반송되었다는 이유만으로 청구인의 운전면허대장에 기재된 주소지의 관할 경찰관서에 수시적성검사대상자공고를 하여 통지에 갈음하고, 피청구인은 수시적성검사 미필을 이유로 다시 공고로써 취소처분의 통지에 갈음하였는바, 이 경우 공고요건인 "통지받을 사람의 주소 등을 통상적인 방법으로 확인할 수 없거나 통지서의 송달이 불가능한 경우"를 충족한 것으로 보기 어렵다 할 것이다.

3. 그렇다면, 피청구인이 청구인에 대하여 위 공고는 공고의 요건을 갖추지 못하였다고 할 것이므로 수시적성검사를 받지 않았다는 이유로 행한 이건 처분은 그 처분절차에 중대하고 명백한 하자가 있어 무효인 처분이라 할 것이다.

증 거 방 법

1. 갑 제1호증(자동차운전면허취소통지서)
2. 갑 제2호증(가족관계등록사항별증명서)
3. 갑 제3호증의 1(사업자등록증)
           2, 3(각 사진)
4. 갑 제4호증의 1(형사제1심소송기록표지)
           2(의견서)
           3(공소장)
           4(범죄인지보고)
           5(음주운전자적발보고서)

　　　　　　6(주취운전자정황진술보고서)

　　　　　　7(피의자신문조서)

　　　　　　8(자동차운전면허대장)

　　　　　　9(교통법규위반, 교통사고야기이력)

　　5. 갑 제5호증의 1, 2 (각 부재증명원)

　　6. 갑 제6호증의 1 내지 3(진정서 및 탄원서)

첨 부 서 류

1. 위 증거방법　　　　　　　　각 1통

2. 심판청구서 부본　　　　　　　1통

3. 위임장　　　　　　　　　　　1통

　　　　　　20 ． ． ．

　　위 청구대리인 변호사 김길동 (인)

0000경찰서 귀중

3. 의무이행심판

행 정 심 판 청 구

청 구 인   신 ○ ○
　　　　　서울 ○○구 ○○동 (이하 생략)
　　　　　청구대리인 변호사 김길동
　　　　　서울 ○○구 ○○동 (이하 생략)

피청구인   한국전기통신공사

정보공개이행청구

청 구 취 지

1. 피청구인은 청구인이 2006. 10. 29. 신청한 정보공개청구에 대하여 이를 이행하라.
2. 피청구인은 청구인이 2006. 12. 4. 신청한 정보공개청구에 대하여 이를 이행하라.
라는 재결을 구합니다.

청 구 원 인

1. 청구인 주장
가. 청구인은 2005년 초 한국전기통신공사에서 명예퇴직한 자로서, 피청구인에 대하여 명예퇴직 확인서 상에 퇴직사유를 구조조정, 경영악화개선을 위한 권고퇴직 등 1년여나 지난 후에 이를 수용하여 결과적으로 2005년도 명예퇴직자들은 실업급여를 받지 못하게 되는 피해를 입게 되었으며, 이에 대한 잘못이 누구에게 있는지를 규명하기 위해 2회에 걸쳐 정

보공개를 청구하였다.

나. 그러나 피청구인은 이유 없이 통지를 지연하거나 무성의하게 답변을 하고, 부실하게 처리하여 청구인의 권리를 박탈하고 있다.

다. 공개청구한 정보 중 인력감축계획과 시행결과는 이미 집행된 사항이고, 영업상 비밀도 아니므로 정보공개법 소정의 비공개대상정보가 아니다. 또한 PIN TO KT 프로젝트는 보도된 바와 같이 조직 및 인력운영의 효율성을 추구하기 위한 것이므로 인력감축계획과는 무관하다는 피청구인의 주장은 진실을 은폐하는 것이며, 피청구인이 노동부중부사무소에 제출한 자료에 명시적으로 "자율적 경영체제와 획기적인 경영혁신을 도모하고자 2005. 1. 8.자 과감한 구조조정 및 조직개편을 단행"하였다고 밝힌바 있으면서도 2005. 8. 4. 이전에는 구조조정계획이 없었다고 주장하는 것 또한 마찬가지의 처이다.

라. 더구나 피청구인은 일부 정보에 대하여 전라북도에 거주하는 청구인에게 서울까지 와서 열람하라고 하고 있는바, 이는 비공개하는 것과 다름없다. 피청구인은 위와 같이 청구인이 공개를 청구한 정보를 보유하고 있으면서도 계속하여 처리를 지연하면서 부당하게 공개하지 않고 있으므로, 피청구인은 이제라도 청구인에게 위 정보를 공개하여야 마땅하다.

입 증 방 법

1. 갑 제1호증의 1(정보공개청구서)
                2(정보비공개결정통지서)
2. 갑 제2호증(주민등록등본)

첨 부 서 류

1. 위 입증방법	각 1통	
2. 심판청구서 부본	1통	
3. 위임장	1통	

20 . . .

위 청구대리인 변호사 김길동 (인)

한국전기통신공사 귀하

제2절 행정소송 관련 법문서

I. 행정사건 진행과정 및 행정소송의 종류

1. 행정처분에 대한 행정사건 진행과정

가. 행정처분은 행정청 스스로 취소·변경할 수 있으므로 처분청이나 그 상급청에 대하여 부당하거나 위법한 처분에 대하여 취소·변경을 구할 수 있다(행정심판). 그러나 위법한 행정처분에 대하여 독립된 재판기관인 법원에 취소를 청구할 수도 있다(행정소송).

나. 위와 같은 2종류의 불복절차 중 어느 것을 취하든 행정처분은 자력집행력이 있으므로 그 집행으로 인하여 회복할 수 없는 손해가 생길 염려가 있다면 미리 집행정지를 할 필요가 있다. 집행정지를 하려면 법원에 소장을 접수하고 곧바로 그 수소법원에 집행정지신청을 하여 집행정지결정을 받아야 한다.

다. 행정기관에 대한 것이든, 법원에 대한 것이든 간에, 불복절차에 승소하면 그 결정이나 판결의 형성적 효력에 의하여 원래의 행정처분은 곧바로 효력을 잃는다.

2. 행정소송의 종류

가. 주관적 소송과 객관적 소송

주관적 소송은 침해된 개인의 권익을 구제하기 위한 소송이고, 객관적 소송은 행정작용의 적법성을 확보하기 위한 소송이다. 주관적 소송의 원고는 침해받은 권익의 주체인 반면, 객관적 소송의 원고는 권익의 주체가 아니지만 이해관계를 가지는 자 중에서 법률이 정한다.

나. 항고소송과 당사자소송

항고소송은 행정처분 등의 효력 자체가 소송대상이 되고, 당사자소송은 행정처분 등으로 인한 법률관계가 소송대상이 된다. 항고소송의 피고는 처분청인 반면 당사자소송의 피고는 처분청이 아닌 이해관계가 대립하는 법률관계의 상대방이다.

다. 취소소송, 무효등확인소송, 부작위위법확인소송 및 무명항고소송

행정청의 위법한 처분 등을 취소 또는 변경하는 취소소송, 행정청의 처분 등의 효력 유무 또는 존재여부를 확인하는 무효등확인소송, 행정청의 부작위가 위법하다는 것을 확인하는 부작위위법확인소송은 행정소송법이 규정하여 일반적으로 인정된다(행소법4). 그러나 의무화소송, 예방적부작위소송, 불이익배제소송 등 행정소송법이 규정하지 않은 무명항고소송은 긍정하는 견해도 있으나(다수설), 판례는 부정한다. 무효선언으로서의 취소소송도 취소소송의 소송요건을 갖춘 이상 적법하다는 것이 학설·판례이다.

라. 형식적 당사자소송

처분이나 재결을 원인으로 하는 법률관계에 관하여 처분이나 재결에 불복하여 처분청이 아닌 법률관계의 상대방을 피고로 하여 제기되는 소송은 행정소송법상 일반적으로 인정되는 것은 아니나 개별적인 법률에 의하여 인정된다. 보상금증감에 관한 소송(공익사업을 위한 토지 등의 취득 및 보상에 관한 법률 제85조 제2항), 특허무효심판청구에 관한 심결취소소송(특허법 제187조 단서 등), 통신위원회의 재정에 관한 소송(전기통신기본법 제40조의2) 등이 있다.

마. 민중소송과 기관소송

국가 또는 공공단체의 기관이 법률에 위반되는 행위를 한 때에 직접 자기의 법률상 이익과 관계없이 그 시정을 구하기 위하여 제기하는 민중소송 및 국가 또는 공공단체의 기관상호간에 있어서의 권한의 존부 또는 그 행사에 관한 다툼이 있을 때에 이에 대하여 제기하는 기관소송(헌법재판소법 제2조의 규정에 의하여 헌법재판소의 관장사항으로 되는 소송은 제외)은 행정소송법이 가능성을 인정하기는 하지만(같은 법 제3조 제3,4호), 법률이 정한 경우에 법률에 정한 자에 한하여 허용된다(같은 법 제45조).

종류				허용여부
주관적 소송	항고 소송	취소소송	(고유의) 취소소송	일반적 허용
			무효선언으로서의 취소소송	
		무효등확인소송	처분 등에 대한 무효, 유효, 실효, 부존재, 존재 등 확인	
			부작위위법확인소송	
		무명항고소송	의무화소송	불 허
			예방적부작위소송	
			불이익배제소송	
	당사자 소송	실질적 당사자소송		일반적 허용
		형식적 당사자소송		개별 법률로써 허용
객관적 소송	민중 소송			
	기관 소송			

Ⅱ. 행정사건 법문서작성 기본사항

1. 행정소송의 관할

가. 행정법원의 전속관할 또는 지방법원 본원 및 춘천지방법원 강릉 지원(행정법원 미설치 지역)의 전속관할에 속한다(법원조직법 제 40조의4, 법원조직법개정법률 부칙 제2조). 행정법원에 속하지 아니하는 사건을 지방법원이나 가정법원이 행함은 전속관할위반 이 되고 절대적 상고이유가 된다. 관련 민사사건을 병합하여 소 제기 할 수 있고, 소제기 후에 행정사건이 취하 또는 각하되더 라도 민사사건은 행정법원이 계속 심리한다.

나. 보통재판적은 피고의 소재지 관할법원이고, 중앙행정기관 또는 그 장이 피고인 경우에는 대법원 소재지 행정법원이다(행정소송 법 제9조 제1항). 그러나 특별재판적에 의하여, 부동산이나 특정 의 장소에 관계되는 처분에 대한 경우에는 부동산이나 그 장소 의 소재지를 관할하는 행정법원(같은 조 제2항), 사무소·영업소 소재지 관할 법원에(민사소송법 제12조) 각각 소제기 할 수도 있다. 후자로는 근로복지공단과 같은 공법인의 지점에서 이루어 진 처분의 경우가 대표적이다.

다. 합의부 재판이 원칙이나 단독판사가 재판할 수 있도록 결정할 수 있고(법원조직법 제7조 제3항), 3심제이며(항소심은 고등법 원, 상고심은 대법원), 민중소송과 기관소송의 경우에는 이를 인 정하는 개별 법률이 관할도 함께 규정한다.

2. 항고소송과 행정심판과의 관계

가. 임의적 행정심판전치주의

행정소송법은 행정심판을 원칙상 임의적인 구제절차로 규정하고 있다. 다만 다른 법률에 당해 처분에 대한 행정심판의 재결을 거치지 아니하면 취소소송을 제기할 수 없다는 규정이 있는 때에는 그러하지 아니하다(제18조 제1항). 현행법상 필요적 전치주의를 규정한 경우로는 공무원에 대한 불이익처분(국가공무원법 제16조 제2항, 교육공무원법 제53조 제1항, 지방공무원법 제20조의2), 국세와 관세에 관한 처분(국세기본법 제56조 제2항, 관세법 제120조 제2항), 해양수산부장관 등의 선박검사 처분(선박안전법 제11조 제3항)이 대표적 예이다. 행정심판전치주의는 취소소송과 부작위위법확인소송에서 인정되며, 무효확인소송에는 적용되지 않는다. 다만 무효선언을 구하는 취소소송은 그 형식이 취소소송이므로 행정심판전치주의가 적용된다(판례).

나. 임의적 전치사건에서 행정심판을 거칠 실익

행정심판에서는 행정처분의 위법뿐만 아니라 부당을 주장할 수도 있고, 그 절차가 비교적 간편하며 설령 행정심판으로 권리구제를 받지 못하더라도 행정소송에서 행정심판기록제출명령제도를 이용하여 소송자료를 얻을 수 있는 실익이 있다.

다. 필요적 행정심판전치주의

1) 국세기본법과 관세법 사건

2) 공무원에 대한 징계 기타 불이익처분의 경우

소청심사위원회에 심사청구를 하여 이를 거친 후 90일 이내에 행정소송을 제기할 수 있고(국가공무원법 제16조 제1항), 교원인

공무원의 경우는 30일 이내에 교원징계재심위원회에 재심청구를 하여 이를 거친 후 90일 이내에 행정소송을 제기할 수 있다(교육공무원법 제53조 제1항, 제57조 제1항).

3) 노동위원회의 결정에 대한 불복의 경우

10일 이내에 중앙노동위원회에 재심신청을 거친 후 15일 이내에 행정소송을 제기할 수 있다(노동위원회법 제26조, 제27조, 노동조합및노동관계조정법 제85조).

4) 도로교통법상의 처분(운전면허정지, 취소 등)에 대한 불복의 경우

행정심판재결을 거치지 아니하면 행정소송을 제기할 수 없다(도로교통법 제142조).

라. 필요적 전치사건에서 행정심판을 제기함이 없이 바로 행정소송을 제기할 수 있는 경우

1) 행정심판의 재결 없이 행정소송을 제기할 수 있는 경우(행정소송법 제18조 제2항)

① 행정심판청구가 있은 날로부터 60일이 지나도 재결이 없는 때, ② 처분의 집행 또는 절차의 속행으로 생길 중대한 손해를 예방하여야 할 긴급한 필요가 있는 때, ③ 법령의 규정에 의한 행정심판기관이 의결 또는 재결을 하지 못할 사유가 있는 때, ④ 그 밖의 정당한 사유가 있는 때.

2) 행정심판의 제기 없이 행정소송을 제기할 수 있는 경우(같은 조 제3항)

① 동종사건에 관하여 이미 행정심판의 기각재결이 있은 때, ② 서로 내용상 관련되는 처분 또는 같은 목적을 위하여 단계적으로 진행되는 처분 중 어느 하나가 이미 행정심판의 재결을 거친

때, ③ 행정청이 사실심의 변론종결 후 소송의 대상인 처분을 변경하여 당해 변경된 처분에 관하여 소를 제기하는 때, ④ 처분을 행한 행정청이 행정심판을 거칠 필요가 없다고 잘못 알린 때.

3. 집행정지

가. 항고소송이 제기되더라도 처분은 일단 유효하게 취급되는 소위 공정력이 있으므로 이를 잠정적으로 배제하기 위한 제도이다(행정소송법 제23조). 취소소송과 무효등확인소송에 적용된다.

나. 본안소송이 계속 중이어야 하며, 보전의 필요성, 즉 회복하기 어려운 손해를 예방하기 위하여 긴급한 필요가 있어야 한다. 그러나 공공의 복리에 중대한 영향을 미칠 우려가 없어야 한다.

다. 행정소장을 작성할 때 행정심판청구와 집행정지신청서를 동시에 작성해 두었다가, 행정심판청구서는 처분청에, 집행정지신청서는 소장과 함께 법원에 제출하면 편리하다.

4. 주문기재례

가. 취소판결

1) 처분청과 피고가 다른 경우

① 대통령이 2017. 1. 9. 원고에 대하여 한 파면처분을 취소한다.

② 중앙노동위원회가 2017. 4. 13. 원고와 피고보조참가인 사이의 2016 부노55 부당노동행위구제 재심신청 사건에 관하여 한 재심판정을 취소한다.

2) 처분청과 피고가 동일한 경우

① 피고가 2017. 1. 9. 원고에 대하여 한 공무원요양신청부결처분을 취소한다.

② 피고가 2017. 3. 19. 원고에 대하여 한 유족보상일시금 및 장의비

지급 거부처분을 취소한다.

③ 피고가 2017. 1. 8. 원고에 대하여 한 건축허가거부처분(도시 4441-1753)을 취소한다.

④ 피고가 2017. 1. 30. 원고에 대하여 한 (경기 연천군 신서면 대관리 1035에 관한) 토지형질변경 불허처분을 취소한다.

⑤ 피고가 2017. 1. 7. 원고에 대하여 한 (유흥주점 '00'에 관한) 영업정지처분을 취소한다.

⑥ 피고가 2017. 2. 20. 원고에 대하여 한 자동차운전면허(서울 제1종 대형 1183-045810-10호) 취소처분을 취소한다.

⑦ 피고가 2007. 1. 8. 원고에 대하여 한 (속초시 000동 산 1 임야 내에 있는 분묘 1기에 관한) 개장명령 및 대집행계고처분을 각 취소한다.

⑧ 피고가 2017. 9. 1. 원고에 대하여 한 종합토지세 금 10,000,000원의 부과처분 중 금 5,000,000원을 초과하는 부분을 취소한다.

⑨ 피고가 2017. 3. 5. 원고에 대하여 한 별지 목록 (1) 기재의 각 법인세부과처분 중 같은 목록 (2) 기재 정당 세액을 초과하는 부분을 취소한다.

⑩ 피고가 2017. 8. 11. 원고에 대하여 한 개발부담금 400,000,000원의 부과처분을 취소한다.

나. 확인판결

① 피고가 2017. 1. 7. 원고에 대하여 한 개발부담금 50,000,000원의 부과처분은 무효임을 확인한다.

② 피고가 2017. 1. 7. 원고에 대하여 한 파면처분은 무효임을 확인한다.

③ 원고가 2017. 1. 7. 피고에 대하여 한 000신청에 관한 피고의 부작위가 위법임을 확인한다.

④ 피고가 원고의 2017. 1. 7. 000신청에 관하여 허부의 결정을 하지 아니함은 위법임을 확인한다.

다. 이행판결

"피고는 원고에게 금000원 및 이에 대한 2015. 11. 12.부터 2018. 2. 10.까지는 연 5%의, 그 다음날부터 다 갚는 날까지는 연 15%의 각 비율에 의한 금원을 지급하라."(법원이 인정한 정당한 보상액에서 수용재결에서 정한 보상액(이의신청을 하지 아니한 경우) 또는 이의재결에서 정한 보상액(이의신청을 한 경우)을 공제한 나머지 금액을 수용재결에서 정한 수용일의 다음날부터 연 5%. 일부인용)

라. 사정판결

1) 손해배상청구 등이 병합되지 않은 경우

"원고의 청구를 기각한다. 피고가 2017. 1. 7. 원고에 대하여 한 00처분은 위법하다. 소송비용은 피고의 부담으로 한다."

2) 손해배상청구가 병합된 경우

"원고의 피고 00시장에 대한 (00처분취소)청구를 기각한다. 피고 00시장이 2017. 1. 7. 원고에 대하여 한 00처분은 위법하다. 피고 00시는 원고에게 금 000원을 지급하라. 원고의 피고 00시에 대한 나머지 청구를 기각한다. 소송비용은 피고들의 부담으로 한다. 제3항은 가집행할 수 있다."

Ⅲ. 작성례

1. 행정사건 소장

소 장

원   고[145]   (생략)
        소송대리인 변호사 김기동
        (생략)

피   고   부산지방경찰청장

자동차운전면허취소처분취소 청구의 소

청 구 취 지[146]

1. 피고가 원고에 대하여 2017. 10. 10.에 한 자동차운전면허취
소 처분을 취소한다.
2. 소송비용은 피고가 부담한다.
라는 판결을 구합니다.

청 구 원 인[147]

1. 행정처분
   (취소를 구하는 대상인 행정처분의 요지·처분사유·근거법률
   을 행정처분서의 기재를 옮겨 적듯이 간명하게 제시)

2. 사실관계
   (행정처분의 원인사실에 대하여 불복하는 부분이 있다면 그에
   관련되는 사실관계, 행정처분의 위법성·부당성에 관한 사실관

계 등을 제시)

3. 처분의 위법성
   위와 같은 제반 사정을 종합하면, 피고의 행정처분은 재량권
   을 남용하거나 일탈한 위법이 있습니다.

입 증 방 법

1. 갑 제1호증(행정처분통지서)
2. 갑 제2호증(행정처분명령서)
3. 이하 생략

첨 부 서 류

1. 위 각 입증방법	각 1통
2. 소장부본 148)	1통
3. 소송위임장	1통

2018. 11. 11.
원고 소송대리인 변호사 김 기 동 (인)

부산지방법원 귀중

---

145) 원·피고의 성명, 명칭 또는 상호와 주소, 주민등록번호 및 대리인이 있는
    경우에 대리인의 성명, 주소, 연락 가능한 (휴대)전화번호, 팩스번호, E-mail
    주소를 기재한다.
146) 청구를 구하는 내용, 범위 등을 간결하게 기재한다.
147) 이 사건 처분의 경위, 소의 적법성, 처분의 위법성 등 권리 또는 법률관
    계의 성립원인 사실을 기재한다.
148) 소장, 답변서, 준비서면, 서증을 제출할 때는 상대방의 수만큼 부본을 원
    본과 함께 제출하여야 한다.

2. 집행정지신청서

집 행 정 지 신 청

신 청 인   (생략)
　　　　　　대리인 변호사 김 기 동
　　　　　　(생략)

피신청인   부산지방경찰청장

집행정지 신청사건

신 청 취 지

피신청인이 신청인에 대하여 2017. 10. 10.에 한 자동차운전면허 취소 처분은 귀원 2017구단1010호 사건 판결 선고 시까지 집행을 정지한다.

신 청 원 인

1-3. 행정처분, 사실관계, 처분의 위법성
　　(소장에 기재한 내용과 동일. 단, 집행정지의 필요에 관한 사실관계를 상세하게 추가)

4. 집행정지의 필요성
　　위와 같은 이유로 이 사건 행정처분의 취소를 구하는 행정소송을 제기하였는바, 장차 그 소송의 판결이 선고될 때까지 상당한 시일이 소요될 것이고, 그때까지 행정처분의 집행이 정지되지 않으면 운전면허를 전제로 한 신청인의 직업은 유지될 수 없어 직장을 잃을 개연성이 높으며, 신청인이 실직한

다음에는 장차 본안소송에서 승소하더라도 그 손실을 회복할
수 없습니다.

입 증 방 법

1. 갑 제1호증(행정처분통지서)
2. 갑 제2호증(행정처분명령서)
3. 갑 제3호증(채용계약서 및 취업규칙)
4. 갑 제4호증(사실확인서)

첨 부 서 류

1. 위 각 입증방법   각 1통
2. 위임장   1통

2017. 11. 11.
대리인 변호사 김 기 동 (인)

부산지방법원 귀중

제9장
기타 법문서

제9장 기타 법문서

제1절 계약서

Ⅰ. 작성방법[149]

1. 계약서는 그 문서에 의하여 그 내용대로 법률효과가 발생하는 처분문서이므로 의도하는 내용이 누락되지 않도록 사전에 충분한 검토를 거쳐야 한다.

2. 계약서는 반드시 기본 구성체계를 따라야 하는 것은 아니지만, 보통 ① 표제, ② 당사자 표시, ③ 전문이나 정의규정, ④ 계약 내용으로서의 권리의무, 해제나 해지, 분쟁해결과 준거법, 일반조항, ⑤ 작성일 및 서명·날인 순으로 구성된다.

3. 계약서에 사용되는 문구는 그 정확한 의미에 맞게 사용하여야 한다. 행정기관이나 단체 또는 상대방이 사용하고 있는 정형화된 양식을 이용할 경우 그 내용을 반드시 읽어 명확하게 이해하여 계약내용으로 하여야 하고, 만약 인쇄된 문구와 달리 계약할 내용이 있다면 인쇄된 문구를 확실하게 정정하도록 한다.

4. 계약서 작성의 목적이 장래의 불확실성을 없애고자 하는 것임을 고려할 때 통상적이고 간결한 표현을 사용하되, 너무 축약된 표현을 사용하는 경우 오히려 다양한 의미로 해석될 여지가 있는 경우에는 풀어서 설명할 필요도 있다.

---

149) 권오봉/권혁재/김동호/윤태석, 295-297면: 오지용, 316면.

5. 계약내용은 원칙적으로 자유이나 약정한 내용이 불공정하거나 미풍양속 또는 강행법규에 위반되어 무효가 되는 경우도 발생할 수 있으므로 사전에 관련된 법규나 판례 등도 세밀하게 검토해 두어야 한다.

6. 계약 내용이 그대로 이행되지 않는 경우도 있으므로 이와 관련하여 발생할 문제점에도 대처할 수 있도록 한다. 계약 불이행에 대해서 손해배상예정이나 위약벌 규정을 정해두는 것도 필요하다.

9. 마지막 서명·날인은 부득이한 경우가 아니라면, 당사자가 함께 있는 자리에서 상대방의 신분 및 법률상의 권한을 서로 확인하여 이루어지도록 한다.

10. 문서가 2장 이상이 되거나 첨부 서류가 있는 경우에는 반드시 간인을 한다. 중요한 문서는 원본 외에도 여분의 사본을 하여 보관할 필요도 있다.

Ⅱ. 작성례

주택임대차계약서

임대인(   )과 임차인(   )은
아래와 같이 임대차 계약을 체결한다

[임차주택의 표시]

소 재 지	(도로명주소)			
토　지	지목		면적	m²
건　물	구조·용도		면적	m²
임차할부분	상세주소가 있는 경우 동·층·호 정확히 기재		면적	m²

미납 국세	선순위 확정일자 현황	
☐ **없음** (임대인 서명 또는 날인 ＿＿＿＿＿＿＿㊞)	☐ **해당 없음** (임대인 서명 또는 날인 ＿＿＿＿＿＿＿㊞)	**확정일자 부여란**
☐　**있음**(중개대상물 확인·설명서 제2쪽 Ⅱ. 개업공인중개사 세부 확인사항 '⑨ 실제 권리관계 또는 공시되지 않은 물건의 권리사항'에 기재)	☐　**해당 있음**(중개대상물 확인·설명서 제2쪽 Ⅱ. 개업공인중개사 세부 확인사항 '⑨ 실제 권리관계 또는 공시되지 않은 물건의 권리사항'에 기재)	

유의사항 : 미납국세 및 선순위 확정일자 현황과 관련하여 개업공인중개사는 임대인에게 자료제출을 요구할 수 있으나, 세무서와 확정일자부여 기관에 이를 직접 확인할 법적권한은 없습니다. ※ 미납국세·선순 위확정일자 현황 확인방법은 "별지"참조

[계약내용]

제1조(보증금과 차임) 위 부동산의 임대차에 관하여 임대인과 임차인은 합의에 의하여 보증금 및 차임을 아래와 같이 지불하기로 한다.

보 증 금	금 원정(₩)
계 약 금	금 원정(₩)은 계약시에 지불하고 영수함. 영수자 (인)
중 도 금	금 원정(₩)은 _____년 _____월_____일에 지불하며
잔 금	금 원정(₩)은 _____년 _____월_____일에 지불한다
차임(월세)	금 원정은 매월 일에 지불한다 (입금계좌:)

제2조(임대차기간) 임대인은 임차주택을 임대차 목적대로 사용·수익할 수 있는 상태로 _____년 ____월 _____일까지 임차인에게 인도하고, 임대차기간은 인도일로부터 _____년 _____월 _____일까지로 한다.

제3조(입주 전 수리) 임대인과 임차인은 임차주택의 수리가 필요한 시설물 및 비용부담에 관하여 다음과 같이 합의한다.

수리 필요 시설	□ 없음 □ 있음(수리할 내용:)
수리 완료 시기	□ 잔금지급 기일인 _____년 ____월 _____일까지 □ 기타 ( )
약정한 수리 완료 시기까지 미 수리한 경우	□ 수리비를 임차인이 임대인에게 지급하여야 할 보증금 또는 차임에서 공제 □ 기타( )

제4조(임차주택의 사용·관리·수선) ① 임차인은 임대인의 동의 없이 임차주택의 구조변경 및 전대나 임차권 양도를 할 수

없으며, 임대차 목적인 주거 이외의 용도로 사용할 수 없다.

② 임대인은 계약 존속 중 임차주택을 사용·수익에 필요한 상태로 유지하여야 하고, 임차인은 임대인이 임차주택의 보존에 필요한 행위를 하는 때 이를 거절하지 못한다.

③ 임대인과 임차인은 계약 존속 중에 발생하는 임차주택의 수리 및 비용부담에 관하여 다음과 같이 합의한다. 다만, 합의되지 아니한 기타 수선비용에 관한 부담은 민법, 판례 기타 관습에 따른다.

④ 임차인이 임대인의 부담에 속하는 수선비용을 지출한 때에는 임대인에게 그 상환을 청구할 수 있다.

임대인부담	(예컨대, 난방, 상·하수도, 전기시설 등 임차주택의 주요설비에 대한 노후·불량으로 인한 수선은 민법 제623조, 판례상 임대인이 부담하는 것으로 해석됨)
임차인부담	(예컨대, 임차인의 고의·과실에 기한 파손, 전구 등 통상의 간단한 수선, 소모품 교체 비용은 민법 제623조, 판례상 임차인이 부담하는 것으로 해석됨)

제5조(계약의 해제) 임차인이 임대인에게 중도금(중도금이 없을 때는 잔금)을 지급하기 전까지, 임대인은 계약금의 배액을 상환하고, 임차인은 계약금을 포기하고 이 계약을 해제할 수 있다.

제6조(채무불이행과 손해배상) 당사자 일방이 채무를 이행하지 아니하는 때에는 상대방은 상당한 기간을 정하여 그 이행을 최고하고 계약을 해제할 수 있으며, 그로 인한 손해배상을 청구할 수 있다. 다만, 채무자가 미리 이행하지 아니할 의사를 표시한 경우의 계약해제는 최고를 요하지 아니한다.

제7조(계약의 해지) ① 임차인은 본인의 과실 없이 임차주택의 일부가 멸실 기타 사유로 인하여 임대차의 목적대로 사용할 수 없는 경우에는 계약을 해지할 수 있다.

② 임대인은 임차인이 2기의 차임액에 달하도록 연체하거나, 제4조 제1항을 위반한 경우 계약을 해지할 수 있다.

제8조(계약의 종료) 임대차계약이 종료된 경우에 임차인은 임차주택을 원래의 상태로 복구하여 임대인에게 반환하고,

이와 동시에 임대인은 보증금을 임차인에게 반환하여야 한다. 다만, 시설물의 노후화나 통상 생길 수 있는 파손 등은 임차인의 원상복구의무에 포함되지 아니한다.

제9조(비용의 정산) ① 임차인은 계약종료 시 공과금과 관리비를 정산하여야 한다.

② 임차인은 이미 납부한 관리비 중 장기수선충당금을 소유자에게 반환 청구할 수 있다. 다만, 관리사무소 등 관리주체가 장기수선충당금을 정산하는 경우에는 그 관리주체에게 청구할 수 있다.

제10조(중개보수 등) 중개보수는 거래 가액의 ＿＿＿＿＿＿＿％인 ＿＿＿＿＿＿＿＿＿원(□ 부가가치세 포함 □ 불포함)으로 임대인과 임차인이 각각 부담한다. 다만, 개업공인중개사의 고의 또는 과실로 인하여 중개의뢰인간의 거래행위가 무효·취소 또는 해제된 경우에는 그러하지 아니하다.

제11조(중개대상물확인·설명서 교부) 개업공인중개사는 중개대상물 확인·설명서를 작성하고 업무보증관계증서(공제증서등) 사본을 첨부하여 ＿＿＿＿＿＿년＿＿＿＿＿월＿＿＿＿＿일 임대인과 임차인에게 각각 교부한다.

[특약사항]

상세주소가 없는 경우 임차인의 상세주소부여 신청에 대한 소유자 동의여부(□ 동의   □ 미동의)

※ 기타 임차인의 대항력·우선변제권 확보를 위한 사항, 관리비·전기료 납부방법 등 특별히 임대인과 임차인이 약정할 사항이 있으면 기재

- 【대항력과 우선변제권 확보 관련 예시】 "주택을 인도받은 임차인은 ＿＿＿년 ＿＿월 ＿＿일까지 주민등록(전입신고)과 주택임대차계약서상

확정일자를 받기로 하고, 임대인은 ＿＿＿년 ＿＿월 ＿＿일(최소한 임차인의 위 약정일자 이틀 후부터 가능)에 저당권 등 담보권을 설정할 수 있다"는 등 당사자 사이 합의에 의한 특약 가능

본 계약을 증명하기 위하여 계약 당사자가 이의 없음을 확인하고 각각 서명·날인 후 임대인, 임차인, 개업공인중개사는 매 장마다 간인하여, 각각 1통씩 보관한다.   년   월   일

	주 소							서명
임대인	주민등록번호			전 화		성 명		또는
	대 리 인	주 소		주민등록번호		성 명		날인 ㊞
	주 소							서명
임차인	주민등록번호			전 화		성 명		또는
	대 리 인	주 소		주민등록번호		성 명		날인 ㊞
중개업자	사무소소재지			사무소소재지				
	사무소명칭			사 무 소 명 칭				
	대 표	서명 및 날인	㊞	대 표	서명 및 날인			㊞
	등 록 번 호		전화	등 록 번 호			전화	
	소속공인 중개사	서명 및 날인	㊞	소속공인 중개사	서명 및 날인			㊞

법무부
MINISTRY OF JUSTICE

법의 보호를 받기 위한 중요사항! 반드시 확인하세요

별지)

< 계약 체결 시 꼭 확인하세요 >

【당사자 확인 / 권리순위관계 확인 / 중개대상물 확인·설명서 확인】

① 신분증·등기사항증명서 등을 통해 당사자 본인이 맞는지, 적법한 임대·임차권한이 있는지 확인합니다.

② 대리인과 계약 체결 시 위임장·대리인 신분증을 확인하고, 임대인(또는 임차인)과 직접 통화하여 확인하여야 하며, 보증금은 가급적 임대인 명의 계좌로 직접 송금합니다.

③ 중개대상물 확인·설명서에 누락된 것은 없는지, 그 내용은 어떤지 꼼꼼히 확인하고 서명하여야 합니다.

【대항력 및 우선변제권 확보】

① 임차인이 **주택의 인도와 주민등록**을 마친 때에는 그 다음날부터 제3자에게 임차권을 주장할 수 있고, 계약서에 **확정일자**까지 받으면, 후순위권리자나 그 밖의 채권자에 우선하여 변제받을 수 있습니다.

- 임차인은 최대한 신속히 ① 주민등록과 ② 확정일자를 받아야 하고, 주택의 점유와 주민등록은 임대차 기간 중 계속 유지하고 있어야 합니다.

② **등기사항증명서, 미납국세, 다가구주택 확정일자 현황** 등 반드시 확인하여 선순위 담보권자가 있는지, 있다면 금액이 얼마인지를 확인하고 계약 체결여부를 결정하여야 보증금을 지킬 수 있습니다.

※ 미납국세와 확정일자 현황은 임대인의 동의를 받아 임차인이 관할 세무서 또는 관할 주민센터·등기소에서 확인하거나, 임대인이 직접 납세증명원이나 확정일자 현황을 발급받아 확인시켜 줄 수 있습니다.

< 계약기간 중 꼭 확인하세요 >

【차임증액청구】

계약기간 중이나 묵시적 갱신 시 차임·보증금을 증액하는 경우에는 5%를 초과하지 못하고, 계약체결 또는 약정한 차임 등의 증액이 있은 후 1년 이내에는 하지 못합니다.

【월세 소득공제 안내】

근로소득이 있는 거주자 또는 「조세특례제한법」 제122조의3 제1항에 따른 성실사업자는 「소득세법」 및 「조세특례제한법」에 따라 월세에 대한 소득공제를 받을 수 있습니다. 근로소득세 연말정산 또는 종합소득세 신고 시 **주민등록표등본, 임대차계약증서 사본 및 임대인에게 월세액을 지급하였음을 증명할 수 있는 서류**를 제출하면 됩니다. 기타 자세한 사항은 국세청 콜센터(국번 없이 126)로 문의하시기 바랍니다.

【묵시적 갱신 등】

① 임대인은 임대차기간이 끝나기 6개월부터 1개월 전까지, 임차인은 1개월 전까지 각 상대방에게 기간을 종료하겠다거나 조건을 변경하여 재계약을 하겠다는 취지의 통지를 하지 않으면 종전 임대차와 동일한 조건으로 자동 갱신됩니다.

② 제1항에 따라 갱신된 임대차의 존속기간은 2년입니다. 이 경우, 임차인은 언제든지 계약을 해지할 수 있지만 임대인은 계약서 제7조의 사유 또는 임차인과의 합의가 있어야 계약을 해지할 수 있습니다.

< 계약종료 시 꼭 확인하세요 >

【보증금액 변경시 확정일자 날인】

계약기간 중 보증금을 증액하거나, 재계약을 하면서 보증금을 증액한 경우에는 증액된 보증금액에 대한 우선변제권을 확보하기 위하여 반드시 **다시 확정일자**를 받아야 합니다.

【임차권등기명령 신청】

임대차가 종료된 후에도 보증금이 반환되지 아니한 경우 임차인은 임대인의 동의 없이 임차주택 소재지 관할 법원에서 임차권등기명령을 받아, **등기부에 등재된 것을 확인하고 이**사해야 우선변제 순위를 유지할 수 있습니다. 이때, 임차인은 임차권등기명령 관련 비용을 임대인에게 청구할 수 있습니다.

부동산 매매계약

매도인 김갑동(이하 "갑"이라 한다)과 매수인 이을동(이하 "을"이라 한다)은 아래 표시 부동산에 관하여 다음과 같이 매매계약을 체결한다.

1. 부동산의 표시

소재지				
토지	지목		면적	m²
건물	구조 및 용도		면적	m²

2. 계약내용

제1조 (목적) 갑은 그 소유의 위 부동산을 을에게 매도하고 을은 이를 매수한다.

제2조 (대금지급) 매매대금은 아래와 같이 지급한다.

매매대금	금	원	단가(m² 당)	
계약금	금	원은 계약 시에 지불하고 영수함.		
중도금	금	원은	년 월	일에 지불하며
	금	원은	년 월	일에 지불하며
잔금	금	원은	년 월	일에 지불한다.

제3조 (소유권이전 및 부동산의 인도) 갑은 을의 잔금지급과 동시에 소유권이전등기에 필요한 서류를 을에게 교부하고 이전등기절차에 협력하여야 하며 위 부동산을 인도한다.

제4조 (저당권 등의 말소) 갑은 위 제3조의 인도 전에 위 부동산상의 저당권, 질권, 전세권, 지상권, 임차권 기타 소유권의 행사를 제한하는 일체의 권리를 말소하여야 한다. 다만, 승계하

기로 하는 권리에 대하여는 그러하지 아니하다.

제5조 (제세공과금 부담) 위 목적물에 관하여 발생한 수익과 제세공과금 등의 부담금은 위 부동산 인도일을 기준으로 하되, 그 전일까지의 것은 매도인에게, 그 이후의 것은 매수인에게 각각 귀속한다. 다만, 지방세의 납부책임은 지방세법의 납세의무자로 한다.

제6조 (계약의 해제) ① 위 제2조의중도금 지급(중도금 약정이 없을 때에는 잔금)전까지 을은 계약금을 포기하고, 갑은 계약금의 배액을 상환하고 계약을 해제할 수 있다.

② 당사자 어느 일방이 이 계약을 위반하여 이행을 태만히 한 경우 상대방은 1주간의 유예기간을 정하여 이행을 최고하고, 일방이 이 최고의 기간 내에 이행을 하지 않을 경우에 상대방은 계약을 해제할 수 있다.

제7조 (위약금) 위 제6조 제2항에 의하여 갑이 이 계약을 어겼을 때에는 계약금으로 받은 금액의 두배를 을에게 주고, 을이 이 계약을 어겼을 때에는 계약금은 갑에게 귀속된다.

제8조 (관할법원) 이 계약에 관한 분쟁이 발생할 시에는 소송의 관할법원은 위 부동산의 소재지를 관할하는 법원으로 한다.

이 계약을 증명하기 위하여 계약서 2통을 작성하여 갑과 을이 서명·날인한 후 각각 1통씩 보관한다.

20 . . .

매도인	주소					
	성명		인	주민등록번호		전화	
매수인	주소					
	성명		인	주민등록번호		전화	
입회인	주소					
	성명		인	주민등록번호		전화	

채 권 양 도 계 약

채무자 이을식(이하 '을'이라 한다)은 채권자 김갑동(이하 '갑'이라 한다)에 대하여 부담하고 있는 차용금채무(차용금 1억 원, 차용일 2015. 6. 15. 변제기일 2016. 6. 15. 이자 월 1%)의 변제로써 을이 제3채무자 박병남(이하 '병'이라 한다, 주민등록번호: -   , 주소 :   )에 대하여 갖는 채권을 아래(다음)와 같이 갑에게 양도한다.

아 래

제1조 (양도채권)
　서울 서초구 법원대로 123, 303호(명당빌딩)에 관한 상가임대차계약에 기해 병이 을에게 반환하여야 할 돈 1억 원의 임차보증금반환채권

제2조 (양도통지)
　을은 본 계약체결 후 지체 없이 병에게 확정일자가 있는 증서로써 병에게 채권양도의 통지를 하거나 또는 병의 승낙을 받는다.

제3조 (담보책임)
　을은 본 양도채권에 대해 병으로부터 상계 그 밖에 을에게 대항할 수 있는 사유 또는 제3자에 의한 압류 등 어떠한 하자나 부담이 없는 것을 보증한다.

제4조 (변제)
　갑은 병으로부터 위 양도채권을 변제받게 되면 을의 병에 대한 위 채무는 그 변제받은 금액의 한도 내에서 소멸한다.

이 계약을 증명하기 위하여 계약서 2통을 작성하여 갑과 을이 서
명·날인한 후 각각 1통씩 보관한다.

2015 . 10 . 15 .

갑 : - 생략 - (인)
주소 : - 생략 -

을 : - 생략 - (인)
주소 : - 생략 -

제2절 법률의견서

Ⅰ. 작성방법[150)]

1. 변호사가 자문하는 내용을 기재한 법률의견서, 특정한 논점에 관하여 적용법규나 관련판례를 조사하여 법적 결론을 제시하거나 앞으로의 결정 내지 행동에 대한 조언을 기재한 조사메모는 대개는 사실관계, 법적인 논점, 법적인 논의, 결론의 순으로 구성된다.

2. 사실관계는 법적인 논점이 제기되는 범위를 빠뜨리지 않고 간결하게 적시하여 의뢰인이 사안에 대한 문제점을 효과적으로 파악할 수 있도록 요령 있게 작성한다. 사실내용에서 법적인 논점이 많고 이에 관한 논의 역시 간단하지 않은 경우 법적인 논점과 법적인 논의 사이에 결론의 요약을 추가하는 것도 의뢰인에게 도움이 될 것이나, 법적인 논점과 법적인 논의가 만연히 중복되어 기술되는 것은 피해야 한다.

3. 법률의견서 등에는 통상 수신인 이외의 자가 이를 이용하여서는 안 된다는 단서를 붙이며, 예민한 사안의 경우 '비밀유지특권/대외비'를 표시하기도 한다. 그러나 제3자가 이를 볼 수 있는 가능성도 항상 있으므로 이를 염두에 두고 구성이나 단어 하나하나에 주의하여야 한다.

---

150) 권오봉/권혁재/김동호/윤태석, 297-298면: 오지용, 305면.

Ⅱ. 작성례

의 견 서

Ⅰ. 사안의 개요

귀사는 20 . .경 정기주주총회(이하 "본건 정기주주총회)를 열어 20 . . .로 임기가 만료되는 이사 및 감사를 새로 선임하고, 20 . . .로 임기가 만료되는 현재 대표이사인 이사를 이사로 재선임하려고 합니다.

이와 관련하여 귀사는 다음 사항에 관하여 질의하였습니다.

가. 본건 정기주주총회와 관련하여 귀사의 주주들이 이사·감사 선임에 대한 의결권을 대리인에게 위임하는 경우 백지위임이 가능한지 여부 및 이 경우 위임장에 첨부된 인감증명의 유효기간 제한이 있는지 여부

나. 감사의 자격에 제한이 있는지 여부

다. 감사 선임에 대하여 의결권 없는 주식을 제외한 발행주식 총수의 100분의 3을 초과하는 수의 주식은 의결권을 행사할 수 없는지 여부

라. 본건 정기주주총회에서 20 . . .에 임기가 만료되는 이사의 선임뿐만 아니라 20 . . .에 임기가 만료되는 대표이사인 이사의 이사 재선임도 동시에 할 수 있는지 여부

Ⅱ. 검토 의견

1. 질의사항 가.에 대한 검토

가. 주주총회에 대한 의결권의 백지위임이 가능한지 여부

상법 제368조 제3항 제1문은 "주주는 대리인으로 하여금 그 의결권을 행사하게 할 수 있다."라고 규정하여 주주총회에 대한 주주의 의결권 대리행사를 인정하고 있습니다.

이때 대리인에 대한 의결권의 위임과 관련하여 백지위임을 할 수 있는지 여부와 관련하여, 대법원은 "주식회사에 있어서 주주권의 행사를 위임함에는 구체적이고 개별적인 사항에 국한한다고 해석하여야 할 근거는 없고 주주권행사를 포괄적으로 위임할 수 있다고 하여야 할 것이며, 포괄적 위임을 받은 자는 그 위임자나 회사 재산에 불리한 영향을 미칠 사항이라고 하여 그 위임된 주주권행사를 할 수 없는 것이 아니다."라고 판시하여 의결권의 포괄위임을 긍정하는 입장입니다(1969. 7. 8. 선고 69다688 판결 참조).

위 판례에서 말하는 포괄위임이 백지위임이냐에 대하여는 논란이 있을 수 있으나, 위 대법원 판례는 하나의 주주총회에 관한 주주권 행사를 위임함에 있어 구체적이고 개별적인 사항에 국한하여 위임하지 않고 포괄적으로 위임이 가능하다는 취지라고 생각됩니다(주석상법 제4판, 회사(Ⅲ), p.86 참조).

따라서 귀사의 주주들이 본건 주주총회에서의 의결권 행사에 대한 일체의 행위를 대리인에게 위임하는 것은 가능하다고 생각됩니다. 귀사의 위임장은 이러한 포괄 위임의 취지로 작성되어 있어 이 법리에 비추어 별 문제가 없을 것으로 사료됩니다.

나. 위임장의 인감증명에 유효기간이 있는지 여부

구인감증명법시행령(1991. 4. 16. 대통령령 제13351호) 제13조 제4항은 "인감증명서의 유효기간은 발행일로부터 기산하여 부동산매도용인 경우에는 1월로, 기타 용도인 경우에는 3월로 한다."고 규정하여 인감증명의 유효기간을 정하였습니다.

그러나 현행 인감증명법과 인감증명법시행령에는 인감증명 자체의 유효기간에 대하여 아무런 규정이 없습니다. 다만, 부동산관계법령에서 "부동산소유권의 등기명의인이 등기의무자로서 등기를 신청하고자 할 때는 인감을 제출하여야 하는데 제출하여야 할 인감증명은 발행일로부터 6월 이내의 것에 한한다(부동산등기법시행규칙 제53조 및 제55조)"고 규정하여 개별법령에서 인감증명의 유효기간을 정하고 있을 뿐입니다.

<u>주주권 행사의 위임과 관련해서는 인감증명의 유효기간을 정하고 있는 법령이 전혀 없습니다.</u> 따라서 귀사는 인감증명서가 발급된 지 3개월이 경과하였다고 하더라도 다른 하자가 없는 이상 당해 인감증명서를 사용할 수 있다고 판단됩니다.

2. 질의사항 나.에 대한 검토

상법상 감사의 자격요건에 대하여는 특별한 규정이 없습니다. 다만, 상법 제411조는 "감사는 회사 및 자회사의 이사 또는 지배인 기타 사용인의 직무를 겸하지 못한다."고 규정하여 감사의 겸직금지를 규정하고 있습니다. 위 규정은 감사의 공정성을 확보하기 위한 취지입니다. 따라서 <u>귀사 및 귀사의 자회사의 이사 또는 지배인 기타의 사용인은 귀사의 감사가 될 수 없습니다.</u> 감사의 공정성을 확보하기 위한 취지에서 귀사의 단순 피용인도 귀사의 감사를 겸임할 수 없다고 생각됩니다.

한편, 명문의 규정은 없으나 파산자가 감사가 될 수 있느냐에 대하여는 논의가 있을 수 있습니다. 살피건대, 파산자는 재산관리능력이 없다는 것이 공개적으로 선언된 자로서 배상능력이 전혀 없다고 할 수 있으므로, 이와 같은 자를 중책을 맡는 감사로 선임한다면 회사제도 자체에 대한 중대한 불신을 초래할 위험이 있습니다. 따라서 명문의 규정이 없더라도 파산자는 감사가 될 수 없다고 판단됩니다.

3. 질의사항 다.에 대한 검토

상법 제409조 제2항은 "의결권 없는 주식을 제외한 발행주식의 총수의 100분의 3을 초과하는 수의 주식을 가진 주주는 그 초과하는 주식에 관하여 제1항의 감사의 선임에 있어서는 의결권을 행사하지 못한다"고 규정하여 감사 선임에 대한 주주의 의결권 행사를 제한하고 있습니다.

감사 선임에 대한 의결권은 협회등록법인 또는 주권상장법인의 경우 더욱 엄격하게 제한됩니다. 즉, 대주주 본인과 그 특수관계인 기타 대통령령이 정하는 자가 소유하는 의결권 있는 주식의 합계가 당해 법인의 의결권 있는 발행주식총수의 100분의 3(정관으로 더 낮게 정한 경우에는 그 비율)을 초과하는 경우, 그 주주는 그 초과하는 주식에 관하여 감사의 선임에 있어서 의결권을 행사하지 못하게 됩니다(증권거래법 제191조의11 제1항).

위 규정은 감사의 선임방법과 관련하여 대주주 또는 대주주측이 내세우는 이사로부터 감사의 지위의 독립성을 보장하기 위하여 감사선임에 있어서 대주주의 의결권의 행사를 대폭 제한하려는데 그 취지가 있습니다. 주식회사의 감사제도의 실효성을 확보하기 위해서는 감사의 선임과정에서 업무집행기관 내지 이사로부터 지위의 독립성을 보장받지 않으면 안되기 때문입니다.

본건의 경우 귀사는 협회등록법인 또는 주권상장법인이 아니므로 증권거래법 제191조의11 제1항의 적용을 받지는 않고 상법 제409조 제2항만 적용됩니다. 따라서 CDE가 보유하고 있는 15%의 지분, FGH가 보유하고 있는 14%의 각 지분 중에서 3%를 초과하는 CDE의 12%의 지분, FGH의 11%의 지분은 감사선임에 대한 의결권을 행사할 수 없다고 판단됩니다.

4. 질의사항 라.에 대한 검토

상법 제389조 제1항은 "회사는 이사회의 결의로 회사를 대표할 이사를 선정하여야 한다. 그러나, 정관으로 주주총회에서 이를 선정할 것을 정할 수 있다."고 규정하고 있습니다. 한편, 귀사의 정관은 이사의 선임은 주주총회에서 한다고 규정되어 있으며, 대표이사의 선임에 관하여는 특별한 규정을 두고 있지 않습니다. 따라서 대표이사의 선임은 주주총회에 권한이 없고, 이사회에서 결정할 사항입니다.

귀사는 본건 정기주주총회에서 2008년 3월에 임기가 만료되는 이사 선임과 동시에 2008년 7월에 임기가 만료되는 대표이사인 이사의 이사 재선임도 동시에 할 수 있는지 여부에 대하여 질의하였습니다. 현임이사가 임기만료 기타의 사유로 멀지 않아 퇴임할 것이 명백한 경우에 그 퇴임 전의 주주총회에서 미리 그 후임이사를 선임하여 둘 수 있는지에 관하여 이를 금지하는 명문의 규정은 없습니다. 따라서 일단 귀사가 약 4개월 후 임기가 만료되는 이사의 후임을 선임하는 것은 가능하다고 보여집니다.

그러나 이사 임기 만료 전 후임이사의 선임을 무제한 허용하게 되면, 주식양도의 자유가 원칙적으로 보장되어 있는 현행법 하에서 장래의 주주의 이사선임권을 박탈하는 결과가 될 수 있습니다. 따라서 이와 같은 이사 임기만료 전 후임자의 선임은 선임시기와 임기만료시기의 간격이 비교적 짧으며, 그 사이에 주주의 변동이 많지 않을 것으로 예상되는 경우에 한하여 허용될 수 있다고 생각됩니다.

  이사 임기만료 전 후임자의 선임이 어느 범위에서 허용되는지 여부에 관하여 명확한 기준이 있는 것은 아니지만, 본건의 경우 4월의 기간은 협회등록법인 또는 주권상장법인이 아닌 귀사에게 있어 주주의 변동이 많이 일어날 정도의 기간은 아니라고 보여집니다. 따라서 본건 정기주주총회에서 20 년 월경 임기가 만료하는 현재 대표이사인 이사를 이사로 재선임하는 것은 가능하다고 생각됩니다. 끝.

검 토 의 견 서(형사)[151]

I. 사문서변조, 변조사문서행사, 사기의 점

1. 서언

이 사건에 대하여 피고인 이을남은 범행을 부인하고 있습니다만, 아래와 같이 법원에 제출된 증거 등에 의하여 검사의 공소사실은 증명될 수 있는 것으로 판단합니다.

그러나 검사의 공소제기에는 죄명과 피해자 등에 문제가 있어 법원이 석명권을 발동하였으므로 이에 대한 검사의 조치 및 법원의 판단 등에 대하여 검토합니다.

2. 검사의 공소사실의 쟁점

가. 검사의 공소사실 중 쟁점은 피고인 이을남이 박고소에게 3억 원의 차용금에 대한 위임을 초과하여 황금성에게 6억 원(선이자 공제 후 5억 5천만 원)을 차용하면서 3억 원만 박고소에게 지급하고 나머지 2억 5천만 원을 영득하였는지 여부입니다.

나. 이 사건 공소사실 중 ① 박고소가 피고인 이을남에게 3억 원의 차용을 위임한 부분에 대하여는 박고소의 일관된 진술이 있고, 피고인 이을남도 박고소의 위임이 있는 부분은 자백하고 있으며, 피고인 이을남이 박고소를 협박한 사실 등에 비추어 합리적 의심이 없는 정도로 증명될 수 있다고 보여지고, ② 5억 5천만 원

---

151) 2015년도 제4회 변호사시험 형사법(기록형). 공판이나 수사기관에서의 피고인의 주장이나 변명이 무용한 것이고 유죄결론인 경우에 변론요지서에는 이에 대한 기재를 할 필요가 없지만, 검토의견서에는 무용한 주장이어서 유죄결론을 내게 되는 경우라도 그 주장이나 변명이 왜 허용되지 않는지 판단해 주어야 한다.

을 황금성에게 대여받은 부분에 대하여도 5억 5천만 원을 황금성으로부터 받은 것과 박고소에게 3억 원을 준 것은 관련증거(금융거래내역)에 의하여 증명이 되지만, 2억 5천만 원의 행방은 알 수 없고, 2억 5천만 원을 현금으로 박고소에게 전달했다는 이을남의 진술은 증거가 없어 믿기 어렵고, 이을남이 박고소를 협박한 사실 등에 비추어 공소사실은 충분히 증명될 수 있습니다.

3. 법원의 석명권행사에 따른 검사의 대응조치

가. 사문서변조와 변조사문서행사의 점

검사가 공소제기 한 사문서변조죄는 성립하지 않는 것으로 판단합니다. 왜냐하면 공소사실에 의하면 박고소는 액면금액이 백지인 차용증서를 교부하면서 3억 원만 차용하라고 하였으나 이을남은 그 권한을 초과하여 6억 원을 차용하고 있는데 이는 위탁의 권한을 초과한 경우로서 판례에 의하면 사문서위조가 되기 때문입니다(대법원 2006. 9. 28. 선고 2006도1545 판결).

나. 사기의 점

1) 피해자의 변경

사경작성의 황금성에 대한 진술조서의 각 기재내용에 따르면 황금성은 피고인 이을남이 위조한 차용증을 정당하게 작성된 차용증이라고 믿고 박고소의 자력을 평가하였고, 중개업자인 피고인 이을남에게 기망당하여 자신의 돈을 빌려 주었다는 것을 알 수 있습니다.

그러므로 피해자는 황금성이라고 보아야 합니다.

2) 편취액의 판단

어음·수표의 할인에 의한 사기죄에서 피고인이 피해자로부터 수령한 현금액이 피고인이 피해자에게 교부한 어음 등의 액면금보다 적을 경우, 피고인이 취득한 재산상의 이익액은, 당사자가 선이자와 비용을 공제한 현금액만을 실제로 수수하면서도 선이자와 비용을 합한 금액을 대여원금으로 하기로 하고 대여이율을 정하는 등의 소비대차특약을 한 경우 등의 특별한 사정이 없는 한, 위 어음 등의 액면금이 아니라 피고인이 수령한 현금액이라는 판례(대법원 2009. 7. 23. 선고 2009도2384 판결)에 따르면 피고인 이을남이 황금성으로부터 편취한 금액은 차용금에 적힌 6억 원이 아닌 이을남이 실제로 수령한 5억 5천만 원이라고 할 것입니다.

3) 공소장변경 요부

피해액을 3억 원으로 보아 사기죄로 공소제기 된 부분의 피해액을 5억 5천만 원으로 본다면 특정경제범죄가중처벌등에관한법률위반(사기)죄에 해당할 것입니다. 기본적 사실관계가 동일하더라도 특별법이 적용되면 피고인에게 불리해지므로 공소장변경이 필요하다고 할 것입니다.

4. 법원의 판단

검사가 공소장변경신청을 하면 법원은 공소장변경을 허가할 것으로 판단합니다.

5. 결론

위와 같이 사문서위조와 위조사문서행사 및 특경법위반(사기)의 공소사실로 변경된다고 하더라도 피고인 이을남의 공소사실은 관련 증거에 의하여 증명될 것으로 보이므로 무죄주장은 어렵고, 변호인은 정상참작 등을 주장하는 변론을 하여야 할 것입니다.

Ⅱ. 폭력행위등처벌에관한법률위반(집단·흉기등협박)의 점

1. 쟁점

피고인 이을남은 검사작성의 피의자신문조서에서 자신은 박고소를 점잖게 타일렀을 뿐이고 협박을 한 것은 아니라고 주장하므로 피고인 이을남의 행위가 협박에 해당하는지가 문제되고, 협박에 해당하면 피고인은 자신이 흉기를 우연히 소지하고 있었을 뿐이라고 주장하므로 폭처법위반(집단·흉기등협박)에 해당하는지가 문제되며, 흉기휴대에 해당하지 않는다면 공소시효가 완성된 것은 아닌지가 쟁점입니다.

2. 협박죄의 성립여부

협박죄에서 협박이란 일반적으로 보아 사람으로 하여금 공포심을 일으킬 정도의 해악을 고지하는 것을 의미합니다(대법원 2010. 7. 15. 선고 2010도1027 판결).

피고인 이을남의 검사작성의 피의자신문조서 및 박고소의 진술조서에 의하면 ① 박고소가 2009. 2. 3. 10:00경 이을남에게 전화를 걸어 왜 차용증을 조작했냐고 따진 사실, ② 이에 이을남이 11:00경에 박고소의 집으로 찾아온 사실, ③ 이을남은 유도선수까지 한 건장한 체구인 반면 박고소는 왜소한 체격인 사실, ④ 이을남이 "더 이상 엉뚱한 시비를 걸면 평생 불구로 살 수 있다."라고 말한 사실 등이 인정되는데, 말투나 체격차이, 피고인 이을남이 그렇게 말하게 된 동기 등에 비추어 볼 때 박고소가 공포심을 일으키기에 충분할 정도의 해악을 고지한 것으로 볼 수 있어 협박죄가 성립합니다.

3. 흉기휴대의 의미

폭력행위 등 처벌에 관한 법률 제3조 제1항 규정의 흉기를 '휴대'

한 경우란, 범행현장에서 범행에 사용할 의도로 이를 소지하거나 몸에 지니는 경우를 의미하고(대법원 2002. 9. 6. 선고 2002도2812 판결), 범행과는 전혀 무관하게 우연히 소지한 경우까지를 포함하는 것은 아닙니다. 즉 피고인이 흉기를 휴대하여 폭행 또는 협박한다는 것을 인식해야 본죄가 성립합니다.

피고인 이을남은 박고소를 협박할 당시 피고인이 아침에 산행을 가려고 짐을 챙기다보니 등산용 배낭, 상의, 칼이 모두 낡아 이를 버리고 새것을 구입하려고 등산용 칼을 상의로 몇 겹으로 싸서 배낭에 가져 나온 것이고, 박고소의 항의전화를 받고 화가 나서 자기도 모르게 배낭을 등에 맨 채로 박고소를 찾아가 충고를 하고 온 것일 뿐 칼이 가방 안에 있다는 사실을 의식하지 못하였다고 말하고 있는데, 박고소 본인도 피고인 이을남이 떠난 후 집 앞 쓰레기봉투에 이을남의 배낭이 보여 열어보니 등산용 칼과 찢어진 등산복 상의가 들어 있는 것을 발견했다고 말하고 있어 일부 피고인의 진술과 부합하는 점에 비추어 볼 때, 박고소의 진술만으로 피고인이 흉기인 위 칼을 박고소를 협박하기 위한 목적으로 휴대하였다는 점을 인정하기에 부족하고, 달리 이를 인정할 증거도 없습니다.

4. 공소시효의 완성여부

이와 같이 이 사건은 형법상의 단순협박죄에 해당합니다. 형법 제283조 제1항에 따르면 협박죄의 법정형은 3년 이하의 징역이나 500만 원 이하의 벌금 또는 구류, 과료에 해당하는 범죄이므로, 형사소송법 제249조 제5호에 의하여 공소시효가 5년입니다. 그런데 이 사건 공소제기는 행위시인 2009. 2. 3.부터 5년이 지난 2014. 10. 17.에 제기되어 공소시효가 완성되었습니다.

5. 결론

검사가 공소제기 한 폭처법위반의 점에 대해서는 제325조 전단에 의해 무죄를 주장하고, 이에 대한 축소사실인 형법상의 협박죄에 대하여는 형사소송법 제326조 제3호에 의해 면소판결을 주장하여 변론할 수 있을 것으로 판단합니다.

Ⅲ. 명예훼손의 점

1. 명예훼손죄의 성립여부(주위적 공소사실)

가. 쟁점

이 사건 공소사실에 관하여 피고인 이을남은 자백하고 있으나, "이 나쁜 새끼, 거짓말쟁이"라고 소리친 것이 공연히 사실을 적시한 것인지 여부가 쟁점입니다.

나. 사실적시의 의미

명예훼손죄의 '사실의 적시'란 가치판단이나 평가를 내용으로 하는 의견표현에 대치되는 개념으로서 시간과 공간적으로 구체적인 과거 또는 현재의 사실관계에 관한 보고 내지 진술을 의미하는 것이며, 그 표현내용이 증거에 의한 입증이 가능한 것을 말하고 판단할 진술이 사실인가 또는 의견인가를 구별함에 있어서는 언어의 통상적 의미와 용법, 입증가능성, 문제된 말이 사용된 문맥, 그 표현이 행하여진 사회적 상황 등 전체적 정황을 고려하여 판단하여야 합니다(대법원 1998. 3. 24. 선고 97도2956 판결). 그러므로 단지 모멸적인 언사를 사용하여 타인의 사회적 평가를 경멸하는 자기의 추상적 판단을 표시하는 것은 사람을 모욕한 경우에 해당하고 명예훼손죄는 해당하지 아니합니다(대법원 1981. 11. 24. 선고 81도2280 판결).

다. 이 사건의 경우

공소장기재에 비추어 보더라도 "이 나쁜 새끼, 거짓말쟁이"라고 말한 것은 사람의 사회적 평가를 저하시키는데 충분한 구체적 사실의 적시라고 보기 어렵습니다.

라. 결론

따라서 이 부분 공소사실은 범죄로 되지 아니하는 경우에 해당하므로 형사소송법 제325조 전단에 의하여 무죄를 변론하여야 합니다.

2. 모욕죄의 성립여부(예비적 공소사실)

가. 쟁점

이 사건 공소사실에 관하여 피고인 이을남은 자백하고 있으나, 형법 제311조의 모욕죄는 형법 제312조에 따라 피해자의 고소가 있어야 공소를 제기할 수 있는 친고죄입니다. 따라서 이 사건의 경우 피해자의 적법한 고소가 있었는지 여부가 문제됩니다.

나. 적법한 고소가 있었는지 여부와 고소의 추완

이 사건 공소제기일은 2014. 10. 17.이고, 피해자의 고소장은 공소제기후인 2014. 12. 18.에 제출되었습니다. 그런데 판례는 고소의 추완을 허용하지 않고 있어 공소제기 당시 피해자의 고소가 없는 이 사건 공소제기는 위법하다고 할 것입니다.

다. 결론

그러므로 이 사건 공소제기는 그 절차가 법률의 규정에 위반하여 무효인 때에 해당하므로 형사소송법 제327조 제2호에 따라 공소기각판결이 선고되어야 합니다.

◆ 저자. 김 재 덕 ◆

[약력]
- 건국대학고 법과대학, 같은 대학교 대학원 법학석사 , 법학박사과정수료.
- 1984년 제26회 사법시험 합격(사법연수원 제16기)
- 1987. 3. ~ 2004. 1. 경찰에 재직
  (서울 노원경찰서 수사과장, 중랑·서초·금천경찰서 형사과장, 경찰대학교 교무과장,
   전북 고창경찰서장, 서울 강서경찰서장, 서울지방경찰청 홍보담당관,
   경찰청 마약·지능수사과장, 외사수사·정보과장 등 역임)
- 2004. 2. ~ 2007. 10. 변호사(서울지방변호사회)
- 2007. 9. ~ 현재 원광대학교 법학전문대학원 교수

소장작성·답변서·준비서면·증거신청·가압류·가처분·계약서·법률의견서

(개정판) 법 문서작성 방법과 법리	정가 28,000원

2018年 8月 10日 2판 인쇄
2018年 8月 15日 2판 발행
  저 자 : 김 재 덕
  발행인 : 김 현 호
  발행처 : 법문 북스
  공급처 : 법률미디어

서울 구로구 경인로 54길4(우편번호 : 08278)
TEL : 2636-2911~2, FAX : 2636~3012
등록 : 1979년 8월 27일 제5-22호
Home : www.lawb.co.kr

▌ISBN 978-89-7535-686-5 (13360)
▌이 도서의 국립중앙도서관 출판예정도서목록(CIP)은 서지정보
유통지원시스템 홈페이지(http://seoji.nl.go.kr)와 국가자료공
동목록시스템(http://www.nl.go.kr/kolisnet)에서 이용하실 수
있습니다. (CIP제어번호 : CIP2018024478)